Albéniz

アルベニス

Isaac Manuel Francisco Albéniz y Pascual

生涯と作品

Su vida y sus obras

上原由記音・著 石田一志・監修

音楽之友社

はじめに

　イサーク・アルベニス Isaac Albéniz（1860-1909）は、ロマンティックな作風と民俗的な作風の楽曲の両方を作曲しましたが、彼の魅力はスペインの民俗的なエッセンスを含んだ作品によく表れています。深い悲しみと、それを跳ね除ける強いエネルギー……過酷なイベリアの大地に生まれ、常に生と死に対峙しながら生きる人々の想いが込められているように思えます。

　その特徴は、スペイン独特の「粋で情熱的なメロディ」、「音色」、「リズム」にあります。メロディは、ときにとても繊細で哀愁を帯びたり神秘的な表情を見せることもあります。情熱的ながら颯爽としたクールさ、そして色気やユーモアも湛えています。

　音色について目を向ければ、例えば、歓喜に満ちた朗々とした声や恨みを込めた嗄れ声の歌、ギターのかき鳴らしや爪弾き、踊りのカスタネット、タンバリンや靴音……それらがピアノやオーケストラで巧みに表現されているのが特徴であり、いわゆるクラシック音楽ではまず聴くことのない印象的な音色が我々を魅了します。

　ドビュッシーなどのフランス印象派の音楽で求められる繊細な色合いではなく、もっと鮮烈な色彩を放っています。

　リズムも多様です。身体の奥深いところから湧き上がるような活き活きとした波動をもち、ときには中南米を思わせる解放的で心地よく身体が揺れ動かせるようなリズムもあり、そこからは、官能的な香りさえ味わえます。

　このようにアルベニスの音楽は、故郷スペインの自然と民衆の風俗を題材にしながらも、普遍的な感情を大きな振幅で豊かに表現しています。圧巻のピアノ曲の大作《イベリア》の 12 曲で描いているのは、絵葉書のような風景だけではないのです。その土地で自分が触れ合った人々や愛した家族への追憶、生命力に溢れていた若いころの喜びや悲しみ、老いて旅立ちを前にし、死の淵から人生を振り返った時に湧き上がる強い想いや逡巡、そして悟りまでをも描いているのです。

　私は、これらの様々な心情に強い共感を覚え、眠っていた自身の想いさ

え喚起され、最後の音にたどり着いた時、自分の心が浄化されていることに気づかされるのです。得も言われぬ魅力に溢れたフレーズの数々が、私を慰め、勇気を与えてくれるのかもしれません。

　本書の第1部では、波乱万丈なスペインでの少年時代、南米とヨーロッパでの青春時代、そして今まであまり取り上げられてこなかった事柄———《イベリア》に大きな影響を与えたパリの生活や、ともに崇高な美の追求をし厚い友情で繋がったスペインの音楽家を支援しつつ、フランスの音楽家をスペインに紹介した功績にも注目し、彼の生涯をまとめました。
　第2部では、アルベニス全作品を紹介しています。中でも最も重要な分野であるピアノ作品に関して、私自身が巨匠アリシア・デ・ラローチャにも師事し、ピアニストとして長年演奏してきたので、その経験を活かした解説を加え、広い範囲の皆様に関心をもってお読みいただけるようにいたしました。

研究の経緯とデータソースについて

　私のアルベニス研究は、彼の作品をより深く知りたいという気持ちと、例えば《スペイン組曲》と《スペインの歌》のように同じ曲でありながら異なるタイトルのついている曲がなぜ多いのかという疑問解明のために始まりました。おそらく、この疑問はアルベニスの楽譜を手にした多くの方が抱くものでしょう。
　実は、ハシント・トーレスとアーロン・クラークの研究によって、アルベニスの伝記第1号であるアントニオ・ゲラ・イ・アラルコンの著書『Isaac Albéniz Notas crítico-biográficas de tan eminente pianista』とアンリ・コレの『Albéniz et Granados』（ともに p.379 参照）に書かれた伝記は、宣伝のために嘘が多く含まれていることが明らかにされています。
　1970年代のトーレスの調査後、重要な一次資料であるアルベニスの「アルバム」は所在不明になっていましたが、私は偶然にも2023年にバルセロナ音楽博物館 Museu de la música de Barcelona の膨大な史料の中に埋もれていたその「アルバム」にアクセスすることができ、自分の目でさまざまな事実を確かめることができました。これは少年時代にアルベニスが

演奏旅行時に携え、コンサートでの讃辞が書き込まれているもので、日時、場所が記されていることで彼の足跡が判るほか、新聞記事の切り抜きも貼られている史料でした。また、本書執筆にあたっては音楽博物館蔵の父親の職務管理ファイル、

✤ 演奏旅行に携帯した「アルバム」

アルベニスの日記、書簡、コンサートのチラシなども参照しましたが、トーレスによれば、アルベニス家から寄付された史料は不完全なものであり、まだアルベニスの生涯には謎の部分が残されている状態です。

　クーデターや首相暗殺で混乱した 19 世紀後半のスペイン社会のなかで、アルベニスの父とアルベニス自身は成功を求めて知恵を絞り、時には悪知恵を働かせて生き抜いてきました。

　やがてピアニストとして名声を得たアルベニスは、人生の後半で純粋に音楽美を追求する作曲家として創造力を発揮し、またスペインとフランスの同僚音楽家や後輩音楽家たちを助け、両国の交流に貢献する社会性豊かな音楽家へと変わっていきました。

　彼直筆の日記でさえ、作り事と事実と思われる日常の出来事、そして信憑性が高そうな心情の吐露までが混在していました。その真偽を見極めながら読む必要がありましたが、屈折しながらも自分を信じて前に進んで生き抜いてきた人間像に心を打たれました。

　フランスで息を引きとった彼が、屍になってスペインに帰ったとき、彼に別れを告げるためにバルセロナの街中に人々が溢れるように集まっている写真が、バルセロナ音楽博物館に保管されています（p.176 参照）。彼が地元の人々にどれだけ愛されていたかをそれらの写真は雄弁に語っているのではないでしょうか。

目次

【第2部】作品編

■本書に登場する主要な地名
①バルセロナ　②ジローナ　③カセレス　④カディス　⑤セビーリャ
⑥グラナダ　⑦マラガ　⑧ソリア　⑨ビトリア　⑩カンボ・レ・バン

注
・原則的に第1部本文では、父親と区別するために、アルベニスをファーストネームであるイサークと記述する。
・特段の記載のない本文中の訳文は、著者によるものである。
・名称等はそれぞれの地域の発音を優先し、日本で定着している場合は、一般的な発音を選択した。
・掲載の写真及び譜例のうち、記載のないものは、出典 Biblioteca de Catalunya のパブリック・ドメインのものである。
・巻末の「主要参考文献」に記載があるものの一部は、文中で（コレ p.82）等と日本語で表記した。
・アルベニスの作品の整理番号は、「作品番号」とハシント・トーレス Jacinto Torres 教授によりまとめられた「T. 番号」が存在する。作品番号について、アルベニス自身は、1つの作品に複数の番号を使ったり、または複数の作品に同じ番号を使っている場合がある。例えば本書で op. 20/22 と表記しているのは、アルベニスがその楽曲に、あるときは作品20、あるときは作品22と明記していたことを示す。
　T. 番号は Catálogo Sistemático Descriptivo de las obras Musicales de Isaac Albéniz に発表されているもので、各ジャンルごとに作曲年代順に並べられている。本書では基本的に T. 番号を用い、必要に応じて作品番号を使用する。

【第1部】
生涯編

1 出生

アルベニスの家系は、歴史学者ソラ・モラレスの調査結果「イサーク・アルベニスのジロニナ―ガディタナの血筋 La sang Gironina-Gaditana d'Isaac Albéniz」で 16 世紀後半まで遡ることが出来る。

1500 年末にイサーク・アルベニスの 8 世代前のヨアン・ペレス・デ・アルベニス Joan Pérez de Albéniz が、スペイン、バスク州のアラバ Álava 県の自治体バルンディア Barrundia の小さな町ラレア Larrea に生まれる。アルベニスという名は地名から来ている可能性が大きく、ビトリア Vitoria（バスク州の州都でありアラバ県の県都でもある）のサン・ミジャン San Millán の北東のアライア Araiya 川沿岸地域に Albéniz と呼ばれる小さな農村が存在する。調査された 1960 年には人口 166 人の村であったが、1802 年には 29 人だった。

ちなみに、ニ長調の《ソナタ》が有名な同姓の作曲家にマテオ・アルベニス Mateo Albéniz（1755-1831）がいるが、調査の結果、マテオはナバラ Navarra（ビアナ Viana）の出であり、イサークの血縁ではない。

イサークの父アンヘル・ルシオ・アルベニス・イ・ガウナ Ángel Lucio Albéniz y Gauna は、1817 年 3 月 2 日にバスク州アラバ県ビトリアに生まれた。アンヘルの父も祖父も石工 albañil として働いていた。アンヘルの母方のガウナ Gauna 家は、18 世紀にアラバ県のビトリアに近いアリ Ali に住んでいた。

イサークの母ドローレス・パスクアル・イ・バルデラ Dolores Pascual y Bardera（生没年不詳）は、カタルーニャ州ジローナ Girona 県のフィゲレス Figueres 生まれ。祖母にあたるマリア・バルデラ María Bardera（1778-1823）は結婚登録がないが、おそらくスペイン独立戦争（1808-14）の時期に結婚をしたと考えられる。この独立運動では、スペイン王位に自分の兄ホセを就任させたナポレオン（フランス）からの独立を目指して国民はマドリードでフランス軍に対して暴動をおこした（ゴヤの絵『1808 年 5 月 3 日』が有名）。

マリア・バルデラは、スペイン南部アンダルシア州カディス県出身のアンダルシア人ジョゼップ・パスクアル・イ・ヒメネス Josep Pascual I

Ximénez（1783-？）と結婚した。ソラの研究ではマリアの代を含め3代に渡ってカディス出身であることが確認できる。

　アルベニスは「自分はモーロ人だ（イベリア半島に住んでいたイスラム人、ムーア人ともいう）」と友人に語っており（コレ p.82）、これは母方の祖先がカディス出身であることから、ルーツを思い描いたのかもしれない。

　711 年、イスラム勢力がイベリア半島に上陸してきたのは、のちにイサークの母方の故郷となるカディス県であった。加えて述べれば、父アンヘルの母方のガウナ家が住んでいた町の名前アリはアラブ圏に多い名前である（ただしイサークの祖先の名前はアラブ名ではなかった）。例えばアルベニスの音楽にメリスマによる東洋的なメロディや「サンブラ Zambra」というモーロ人の儀式を意味するタイトルが使われているように、イスラム文化は彼の音楽に大きな影響を与え、重要な特徴となっているのは確かなことである。

　ではここで、19 世紀当時のスペインの様子を少しみてみよう。

　スペインはナポレオンの兄ホセにより統治（1808-13）されたのち、フェルナンド7世により統治されていた（1813-33）。中央政府が置かれたマドリードでは 1830 年に、摂政マリア・クリスティーナ（フェルナンドの妻、イサベルの母）によって王立音楽院が設立された。彼女がイタリア人（ナポリ出身）であったためか音楽院院長にはイタリア人が起用され、授業もすべてイタリア語で行われていた。フェルナンド7世の没後は、娘イサベル2世（1830-1904）が 1833 年に即位する。

　ここから、スペインの王位をめぐって娘と叔父による長い継承戦争が続く。イサベルとフェルナンド7世の弟カルロスを擁立したカルリスタ（カルロス派）との間で、第1次カルリスタ戦争 Guerra carlista（1833-39）が始まったのだ。

　イサベルは、カルリスタに対立するために、立憲君主制を開き、自由主義者の声にも耳を傾けるようになった。財政再建を行い、農業生産は増加、フランス系列の大富豪ロスチャイルドや、鉱産資源に魅せられた外国資本の投下によってスペイン経済は発展し、アメリカ市場を失った赤字を埋めるようになる（ナルバエス首相在任期間 1844-46、1847-49、1849-51）。

　文化面では、地域主義が興隆し、それと共に音楽分野ではサルスエラ

Zarzuela の復興、合唱運動の隆盛、民族音楽の研究、宗教音楽の整備、という新しい動きがあった。

サルスエラとはスペインの歌劇であり、その誕生は古く、15世紀末から16世紀に遡る。当時、宗教的歌曲と別に世俗的歌曲が生まれた。フアン・デル・エンシーナ Juan del Encina（1468-1529または1530）の牧歌劇 Églogas、ロペ・デ・ルエダ Lope de Rueda（1510-65）の寸劇パソ Paso などが人気を博し、17世紀半ばに本格化し、同時期にフェリーペ4世が別邸サルスエラ宮（キイチゴ zarza に覆われていたためサルスエラ宮殿と呼ばれた）で喜劇役者等による歌と踊りを交えた劇を楽しんでいたところから、このような牧歌劇、寸劇、喜歌劇をサルスエラというようになり、マドリッドを席巻していた。

　合唱運動は、1844年からバルセロナ・フィルハーモニー協会 la Sociedad Filarmónica de Barcelona がイタリア・オペラを中心に活動したが、海岸地域では1850年に合唱団が作られたのが始まりである。これはもともとは、王位継承に敗れたカルリスタが、拠点の北部で産業を発展させ、工場に集まる低賃金労働者のための教育や厚生活動として起こしたものであったが、富裕中流階級にも広がった。主なレパートリーは民族音楽で、スペインの民族音楽が合唱団のために収集、記譜、編曲、出版され、地域主義の興隆となった。

　合唱によるカタルーニャ語の普及は、「ラナシエンサ Ranaixença（カタルーニャ復古的芸術運動）」を後押しした。1国家1言語を目指す中央政府によって、1716年の新国家基本法で公用語はカスティージャ語（スペイン北中部から中央部で話される）とされ、カタルーニャ語の使用が禁止されたが、カタルーニャ人としてのアイデンティティを主張する職人たちはカタルーニャ語を支持した。1833年、ボナバントゥラ・カルラス・アリバウ Buenaventura

Carlos Aribau（1798-1862）の詩『祖国への賛歌 La pátria』の発表から始まったラナシエンサはカタルーニャ語の普及と中世の文化遺産を再現する「カタルーニャ・ルネッサンス」、すなわち中世後期の栄光のカタルーニャ文学を見なおし、産業により経済力をつけたカタルーニャの長い衰退期から脱却する運動であった。次第にカタルーニャ語の歌詞で歌う合唱はカタルーニャ全土に広がり、「エウテルペ Euterpe」と名付けられ 3,000 人規模のコンサートも行われた。

この動きがムデルニズマ Modernisme（モダニズム）の開花に大きな影響を与えることになる。これは「近代主義」と総称される芸術様式で、フランスにおけるアール・ヌーヴォー Art Nouveau と同じ新しい波であり、その特徴は曲線を多く使った植物をモチーフとした装飾である。

マドリッドでは、王室礼拝堂の聖歌隊指揮者・作曲家のイラリオン・エスラバ Hilarión Eslava（1807-78）やホアキン・ガスタムビデ Joaquín Gaztambide（1822-70）、フランシスコ・アセンホ・バルビエリ Francisco Asenjo Barbieri（1823-94）等は、前述のような音楽界のイタリア偏重に対抗して、1847 年にスペイン音楽協会 La españa musical を設立した。

この協会はスペインのテーマに基づくオペラやサルスエラを上演し、宮廷娯楽のサルスエラを庶民向けの内容に改めた。つまり大衆に親しみやすい民族音楽を含み、庶民の日常生活をユーモラスに扱った内容の喜歌劇としたのである。

1851 年には宗教協約が制定され、教会の音楽家は指揮者 1 人とオルガニスト 1 人（ともに聖職者に限る）、そしてテノール 1 人と少年合唱に制限された（大司教区では、それにアルト 1 人）。そのため教会音楽の原点を探る歴史的研究が必要となった。イサークの師であるフェリプ・ペドレイ Felipe Pedrell（1841-1922）（カスティージャ語読みではペドレイル）はこの教会音楽の研究者として活躍し、音楽雑誌『La música religiosa en España（スペインの宗教音楽）』の編集、スペイン典礼用オルガン集《El organista litúrgico español》、ルネッサンス末期の最大の教会音楽作曲家のトマス・ルイス・デ・ビクトリア Tomás Luis de Victoria（1548-1611）の作品全集を刊行するなど多大な功績を遺した。

1854 年には、進歩派エスパルテーロ将軍はクーデターを起こしマドリー

ド市街戦で勝利し政権を取ったが、たった2年間で進歩派は力を失う。短期間に財務長官がたびたび変わり、地方消費税廃止で財政悪化、また教会永代所有財産解放令「デサモルティサシオン改革」が行われ、自治体や教会は貧しくなり、病院や保護施設も悪化、困窮者の受け入れ場所が無くなった。工業がほとんど発達せず、南部では物乞い、山賊行為や密輸も行われた。

　1856年に、エスパルテーロ内閣の陸軍大臣であったレオポルド・オドンネルは、摂政であるイサベル2世の母マリア・クリスティーナを支持し、政府に対してクーデターを起こし政権を取るが(オドンネル首相在任期間3ヶ月)、さらに政局は混乱した。16歳で従兄弟の同性愛者フランシスコ・デ・アシスと結婚させられたイサベル2世は、夫に愛情が持てずアバンチュールを楽しみ、それが進歩的諸党派から反感を買っていったのである。

　この頃、マドリッドではサルスエラが人気を博し、2,500席のサルスエラ劇場が建てられた。

　1858年に、改めてオドンネルは分裂していた自由主義陣営を融合して第2次内閣を組織し、63年まで自由主義連合の繁栄時代を築いた。城壁都市バルセロナでは労働者が住む密集地域で衛生環境が悪かったが、1854年には城壁が壊され、都市近代化への過程で、サルスエラの復興、合唱運動の隆盛が進む。1859年に都市計画が始まり、永代所有財産解放により教会や修道会の土地をその時に買ったのは、インディアーノスと呼ばれる富裕層だった。彼らは、アンシャン・レジーム（フランス革命以前の絶対王政期の旧体制）崩壊から近代産業社会への移行期、つまりナポレオン軍の侵入、独立戦争、カルリスタ戦争、海外植民地の独立の時代を生き抜くために、キューバに渡って、製糖産業の発展や奴隷売買や金貸し業で財を成したカタルーニャ商人たちである。建築家アントニ・ガウディ Antoni Gaudí（1852-1926）の後援者アウゼビ・グエイ（グエイ公園が有名）等が挙げられる。キューバから戻ったこのような豪商が住宅はもちろん、繊維工業、ホテル、劇場を建設し、建設ブームが起きる。公園では夏の間だけ、野外劇場が仮設されたところもあり、主にオペレッタ、サルスエラ、舞台劇、ヴォードヴィルなど軽快な出し物が多く上演された。

　第2次オドンネル政権下、モロッコ北部テトゥアン獲得を目的とするモ

ロッコ戦争の勝利の年1860年に、イサークは生まれている。しかし、戦争によって1861年以降は好景気が不況に転じ、失業が増えたのである。

　さて、もう1度アルベニス家に話を戻そう。
　父アンヘルは少し足が不自由で、背が低い男だった。詩を書くような一面もあり知的で勤勉な人物であったが、ドン・ファンのようなところもあった（クラーク p.39）。社会的にはフリーメイソンの熱心なメンバーであった。先に述べたようにアンヘルの父は石工職人であり、多くのフリーメイソン研究家によれば、フリーメイソンの起源は中世石工職人組合（ギルド）と結びつけられている。アンヘルはアルバの県議会代表として選挙に立候補したが、当選することはなく、30歳の1847年からカタルーニャ州ジローナ県の税務官として働いた。その記録は、職務管理ファイルで確認することが出来る。ジローナで1849年にドローレスと結婚し、1850年に長女エンリケータ Enriqueta が生まれた。その後、1852年にログローニョ Logroño へ、1853年にナバラ Navarra へ移転し二女クレメンティーナ Clementina が生まれ、1854年にはバスク州アラバ県ビトリア Vitoria に戻り、1855年に三女ブランカ Blanca が生まれた。1856年5月カスティージャ・イ・レオン州サラマンカ Salamanca へ、12月にはジローナ県のフィゲラスに赴き、1859年に同じジローナ県のカンプロドン Camprodón の税関管理者に就任する。
　カンプロドンはバルセロナから北へ約150キロ、スペイン北東部に聳えるピレネー山脈の麓、標高988メートルに位置し、ピレネー山脈を水源とするテル Ter 川とリトール Ritort 川の合流点で、国境までたった1キロである。現代では、バルセロナから列車で北へ約2時間、リポル Ripoll という町で下車、そこからバスに乗り30分ほどで到着する。

カンプロドン

この村にはアラブ文化の痕跡が見当たらないが、それは8世紀にイスラム教徒がイベリア半島に侵入したとき、カロリング朝フランク王国が南下してイスラム人の侵入を阻止したためである。しかもこの地は17〜18世紀にはたびたびフランス軍の侵略を受け、その後、1830年には農村の一部は第1次カルリスタ戦争で反乱軍によって破壊された。1860年当時は1,287人の人口の村であった。

　テル川がこの村のほぼ中央に流れており、川にかかる大きな半円のアーチを描く石の太鼓橋 Pont Nou は中世に作られたもので、村の象徴的存在である。この橋と河畔に並ぶ石造りの家々は、うしろに見える山の豊かな緑に良く映える。

　このカンプロドン村に、1860年5月29日、アルベニス家の第4子で初めて男子が誕生した。6月3日にサンタ・マリア小教区教会で洗礼を受け、6月3、4日の守護聖人サン・イサーク・デ・コルドバとサン・フランシスコ・デ・カラッチョロから、また洗礼式に立ち会った教父マヌエルから名前をもらってイサーク・マヌエル・フランシスコ・アルベニス・イ・パスクアル Isaac Manuel Francisco Albéniz y Pascual と名付けられた。

母、姉たちと。左から長姉エンリケータ、イサーク、母、次姉クレメンティーナ、三姉ブランカ

　職務管理ファイルによれば、アンヘルは 1863 年 3 月にカンプロドンの税務署を解雇され、7 月にバルセロナの南に位置するシッチェス Sitges の税関で働き、同じ年の 12 月にバルセロナの新しい部署に入っている。この解雇は当時の頻繁な政変に伴う「改革」によるものであった。

　失職を重ねてきたアンヘルだが、バルセロナで職を得ると、幼いイサーク（当時、3 歳 7 ヶ月）の将来のことを考えて、バルセロナの環境の良い場所を選んで新居を構えた。

　イサークの伝記第 1 号を執筆したアラルコンによると、ピアノは姉クレメンティーナからレッスンしてもらい、4 歳の時、ロメア劇場 Teatro Romea de Barcelona でデビュー、ヴェルディのオペラ《シチリア島の晩鐘 Les vêpres siciliennes》のファンタジア（詳細は不明）を演奏し（アラルコン p.14）、地元新聞に取り上げられたとあるが、この地元新聞の記事は筆者には確認できなかった。

　デビューについてクラークは、次のように述べている。

「鍵盤に手が届くように椅子にクッションを重ね、ロメア劇場で連弾曲《真珠と花 Perlas y flores》を演奏し、聴衆を熱狂させた。母親は、エドゥアルド Eduardo 大公の息子達のように、レースの襟付きのスコットランドスタイルのベルベットのアンサンブルをイサークに着させていた。弾き終わると聴衆は熱狂のあまり、おもちゃや色つきのボールをステージに投げ、それらに魅了されて我を忘れたイサークはおもちゃで遊び始めた（クラーク p.42）」。

　ロメア劇場は 1863 年に旧市街に建てられ、都市計画の過渡期の夏の間に、野外劇場で上演されたオペレッタ、サルスエラ、舞踏劇、ヴォードヴィルの中から人気のあるものを上演していた。ロメアは庶民向けの劇場で観客層は職人が平土間とボックス席、労働者層がパラディス（天国）と呼ばれる 2 階席であった。この劇場は、イサークが出演した翌年 65 年にカタルーニャ演劇の父と呼ばれる筆名ピタ―ラ Pitarra で知られるフレデリック・ソレル Frederic Soler（1839-95）が買収し、カタルーニャ語の演劇を専門とする劇団を設立した。イサークはまさにカタルーニャにおける文芸再生運動ラナシエンサの最盛期にデビューを飾ったのだった。

　しかし、せっかくイサークのために環境の良いところに引っ越し、イサークは輝かしいデビューをしたにもかかわらず、アンヘルに関する職務管理ファイルが手書きであるため判読し難いが、バルセロナの新しい職場もわずか数ヶ月、おそらく 1864 年 2 月には解雇されたようである。失職を繰り返すアンヘルは、イサークの才能に驚き、左うちわの生活が頭をよぎったかもしれない。彼の教育に熱心になっていった。

　ピアノの練習について、イサークは晩年に勤めたスコラ・カントルム Schola Cantorum での弟子カステーラ（後述）に「家では読み書きの代わりに、1 日中ピアノの前に座らされてメカニックの勉強をやらされた（コレ p.18）。」と語ったそうだ（後に、自身で小学校に通ったことがないと告白している）。

　6 歳になった時にパリ音楽院の入学試験に受かったという話は嘘であると、トーレスとクラークによってすでに解明されているが、イサークは「6 歳から 8 歳までパリ音楽院のマルモンテル教授のクラスに在籍した」という履歴書を、のちの 1897 年に手書きで書いている（生まれも 1861 年と嘘を書いている）。

不況が続き、1865年にはマドリッドのプエルタ・デル・ソル広場で、大学学長免職に端を発した学生と警察との衝突が起き（「聖ダニエルの夜」）、またスペインでは初めての労働者会議も行われた。1866年には軍曹たち（サン・ヒル兵営）の反乱による市街戦と処刑が行われた。

　熱心なフリーメイソンだったアンヘルは、イサークの才能を確信し、それによって組織の中で熨していこうと考えていたのだろう。彼に近衛兵のコスチュームを着せ、舞台で踵を直角に合わせて、剣の柄に手を当て、フリーメイソンの儀式のジェスチャーで挨拶をさせた（コレ p.19）。各地で開かれたイサークのコンサートは、アンヘルの関係で、組織から何らかの支援があったと想像することができる。先に述べた「アルバム」にイサークが15歳の時のものであるが、コンサートの折にフリーメイソンの幹部の1人が讃辞を書き込んでいるのである。

✦ イサークの父、アンヘル

アンヘルは 1865 年 2 月からバルセロナ、1866 年からマドリッドで働く。アラルコンによると、イサークの長姉エンリケータはバルセロナで 1867 年 11 月にチフスが流行しているときに亡くなり、その知らせを受けてイサークは演奏旅行先からバルセロナに戻る。エンリケータはモンペリエ大学でフランス語の学士号を 17 歳で取得していた。

　アンヘルは、バルセロナで教育事業に従事し、女性のためのアカデミアを創設する計画さえ考えていたという。

　そして、彼はエンリケータを埋葬したのち、アンダルシアのアルメリアの税関に勤務していたが、1868 年 8 月 14 日に解雇されている。仕事を失っていた彼は、才能のある息子とその姉のクレメンティーナに演奏会を開かせるために、北部へ遠征することを決心した。彼らの演奏は、全ての町で満足のいく成功を収めた。

　イサベル 2 世の支えであるオドンネルとナルバエスが亡くなり、プリム将軍は彼らのお気に入りだったにもかかわらず、反乱軍の先頭に立ち、1868 年 9 月に 38 歳のイサベル 2 世はフランスに逃れることとなり、王政は途絶え臨時政府が樹立された。

　1868 年 10 月に選挙制度が改正され、25 歳以上の男子に選挙権が与えられ、12 月の選挙では王政支持の進歩派が 70％となり、プリム将軍がイタリア王エマヌエーレ 2 世の息子サヴォイア家のアマデオ Amadeo 1 世を推薦し、議会で可決された。しかし、マドリッドの上流階級は新たな王をのけ者にし、カトリック教徒たちはエマヌエーレ 2 世が教皇領を奪った王であるために、その息子との接触を拒否していた。

3 未知の世界へ

♣ 音楽院入学の頃のイサーク

　アンヘルは 1868 年 8 月から 1869 年 8 月 23 日にエストレマドゥーラ州のカセレスに行くまで、ほぼ 1 年間失職していることが確認できる。失業中の 1869 年 2 月 15 日には、マドリッドの国立音楽朗唱学校 La Escuela Nacional de Música y Declamación （これは 1868-1900 年までの名称で、現在の国立マドリッド高等音楽院。以下、マドリッド音楽院）に「失業中の財務省職員アンヘル・アルベニスは息子イサークが国立音楽学校の音楽教育を受けられるように、敬意を表して、ピアノとソルフェージュのクラスの学生としての入学許可を申請いたします。彼はすでにある程度の知識を持っております」と入学申請書を提出した。

　イサークは、校長である作曲家エミリオ・アリエタ Emilio Arrieta （1823-1894）の審査を受けて 1869 年 5 月 25 日には試験に合格し、フェリシアノ・アヘロ Feliciano Primo Agero y Amatey （1825 年生まれ）教授のソルフェージュ 1 年のクラスに翌年まで登録された。だが実際には 1870 年

から翌 1871 年までのホセ・メンディサバル José Mendizábal（1896 年没）教授のピアノのクラスに登録するまで、彼の登録記録はない。これは父親の仕事がカセレスに移ったためと思われる。

　1869 年、プリム将軍は首相を継いだが、国内情勢は依然不安定であった。この時にイサークは処女作をプリム将軍に捧げた。そのプリム将軍は 1870 年に暗殺されてしまい、その後に、第 3 次カルリスタ戦争（1872-1876）が勃発し、アマデオ 1 世の君主制は力を失う。

　イサークはむさぼるように本を読むようになり、冒険小説に夢中になって、コンサートをするためにマドリッドから出ていくことを考え始める。

　彼は、冒険小説を真似て「早速、実行しようと思ったものの、やはり町から出ていくことに意味を感じられず、その代わりに『無謀なことをやってやろう』と思った。その無謀なこととはクラベル Clavel 通りの食料品店に行くことであった。そこで父親の名前を名乗って、1 ヶ月分のケーキ、スナックやお菓子を頼んだ。家で請求書を見せ、怒られるのが怖くなり、家から逃げる決心をした。――それは初めてであったが――自分の家に帰ることが怖くなり、マドリッドの街から離れるしかなかった。」（アラルコン）

　次の内容は、アラルコンはイサークの年齢を 9 歳として記述しているが、「アルバム」に残っている記録によれば 13 歳の時のことと考えられる。

　「イサークは北駅に向かい、列車に乗り込む。コンサートを開きに行くというイサークに感銘を受けたエル・エスコリアルの市長に助けられて、エスコリアル（マドリッド西北西 40 キロ）でコンサートを開き大成功を収める。市長はイサークにお金を与えて、家族に会えるようにマドリッド行きの列車まで送るが、イサークはビエルバの駅で列車を乗り換え、反対方向の列車に乗り、アビラ、サモラ、サラマンカへ旅立った。」（アラルコン）

　エスコリアルでコンサートを開催したという 9 歳の時、イサークは実際には 5 月にマドリッドでソルフェージュの試験を受けていることが判っている。これについては後程述べる。

　また 9 歳の出来事としては、「アルバム」に『Correo de Teatros（演劇通信）(Barcelona 1869 年 7 月 28 日)』誌の「Un artista y un guerrero（芸

術家と戦士)」という記事の切り抜きが貼ってあり、そこには、出版したピアノ曲に関して書かれている。

記事は、次のように始まる。

「マドリッド在住の我々の友人がバルセロナに到着した。彼はとても才能のある人を崇拝しており、彼から次のような逸話を聞いた。元財務省職員アルベニス氏の息子である7歳の少年が、プリム将軍の御子息であるビスコンデ・ブルック Bruch 子爵に曲を捧げたいと、誰にも相談せずに自分の意志でご自宅を訪ねた。秘書あるいは執事は、12歳の子爵にこれを伝言すると、少年は応接室に通され、そこに子爵が現れた。」そして、少年の演奏する献呈曲を、ブルック子爵は夢中になって聴いたと書かれている。

この作品のタイトルは T.36《ピアノのための軍隊行進曲 Marcha Military para piano》でその下に「8歳の子供イサーク・アルベニスによる」と書かれる。楽譜の表紙には、クロスされたサーベルとマスケット銃の絵が曲名の上に置かれている。8歳と書かれているから、誕生日5月29日より前に書かれたことになる。サーベルと銃の絵の上には「ブルック子爵殿下へ　Al Excelentísimo Señor Vizconde del Bruch」と献呈者名が明記されている。ブルック子爵とは実はプリム将軍のことであり、その息子の名前はフアン・プリム・イ・アグエロと言い、1858年生まれで1873年に2代目ブルック子爵という称号を与えられている。すなわちイサークが

『演劇通信』（1869.7.28）

T.36《ピアノのための軍隊行進曲》

この作品を献呈したときには、プリム将軍の息子は 11 歳で、まだ子爵にはなっていなかった。

父アンヘルが自分の息子を売り込んだと考えられるこの記事は、作り話と考えられるが、楽譜の表紙に「子爵へ」と明記されていることは事実である。この記事が出たのは 7 月 28 日で、アンヘルがカセレスで職に就いた日付は 8 月 23 日であることから、アンヘルはプリム将軍の名前を利用して職を得たとも考えられる。付け加えれば、この楽譜はアンヘルによる自費出版であった。

アンヘルが頻繁に失職していることは、職務管理ファイルから知ることができるが、その理由は政府の改革であり、いかに政情が不安定であったかが窺い知れる。

この頃、マドリッドではサルスエラが最盛期を迎え、クリストバル・オウドリド Cristóbal Oudrid（1825-77）作曲の《スビサの粉屋 El Molinero de Subiza》（1870）は年間 300 回上演されるほどの人気を得た。1 幕ものの短い形式の「ヘネロ・チコ Género chico」と呼ばれるサルスエラは 1,500 本以上も作られ 30 年間大流行を続けた。喜歌劇サルスエラのその後の代表的な人気作曲家には、マヌエル・カバジェロ Manuel Caballero（1835-1906）、フェデリコ・チュエカ Federico Chueca（1846-1908）がいた。

1873 年にアマデオ 1 世は退位し、憲法制度議会の決定により共和制が成立するが、中央集権か連邦制かで意見が対立し、クーデターが起き社会不安が高まる。キューバ戦争やカルリスタ戦争による財政赤字、労働運動、地方自治主義者の蜂起に加え、1874 年 1 月マヌエル・パビア Manuel Pavia 将軍によるクーデターで、波乱に満ちた短い共和制は終わる。ブルボン家王政が復古してアルフォンソ Alfonso12 世（1857-1885）がスペイン王に即位する。

イサークが作品を献呈したプリム将軍は 1869 年 6 月 8 日から首相を務めていたが、献呈した 5 ヶ月後の 1870 年 12 月 27 日に暗殺されている。

父アンヘルはこのような情勢の中でたびたび失業を繰り返し、自分の失業の間はイサークに各地でコンサートをさせる。幼いイサークはスペイン

北部や南部アンダルシアのマラガ、グラナダ、カディス等に連れて行かれ、自作などを演奏したようだ。

　もっとも、イサークの本拠はこの後もスペインだったのだが、アラルコンの伝記によると、イサークは中南米を放浪したことになっている。その武勇伝はコレや『Albéniz, sa víe, son œuvre（アルベニス　人生と作品）』の著者ガブリエル・ラプラーヌ Gabriel Laplane にも継承されてしまったが、実際に中南米に行ったのは 15 歳の時であった。

　実際のイサークの足取りだが、先に触れたようにマドリッドの国立音楽朗唱学校の試験議事録によると、イサークは 1869 年 5 月 25 日にこの学校の入試を受け 1 年遅れで登録したのだが、1870 年に登録料未納で試験に落ちてしまった。改めて 1871 年 6 月 5 日に試験を受け、ピアノ初級のクラスに合格している。イサークの姉のブランカは同年に歌のクラスに登録したが「観察中 en observación」という扱いになっており、すんなりとは入学が認められなかったようである。

　このマドリッド音楽院には、後に友となるフェルナンデス・アルボス Fernández Arbós（1863–1939）（ヴァイオリン）とアグスティン・ルビオ Agustín Rubio（チェロ）がいる。そしてこの音楽院には、1872 年に音楽院で作曲の最優秀賞を受賞し、のちにマドリッドの人気作曲家となったトマス・ブレトン Tomás Bretón（1850-1923）とルペルト・チャピ Ruperto Chapí（1851-1909）も在籍している。

　アルボスはマドリッド音楽院を卒業し、イサークと同様にイサベル 2 世の奨学金でブリュッセル王立音楽院に留学しアンリ・ヴュータン Henri Vieuxtemps（1820-1881）に師事した。ベルリンでヨーゼフ・ヨアヒム Joseph Joachim（1831-1907）の門下となり、ヴァイオリニストとしてベルリン・フィルとボストン響のコンサートマスター、ロンドンの王立音楽大学の教授、マドリッド交響楽団の首席指揮者にも就任した。ストラヴィンスキーの《春の祭典》や R. シュトラウスの《ドン・キホーテ》のスペイン初演を行う。作曲活動も盛んだったがアルベニスの《イベリア》オーケストラ編曲はよく知られている。

　ルビオはマドリッドのチェリスト、ヴィクトル・ミレツキ Victor

Mirecki（1847-1921）、およびベルリンではロベルト・ハウスマン Robert Hausmann（1852-1909）の弟子で、ベルリンではヨアヒムと室内楽のクラスでレッスンを行った。アルボスやピアニストのトラゴ José Tragó（1856-1934）、その他の音楽家と共に室内楽協会 Sociedad de la Música di Camera を設立した。また 1890 年以来、イサーク、アルボスと共にイベリア・トリオを創設した。のちにイギリスに定住した。

✤ アルボス（左）、イサーク、ルビオ（右）

　アリエタの優秀な生徒であるブレトンは、アルフォンソ 12 世とギジェルモ・モルフィ伯爵 Guillermo Morphy（1836-99）の庇護を受けてヨーロッパで研鑽を積み、マドリッド音楽院で教授を経て校長に就任した。作曲家としてもアリエタの後を継いで、サルスエラに力を入れ 1 幕もののサルスエラである《パロマの前夜祭》は古典的なヘネロ・チコの代表である。イサークのために T.16《ピアノとオーケストラのためのスペイン狂詩曲》と T.17《ピアノ協奏曲第 1 番》のオーケストレーションを担当している。
　バレンシア出身のチャピは、地元で幼い時から才能を認められていた。

交響曲や交響詩、あるいは弦楽 4 重奏曲などコンサート用の作品もあるが、やはりサルスエラの代表的な人気作曲家であった。その前奏曲の多くは、スペインのオーケストラ・コンサートの定番曲として人気を保っている。

❦ イサークとルビオ（右）

❦ ブレトン

さて、話をイサークに戻そう。

彼はマドリッド音楽院に入学はしたものの、「アルバム」の記録によれば 1872 年 2 月には北西部カスティージャ・イ・レオンのバジャドリド、4 月には南部アンダルシアのハエン、そして 7 月にはグラナダの西 50 キロに位置するロハ Loja に演奏旅行を行っている。結局、9 月には再びピアノと和声の試験に出席せず、試験に落ちてしまった。それでもなお 11 月にはマラガで、翌 73 年 4 月には地元マドリッドで演奏をし、さらに 10 月から翌 74 年にかけて、スペイン各地（カスティージャ Castilla、レオン León、アストリアス Asturias、ガリシア Galicia、ログローニョ Logroño など）でコンサートを行った。そのような出席状況にも関わらず、この 74 年 10 月にピアノのクラスへの再登録を希望した。しかしそれは認められずソルフェージュ第 2 コースに登録された。

この「アルバム」には、父による文章が次のように書かれている。

「**ダイアローグ**（対話）

　父さん、ここに何か感じたことを書いてくれないの？

　父さんには、僕は価値が無いの？

　── 書かないというわけではないよ。

　もし、神が私たちに才能を与えたら、意思も与えているのだよ。

　何もない道を通って、カピトリーノ（ローマの7丘で最も高い丘）に到達するものは誰1人としていない。

　息子よ、おまえは瞑想を知らないほど、もう子供じゃない。

　強い信仰心で芸術におまえが身を任せたときには、上手くは書けないが、おまえに詩を奉げよう。　アンヘル　1873年9月30日」

　アラルコンの伝記では1869年に行ったとされるエスコリアルへは、実際には1873年11月28日（金）に行ったことが、カジノの秘書マヌエル・マルティネス署名による記録で判る。その他アビラで演奏し、1873〜74年に再び音楽院に登録しているが、1874年6月6日のソルフェージュの試験は欠席している。

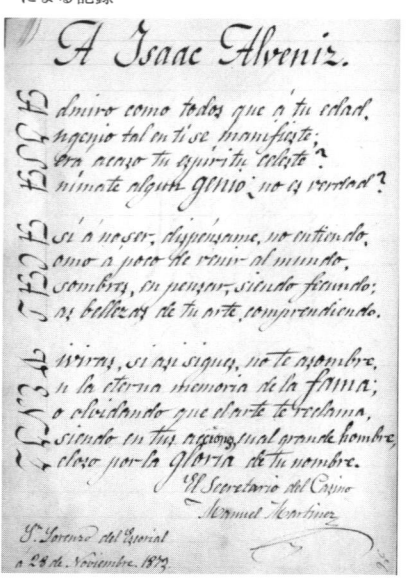

◆ アンヘルによって書かれたダイアローグ

◆ カジノの秘書マヌエル・マルティネス署名による記録

1874 年 10 月 16 日には、姉のブランカがマドリッドのレティーロ公園で命を絶ってしまった。ブランカはサルスエラの歌手を目指し、アンヘルからも応援されていたが、合唱で参加し、時にはソリストの代役を務める見事な成績を収めていたにもかかわらず、次のシーズンの契約が無く落胆し、自殺してしまったのだった。これはイサークに大きな衝撃を与えた（コレ p.40）。

1875 年 4 月 10 日に父アンヘルは、58 歳でキューバの国庫会計 2 課局長に命ぜられ、4 月 30 日にカディスから乗船し、カリブ海のアンティル諸島

イサーク、14 歳、1874 年

Las Antillas へ向かい、5 月 19 日にキューバの国庫会計局長に就任する。

「アルバム」の記録によれば、イサークは 4 月 3 日から 17 日の間にマドリッド南東部のアルバセテ Albacete、アリカンテ Alicante（Alacant）、ムルシア Murcia で演奏し、4 月 29 日のカディスでの舞台の後、上記のようにアンヘルとカディスから乗船したようだ。次の演奏は 6 月 12 日のプエルトリコのマヤグエス Mayagüez でのコンサートになる。以上から、イサークが中南米に滞在していたのは、15 歳の時である。

アラルコン等の伝える単身 12 歳で中南米を放浪したという武勇伝は、実際は父の転勤に伴って 15 歳の時に中南米で演奏活動をしたということになる。しかしながら、たとえ 15 歳であっても多くのレパートリーをもちピアニストとして絶賛されていた事実は特筆すべきであろう。

その後、イサークは 1875 年夏と秋にはアンティージャス諸島で多くのコンサートを開いていることは間違いなく、記録ではプエルトリコで、5 月 21 日にサン・ファン San Juan、6 月 12 日にマヤグエス、また 8 月 30 日にはカグアス Caguas で演奏活動を行っている。

芸能情報の『Artista de la Habana（ハバナのアーティスト）』誌では、

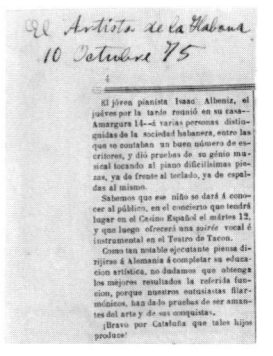

9月23日と10月10日にイサークがピアノに背を向けてオペラ作品を演奏したことや、12日のコンサートの予定、それにドイツ留学を報じている。

　本書「2　幼少期」で述べたように、「アルバム」にフリーメイソンの幹部のサインがあり、イサークの演奏活動にこの組織が関わっていたことが判る。スペインでのフリーメイソンはその自由・平等・友愛・寛容・人道の精神が、19世紀になり、当時の社会状況をうけて活動が盛んになった。フランスからの独立戦争後、1813年フェルナンド7世王の治世になっても国情は不安定で、財政危機となり、不満分子が増え、政治的なフリーメイソンが形成されたのである。フェルナンドの娘イサベル亡命の1868年から、イサベルの息子アルフォンソ12世の即位までの穏健派や進歩派による政権の6年間は「革命の6年間 Sexenio Revolucionario」と呼ばれ、フリーメイソンは公に活動することができた。この時期はイサークが8歳から14歳の時期に当たる。

　ハバナのルーブル・サロンでコンサートを開いた1875年11月6日から翌年5月まで、イサークがどこにいたかは判っていない。『Artista de la Habana』誌にドイツ留学について掲載されたが、アラルコンによれば、ハバナからアメリカに渡り、主要都市を巡るツアーを行い、その演奏収入でサンフランシスコからヨーロッパに戻り、リバプール、ロンドンを経由

してドイツのライプツィヒに到着した。

1876年5月2日から6月24日までは、ドイツ初の音楽教育機関として世界中から生徒が集まっていたライプツィヒ音楽院（1843年創立。瀧廉太郎も留学した。現フェリックス・メンデルスゾーン・バルトルディ音楽演劇大学）に籍を置き、カール・ライネッケ Carl Reinecke（1824-1910）とザーロモン・ヤーダスゾーン Salomon Jadassohn（1831-1902）に学んだ。この間、イサークはセバスティアン・バッハ通り Sebastian-Bach-Straße 57番地のユストゥス・A・ブライティガム Justus A.Bräutigam 博士の家に住んでいた。博士は書店学校、市立男子専門学校の校長、セント・トーマス小学校教師、毎年恒例のボランティアのための王室試験委員会メンバー等をしており、イサークを経済的に支援していた。それでもまだイサークは生活に苦しく、またおそらくドイツ語が苦手だったこともあり、音楽院を退学した。

イサークがライプツィヒからマドリッドに戻ってきた頃の1876年7月9日に、父アンヘルもハバナの職を解任されて、キューバを離れることになる。半年間無職で過ごし、翌1877年1月30日にハバナに戻った。

研究者フアン・ペレス・グスマン Juan Pérez Guzmán によれば、その後イサークはマドリッドの何人かの有名人から招待を受け、コルテス Cortes 男爵が館長を務めるシド通りに位置する国家官報局ガセタ・デ・マドリッド Gaceta de Madrid でコンサートを開き、貴族、芸術家、作家などに歓迎された。（クラーク p.56）

このような要人の集まりでイサークは支援者と出会い、例えばロメラ Romera 伯爵という人物からラ・グランハ La Granja の王家にイサークを紹介することを提案されたようである。しかしアラルコンによると、イサーク自身は宮廷からの援助を得るために色々画策した。1876年夏、ロメラ伯爵でなく、まずマドリッドの有力者ダニエル・モラザ Daniel Moraza（詳細不明だが、1875年の内務省広報誌に名前がある）に依頼して、アルフォンソ12世の私設秘書で、多くの芸術家の庇護者でもあったモルフィ伯爵への推薦状を書いてもらった。そして、モルフィ伯爵のいる宮殿に通い、なんと15日間も粘ってやっと面会が叶った。

「先生、私は偉大な芸術家です」と自己紹介する少年イサークを、モルフィ

モルフィ伯爵

伯爵は慈悲深く下から上まで見て、「とても嬉しいよ。今夜、私の家に来なさい。君が見せてくれた新聞の数々の切り抜きとたくさんの賞賛の署名が寄せられた「アルバム」が、何を証明しているかを検証してみよう。」と言ったそうである。

　その夜、モルフィ伯爵の館に行き、イサークは、たやすく自己表現できる即興演奏を行うと、彼は「確かに君には才能がある。しかし、友よ！ 君はまだ十分な教育を受けていないので、今日の午後、私に言ったような偉大な芸術家になるには、さらにたくさん学び忍耐することが必要だ。でも、気を落とさなくてよい。君のためにできることはやってあげよう。」と言い、2 日後にはイサークは宮殿での演奏が許され、その後、新しい国王であるアルフォンソ 12 世から奨学金を授与されたのである。(アラルコン p.24)

　このモルフィ伯爵はマリア・クリスティーナ王妃の信任が厚く、若い新国王の私設秘書に任命されたが、もともと音楽家志望の貴族だった。ブリュッセル音楽院に留学し学長ジュヴァール教授 François-Auguste Gevaert（1828-1908）に学んでおり、作曲家としてはカンタータ《モーセ賛歌集》などの作品があり、またベートーヴェンの伝記の翻訳書やスペイン民謡に関する書籍を書いた音楽学者でもあった。

　こうしてライプツィヒ音楽院退学から間を置かず、イサークは同じ 1876 年 9 月にアルフォンソ 12 世からブリュッセル音楽院留学のための奨学金を授かり、10 月 17 日には無事ブリュッセル王立音楽院 Conservatoire Royal de Bruxelles に入学した。

　学長ジュヴァールに強く推薦され、まずは初歩的な知識を得るためソルフェージュのクラスに入った。フランツ・ルメル Franz Rummel（1853-1901）のピアノのクラスに入り、著しい進歩を見せた。ピアノクラスの上級教授であるルイ・ブラッサン Louis Brassin（1840-84）は学長ジュヴァー

ルにその証明書を送り、ジュヴァールはモルフィにそれを送ったという。（アラルコン p.25）

ブラッサン

ピアノ科教授のブラッサンはライプツィヒ音楽院でイグナツ・モシェレスに学び、祖国のベルギーでの活躍の後、テオドル・レシェティツキ Teodor Leszetycki（1830-1915）の後任としてサンクトペテルブルク音楽院のピアノ科教授に迎えられた。作曲家としても活動し、なかでもブリュッセルで上演機会に富んだリヒャルト・ワーグナー Richard Wagner（1813-1883）の数多くの作品をピアノ用に編曲した。これらのワーグナーのピアノ編曲はイサークも後にレパートリーに加えている。

コレは、ブリュッセル音楽院時代について、友人アルボスが語った話を次のように紹介している。

「スペインとアメリカでの冒険の後、アルベニスはモルフィ伯爵に興味を持った。モルフィ伯爵は、その時代のほとんどのスペイン人音楽家の友達であり庇護者でもあり、アルフォンソ12世の私設秘書だった。アルベニスは彼から王に紹介され、ブリュッセルで勉強するための奨学金を手に入れた。私も同様にイサベル女王から奨学金を得てこの音楽院に来た。我々が知り合ったのはこのベルギーの首都の音楽院であり、アルベニスと私は生涯に渡る友情を結んだ。

なんという時代だろう！　アルベニスは私の母と私と暮らしていた。私たちは共に学び、遊んだ。ブリュッセルにはダニエルという名前の3人目のスペイン人奨学生が居た。我々は3人の兄弟のようだったが、優しいダニエルはアルベニスと私の犠牲者になっていた。我々はおもちゃの兵隊に熱中していて、母親のせいでダニエルも私も金がなかったが、独立していたアルベニスは新しい軍隊を買うのに躊躇せずに、彼の奨学金を毎月すべ

て使い込んでいた。おもちゃの戦争はいつも当然のようにダニエルの部屋で行われ、彼の家具を退けて、集めた 1,000 から 2,000 人の兵士たちを、露土戦争（1877-78 ロシア対オスマン帝国）を再現して丸 1 週間ダニエルの部屋で野営させていた。ダニエルは結束の強いアルベニスと私を相手に、彼に残されたスペースのベッドから戦争の被害を見つめていた。」

この話題はイサーク自身も弟子のルネ・ド・カステーラ René de Castéra（1873-1955）に語ったという。「軍隊の銃声があまりにも大きく、ある日、怯えた管理人が警察に通報したところ、警察は、ダニエルの部屋のドアを無理やり開け、散らばった鉛の兵士の死体の前に、アダムの衣装を身に着けたアルベニスとアルボスを見つけた。」（コレ pp.28-9）

イサークは 1 番若かったにもかかわらず、成績はすぐにトップとなり、1879 年 7 月にはブラッサンのクラスで優秀賞を得て王立ブリュッセル音楽院を卒業し、モルフィ伯爵を喜ばせた。

帰国後はマドリッドのギンダレラ Guindalera 地区に住んだ。9 月 12 日にバルセロナのスペイン劇場や新劇場で開いたコンサートはセンセーショナルで、『Publicidad de Barcelona』紙などで絶賛された。

1880 年 3 月にアンヘルは病気のために 63 歳でハバナ税関の職を辞した。イサークは 4 月 30 日に父の故郷ビトリアで演奏して錦を飾ったが、さらなる研鑽を積もうとした。留学先のブリュッセルに戻ったイサークはしばらくするとフランツ・リストに会う決心をする。そしてリストがプラハでなくワイマールにいることを知らずに、イサークは 8 月 12 日にプラハに向かう。イサークの日記ではブリュッセルから列車に乗ったことになっている。

♪ イサーク、20歳、1880年

　1880年8月のプラハ・ブダペスト旅行を記したイサークの日記は、イサークの自筆による旅先の8月15日から書き始められたものと、この日記をイサークの義理の息子フリオ・モヤ Julio Moya がまとめて書き直したものがある。フリオの書き直しは完全な複製ではなく、元の日記で消された文字が表記されている部分もある。他人が読むことを前提に書かれているはずだが、詳細を見ていくと口外憚られるような内容も含まれており、イサークの内心を垣間見ることができる。イサークの自筆、フリオの複写はバルセロナ音楽博物館に寄贈されており、その他のアルベニス財団発刊の『Impresiones y Diario de viaje（印象と旅行日記）』で読むことができる。日記は次のように始まる。

　「*1880年8月12日*にブリュッセルを発つ　（自筆では15日になっている）。植民地（プロイセン領）に着く前の大草原、マクデブルグ　素晴らしい　6時に着いて6時半まで待つ。ドレスデン　プラハに行くために駅で乗り換える。素晴らしい

町だ。馬車の御者に 1 マルク 10 を払う」

　次はフリオが書いた文章である。
　「この日記は、優秀な家系に生まれ、ある程度の才能を持っていた若者が、ボヘミアの首都プラハに行き、1 人でお金もなく最悪の状況に陥る様子を描いている。旅の感想を書くのは初めてのことであり、自分自身が特別の状態にあることに疑いの余地がないと感じ、これを書くことにしたのだろう。」

　再びイサークの日記に戻る。
　「その間、僕はホテルにいて、誰が支払うのか正確には判らないまま、よく食べたり飲んだりしている。幸運は勇敢な人を支持するのだ (ラテン語のことわざ)。

❦ 8 月 16 日のデッサン @ Museu de la Música de Barcelona, p.21

　　42 マルクを 24 ギルダー (オランダの通貨) に交換した。」

　「ブダペストまでの旅費は 10.5 フローリン (イギリス、オランダ、旧ドイツの通貨)、荷物には 1.5 かかる。1 時 25 分にプラハを出発した。ホテルには 7 フローリン支払う。」(Viaje de Hungria Libro pp.2-4)

　「ブダペスト〜 1880 年 8 月 15 日午後 7 時に到着して、レストランのオーナーのホルツヴァルト Holzwart さんに会いに行った。僕はそのレストランがあるホテル・カイゼル・エリーザベト 9 号室に滞在する。運転手には 1.5 フローリン払った。友人の家に食事に行って、少し酔っ払った気がする。彼は少し寝たら？と言うだろう。」(同 p.4)

8月16日「リストはプラハにいないと判った。　しかし、僕は彼に会いたいのでブダペストに行かなければならない。金がない。気の利いたヤツに万歳*！*　そして粗野な若者たち　何も怖がらないヤツに万歳　いいぞ*！*いいぞ*！*」(同 p.6)

　「すべてよし*！*　ブダペストに行くために良いことを思いついた、時計を売ろう。*1880 年 8 月 14 日*」(この日記は日付が間違っていると考えられ、16 日に書かれたと思われる)

　イサークはまだ 20 歳という若さであったが、すでにこの頃から体調を崩していたことも判る。

　「*8月16日　*目が覚めたが完全に調子悪く、一瞬、医者に電話しなければと思ったが、どうにもならないと思った。マグネシウムとお茶を飲んだら、ずっと良くなった。*11* 時に着替え、友人に会いに行き、ブダペストの町を見にいく。僕のホテルはコロナエルジェーベトにあり(ピカドールではない)、友人の家も同じである。ブダペストはおそらくウィーンの何倍も素晴らしく、男性と女性のタイプはスペインに非常に似ている。これまで見ていると、キャラクターには多くの比較ポイントがある。‥(略)‥

　僕はリストに会った。これから彼と勉強するだろう。明日の朝、彼は僕を迎えてくれる。(同 p.9)

　たくさんの鳥のコレクションがある自然博物館にいった。‥(略)‥解剖された死体のコレクションは好きではないが興味深い。ハンガリーとオーストリアの統一に貢献したと言われるデアーク(政治家、デアーク・フェレンツ Deak Ferenc1803-76)の部屋を見た。*1876 年没。1/2* フローリンを支払ったがとても興味深かった。」(同 pp.12-13)

　「フランソワ・ヨーゼフ広場には、セーチェーニ・イシュトヴァーン*Széchenyi István* という名前のハンガリー伯爵のブロンズ像がある。これは悪い像ではないが、この像の欠点は現代のすべての像に影響を与えている。右足は前に、左手をサーベルの柄の上に前に出し、右手は紙を持っており、威厳があり誇らしげに表現されている。」(同 pp.30-31)

日記にはこのように絵や彫刻について細かな記述があり、スケッチ画も多く書かれ、彼の趣味が伝わってくるが、これに較べてリストについては、16日「リストに会った」という記述の他は詳細が書かれていない。「明日の朝」という17日の日記を見てみよう。

　「*8月17日*ブダに行くために起きて、ペストとブダを結ぶ橋を渡る、素晴らしいバスに乗った。私は非常に長いトンネルを通り抜け、とてもブダに行きたい気分だ。いつも路面電車や他の乗り物に夢中になる癖があり、気が向いたらクリスティーナの街にいることに気づいた。」(同 pp.40-43)

　「僕は本当に具合が悪い。もしこれが続くなら、医者を呼ばなければならない。とても気難しい医者だ。僕の腸は出来損ないではないかと思う。

　僕はオーストリアで生涯を終えるのだろうか？　いいさ！　もし僕が死んだら、おそらく皆は私を埋葬して、これでおしまい、めでたし、めでたし！」(同 p.47)

　「僕は家に居たくない、悲しくなるからだ。くつろげないし、だいぶ前から自分が病気のように思える。不摂生と食事の変化で、胃を悪くしている。」(p.48)

　「バスク島まで行って、ツィガーヌの一座がどんなふうに弾いているか聞いた。昨日のより良くはないが、それほど悪くもない。」(同 p.49)

　以上のように17日にリストとは会った様子はない。翌18日にイサークはリストに会ったと綴る。

　「*8月18日*　今日は皇帝閣下に敬意を表して行われる軍の観閲式を見に行く。朝7時にドナウ河を渡ってブダに行く。ドナウから見た観閲式は、とても美しい。閲兵の陣営は山の麓にあり、絵のようだ。全体の外観は美しく、兵士の制服は非常にきちんとしていて、とても美しい。病気で目が覚めたが、僕は空腹を感じ始めた。これは非常に良い兆候だ。5日間感じていなかったが、あまり食べていない。でも、とても用心しながら食べよう。こんな正確な観閲式の形を見ることはめったにない。本当に芸術的だ。オーストリア風メイソンは堂々としているが、スペインのロイヤル・マーチは、理由は判らないが、より刺激的だ。」(同 pp.50-51)

「彫刻美術館　アーティストと名乗る人たちが、僕が目の当たりにしているような、情けない、情けない、とても情けない作品の制作に時間をかけていると思うととても腹が立つ。」(同 p.56)

　イサークは続いて美術館の作品について細かくメモしている。

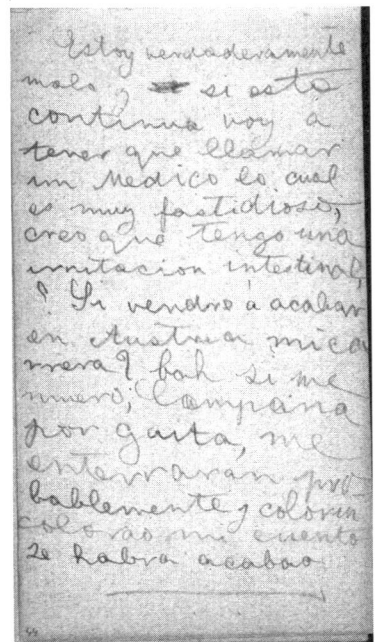

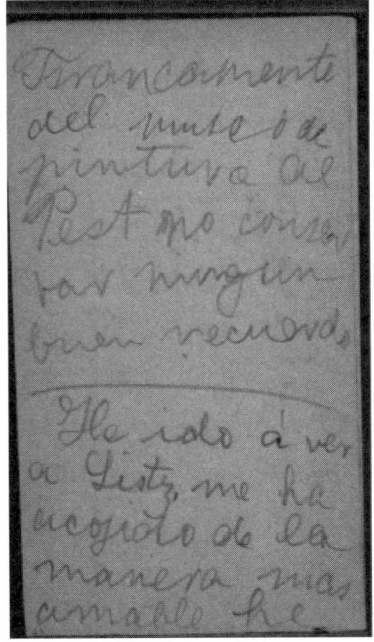

「僕はリストに会いに行った。彼は大変愛想良く僕をもてなしてくれた。僕が彼のエチュード2曲とハンガリー狂詩曲を1曲弾くと、彼は喜んだ。彼から渡されたハンガリーのテーマで僕が即興演奏したときには、特にとても喜んでくれたように見えた。彼は僕にスペインや両親のこと、宗教に対する考えや音楽一般について質問した。僕が率直にはっきりと答えると、リストは魅了されたように喜んだ。また明後日、彼に会う予定だ。買う本＝ゾラとツルゲーネフの作品。同毒療法の本を1冊読んでどきどきした。僕の下痢に最適なのはパルサチラであることが判った。服用してみよう。僕の身体に合うか試してみよう。実際、効き目がありずっと気分が良くなった。」(同 pp.66-71)

「8月19日　スペインの教会に似ている所に行ってきた。近くにある別の博物館に行った。気分が悪い。お金がなくなってきた。明日のために気分転換に祭りに行った。」(同 pp.72-74)

「8月20日　今朝、ブダの市民パーティに参加した。ペスト橋から山の頂上のブダに9分で着いた。ブダはとても大きく、昼から夜までペストとは違う。まさに地方首都でとても美しく、気に入った。」(同 pp.78-79)

　‥(略)‥　僕は、ここは戒律が厳しいと思う。宗教儀式で帽子を脱がずに叩かれた惨めな人がいた。彼は愚かだ。僕は魂が限界に達している。もし、今日の午後、お金が届かなければ、明日何も食べに行けない。ええと、マラデビス（スペイン通貨）は持っていない。」(同 pp.83-85)

　最初に書いた日記には、このフレーズの最後に消された文字がある。書き直された日記を見ると「あの人をだましに行こう」と書いてあり、イサークには自分が人をだましている自覚があることが判る。リストと20日に会った様子はない。

「8月21日　今朝、問題は解決した。お金は受け取っていないが、ホルツヴァルトさんは僕の宝飾品を30フローリンで買ってくれた。
　水かさを増したドナウ河を見にフォルテッサ Forteza（ドナウ河畔に建つホテルと思われる）に行く。この光景は本当に壮大で、お金に換えられない。ブダペストの訪問は貴重だ。ブダ山の王宮は壮大で、僕はスケッチをするつもりだ。ブダペ

ストに行ってはっきりと覚えてこよう。この光景は本当に素晴らしい。明日また見にこよう。」(同 p.85)

「*8月22日　金がない。ブダに絵を描きに行こう。お金のことで死にはしない。父はしばらく便りがないが、いつも、ぎりぎりのところで僕に信用を失わせるようなことはしない。僕はこの問題が解決するまで何も知らせず、ブリュッセルには帰らない。*」(同 p.6)

「*僕は並外れた存在として生まれた。僕に起こるようなことは本当に誰にでも起こることではない。リストは明日ローマに行く。どうするか、付いていくか？ウィーンに行くか？*」(同 p.9)

「*8月23日　ウィーンに行く理由　1、リストは明日出発するから、何も僕を引き留めるものはない。2、父からの手紙を待っている間、ブダペストでお金を費やしたが、そのお金があれば、僕はウィーンを訪れたかった。ホルツヴァルトさんに住所と、ウィーンに送ってほしい手紙を彼に教えた。*」

「*ブダペストで過ごす最終日、お金が無くて苛立った。昨日は疲れていたが、父が僕を見捨てていないと知り嬉しかった。ブリュッセルからマドリッドまでの旅も彼の愛のおかげだと知り嬉しかった。父が到着した時に僕がそこにいられなかったのは悲しい。*

ダリオ Dario かピカール Picard にばらされたら、僕はおしまいだ。（ダリオ・デ・レゴジョス Darío de Regoyos（1857-1913）はピサロ、シスレー、マネの弟子の画家。173 ページのイラストは彼が描いたもの。エドモンド・ピカール Edmond Picard（1836-1924）はモダニズム運動創始者の 1 人で、アルボスはピカールの詩を題材にして《浜辺にて En la playa》という歌を作曲した。）

8月23日夜9時にウィーンについてホテル・ナショナルに落ち着いた。」(同 p.12)

この日記から、イサークは父を愛し信頼していることが伝わってくる。ばらされたら「おしまい」になる「秘密」とは、リストとの面会についてだろう。ブダペストで過ごす最終日、お金が無くて苛立っており、出発する時にはブダペストの印象として街の様子だけを書いている。その後、イサークはウィーンで宮殿や美術館をまわり、パリに 28 日に着き 9 月 14 日にマドリッドに向かうまでの間、自殺を考えるほど苦しんだ。

「8月29日　パリに朝10時に着いた。ラ・ファイエット52番地のホテル・マダム・フォリに落ち着いた。ブリュッセルからダリオが戻ってきているかと思い、行ってみたが、会えなかった。」

「9月14日火曜日　僕と友達デゲスタン Degestan（詳細不明）は朝9時半にパリを出る。2等の席はマドリッドまで138フランだ。1等は190フラン。

僕がパリで何を経験したか話したくない。自分が命を絶とうとする寸前だったほど、どれだけ苦しんだか覚えていないからだ。だから僕はこの旅行記を閉じる。別の研究に着手して、研究して、それに時間をかけよう。　1880年9月16日イサーク・アルベニス」

最後にイサークはあえて estudiar（研究する）という言葉を繰り返し書いている。

日記はここで終わり、再開するのは17年後の1897年である。

なお、1880年にイサークは陸軍予備役でブエナ・ビスタ地区に入隊したが、正確な入隊日は明らかになっていない。（コレ p.64）

5 1880 年秋についてのアルボスの回想

フェルナンド・アルボスは、演奏旅行で出席不良であったイサークと異なり、優秀な成績で 1876 年に音楽院を卒業した。ブリュッセル音楽院への留学は卒業時に得たイサベル賞（イサベル2世の長女で音楽愛好家だったイサベル・デ・ブルボン 1851-1931 による奨学金）によるものだった。アルボスは若い頃の思い出を、未出版版であるが『Unas Memorias（回想録）』に綴っており、その中からイサークとのエピソードとして 1880 年の秋の思い出をトーレスが次のように紹介している。おそらくブリュッセル音楽院から戻った 2 人は連れ立って宮廷に出かけたのだろう。

「ある夜のことを思い出す。王妃はアルベニスに、彼が師事したいと思っているリストへ手紙を書くことを約束していた。僕たちは宮殿でマリア・クリスティーナに謁見し王妃の前で演奏するはずだった。彼はその日、午後はマドリッドで用があると言っていた。『では現地集合にしよう』とコンサート前に集まる約束をした。僕がそこに行くと、彼はいなかった。我々は 30 分待った。そして 1 時間‥‥王妃は私に訊ねた。『どういうことですか？何かあったのですか？』『判りません、セニョーラ、私たちはどれくらい待つか判りません』『アルボス、貴方はこれらの手紙をアルベニスに届けられますか？』僕はその頼みを実行できなかった。アルベニスはその日の午後、マドリッドを出発し、キューバに向かった。予告なしにキャンセルするのは、彼の人生で 3 回目だ。」

アルボスの記憶が正しければ、王妃がイサークのためにその手紙を用意していたのは、彼がハンガリーから戻ってからの秋である。夏には、リストに

アルボス

会えなかったので、イサークには王妃からの手紙が必要だったのだろう。ともかく王妃との約束を違えるとは、驚きである。

　また、アルボスは、アンヘルが息子を探しにブリュッセルに来た時、アンヘルから「気をつけろ、彼は無鉄砲で、クレイジーだ。無鉄砲でもクレイジーでもないとしたら利己的な天才だ」と警告されたと語っている。キャンセルが3回目ということは、イサークには昔から突然に姿を消す悪癖があったようだ。

　アルボスはこの他にも、イサークの回想を書いているが、残念ながら日付など曖昧なところが多い。

6 夢

　クラークの調査では、イサークがリストに会ったと書いている日時に、リストはブダペストにいなかった。その根拠は、リストは葉書で「1880年8月18日ワイマール18ten August, 80, Weimar」の日付で、当時、ハンガリー国立合唱協会の首席指揮者であった音楽家フェレンツ・エルケル Ferenc Erkel（1810-1893）に、次の年の1月半ばまでブタペストには戻らないと告げていたからである。

　この頃、リストはワイマール、ローマ、ブダペストの間を年に1度のペースで移動していた。スペイン王から奨学金を得て留学を果たしたイサークは、国際的なピアニストを目指すために、リストのレッスンを受け、自分のピアノにリストから批評を貰うことが次の課題だと思い込んでいたに違いない。

　経済的に余裕のない中、ブダペストにまでリストを訪ねたが、実際には留守だった。無駄足であったことを明らかにすることができず、思わず日記には嘘を書いてしまったのであろう。パリで自殺しそうになったと書いているが、原因はおそらくこの嘘にまつわるのではないかと想像する。

　コレは「ドイツの旅行後、リストに影響を受けたイサークは、サラマンカを通り、ベネディクト派の修道院で神父たちのために1日中オルガンを弾いたが、修道院長はそれを宗教心からと思わなかった。」とイサークの弟子カステーラがイサークから聞いた話を紹介している。しかし、サラマンカは北東部からマドリッドに向かう途中で寄ることも考えられるが、彼がサラマンカに居た証拠になるものは見つかっていない。

　以上のように、1880年のイサークの行動には色々な情報が伝えられてきている。

　日記や新聞記事などによると、イサークは、1880年9月にはマドリッドに戻り、10月までの数日間アルボスと過ごし、12月には再びキューバに渡り、ハバナでコンサートを開いた。ルーブル El Louvre でのコンサートについて、『El Diario de la Habana（ハバナ新聞）』は、その収益の半分は王立慈善団体 La Real Casa de Beneficencio y Maternidad に贈られると報道した。

イサークは20歳の若さでありながら、ピアニストとして膨大なレパートリー（バッハから新しい作品まで100曲以上、ピアノ協奏曲が18曲、自作は50曲以上）を持っていた（アラルコン p.38、コレ p.39）。1881年2月まで、キューバ、メキシコ、アルゼンチンでコンサートを開き、ショパンの《ポロネーズ》やシューベルトの《即興曲》、そしてリストの《スペイン狂詩曲》、メンデルスゾーンの《ピアノ協奏曲　ト短調》、スカルラッティの《カプリーチョ》、ヨアヒム・ラフ Joachim Raff（1822-82）の《ワルツ》を演奏している（曲集のどの作品か詳細は不明）。2月の日曜（2月6日であろう）に開催されたキューバのサンティアゴ・デ・クーバでのコンサートの演奏は『El Bien Público de Santiago de Cuba』誌で1881年2月10日に次のように評されている。

　「私たちはピアノのそばから、もう離れられない。最も優れた作曲家の理想を表現できる者は、世界中を探してもこの若者以外にはいないだろう。彼はそれほど上手いのである。もっとすごいのは人間技を超えているということだろう。音色が上品でデリケートであり、表情の趣味がよく、気高く快活で、陰と陽を心地よく対比させ、力強さや激しさはタイミングがよく、自由で大胆な輝かしい演奏は我々に驚くほどの興奮を与える。要するに、この愛らしい若者は聴衆を魅了するすべてのものを神から授かっているようだった。」この新聞記事では、上記のスカルラッティ、シューベルト、リスト、ショパンを演奏したことも書かれており、どれも絶賛されている。

　この演奏旅行を続ける多忙の中でイサークは作曲を続けたという。

　コレは、「ロメロ Romero 出版社でレッスンを行っている頃、アルベニスの全作品を、びっしり書かれた1ページにつき、たった5ペセタという安値で契約した。この時期に彼は250曲のピアノ作品を作曲し、バルセロナの Pujol 社もイサークに興味を持ち、店にピアノを置いて即興演奏家のイサークを雇った。1ページにつき銀貨3枚と75サンティームを払い、美しい〈セレナード〉さえこの値段で契約した」と述べている。カステーラは憤慨したが、イサークは「作曲料はもちろん高くはないが、僕はあっという間に作曲してしまったんだからかまわない」と言い、〈ラ・ベガ〉に至るまでの彼の有名なピアノ作品は即興演奏の性格を帯びていると認識していた（コレ pp.38-9）。ピアノ曲は現存144曲であるから、250曲というのは、1桁違っているのでは？　と思われる大風呂敷である。この19年後

(1900年)の資料であるが、1ペセタの価値は次のようだった。パン4キロ、牛乳5リットル、ジャガイモ10kg、卵1ダースなど（Germes）。なお彼の楽譜はT.61A〈グラナダ〉は4ペセタ、T.61C〈セビージャ〉は6ペセタで売られた。T.105F〈トリアーナ〉は初版はフランスでの販売だが、マドリッドでのCASA DOTESiOでは、たった3ペセタで売られた。（〈トリアーナ〉を含む《イベリア》第2巻（3曲）はフランスでの価格は6フランだった）。銀貨とはアマデオ1世の横顔がデザインされた5ペセタ硬貨を指すと思われる。

　キューバでの演奏旅行後は、スペインに戻り、北東部のパレンシア、マドリッドの北にあるサンタンデール、アラゴンのサラゴサ、ナバラのパンプロナなどで演奏し、南部の懐かしいグラナダを旅した。サンタンデールのコンサートは「この楽器が、雷鳴、歌い、叫び、笑い、うめき声、すすり泣き、溜息、芸術だけが知っている魂の動揺、苦悩、痛み、喜びを模倣する音楽のあらゆる神秘をしめす」と批評された。（『La montana』誌1881年8月3日）

7 転機

　1882年北部の旅行の折に、バスク地方ビスカヤ県のビルバオでホアキン・ガスタンビデ Joaquín Gastambide のサルスエラ《誓い El juramento》の第1部と第2部の幕間にピアノ演奏する機会があった。

　サルスエラの舞台に接したイサークは、純音楽だけでなく劇音楽も作曲したいと思うようになり、これは彼にとって大きな転機となる。

　この年に彼は劇場音楽の処女作品《歳をとるにつれ！ ¡Cuanto más viejo…!》を作曲し、ビルバオの劇場で初演した。この年には《愛らしいカタルーニャの人　Catalanes de Gracia》という1幕物のサルスエラも作曲し、マドリッドのエスラバ劇場で初演した。この《愛らしいカタルーニャの人》は現存しないが、どんちゃん騒ぎの娯楽作品であったらしい。南部のマラガ、南東部のアルコイなどいくつかの町でサルスエラ《救済の歌 El Canta de Salvación》を上演したが失敗し、赤字の穴埋めをするためにピアニストとして演奏旅行に出なければならなかった。

　コルドバ大劇場でのコンサートは大成功し、続いて各地で演奏活動を行うが、イサークはこのような成功に安んじることに少々疑問を感じた。そして演奏旅行で訪れたスペイン南東部のカルタヘーナでのプログラムに、あえて難曲を選び、それらを繊細に演奏した。この様子から、イサークにとってピアノの演奏は赤字を埋めるためだけでなく、自分の美学の追及のためへと変化していったことがうかがわれる。

　この時期のピアニストとしての活動はマスメディアに取り上げられた。例えば、12月にマドリッドのメディナセリ Medinaceli 侯

♣ イサーク、妻のロジーナと

爵夫人宅で行われたコンサートについて、「輝かしい芸術的素質を燃やした」、またショパン、スカルラッティ、ボッケリーニ、ベートーヴェン、ヨアヒム・ラフ、メンデルスゾーンの作品を演奏したバスク・ナバロクラブ Circulo vasco-navarro のコンサートについては、「多くの聴衆から熱狂的に拍手を送られた」と『La Correspondencia Musical』誌 no.101 1882年12月6日及び no.103 12月20日で報じられている。

　1883年のおそらく1月か2月にイサークはバルセロナに移り、のちに妻となる3歳年下のロジーナ・ジョルダーナと知り合う。クラークは彼女はカタルーニャの名家の娘で、生徒の1人だったと述べているが（クラーク p.71）、コレは次のように述べている。

　「彼女はバルセロナのランブラス通りにある楽譜店（現存するカサ・ベートーヴェンであろう）で、当時すでに有名になっていたイサークの楽譜を探していた。そして彼と知らずに店の中にいた若者に近づき、アルベニスの作品をどれか教えてもらえないかと尋ねた。すると彼は、もっと良い作品を贈ると言い、彼自らサインした写真を彼女に渡した。

1883年3月にイサークがロジーナに渡した自身の写真

　イサークには兵役の義務があったが、彼の任期中に長く続いた内戦は運良く中断したため、アンヘルの介入で6月7日に予備役を逃れていた。こうして、知り合った2人は3ヶ月後の6月23日に港のそばのメルセ教会で結婚式を挙げた。」（コレ p.71）

　後年、四女のラウラは「2人を結びつけたのは、音楽への愛だった」と語っている。しかしながら、相変わらずイサークは独身のようにサンタンデールや、ア・コルー

ニャに演奏旅行に出た。

1883年から1885年のバルセロナ滞在中にイサークはペドレイに会い、指導を受けた。ペドレイは自国の音楽文化遺産に着目し、16、17世紀の大家アントニオ・デ・カベソン Antonio de Cabezón（1510-1566）、トマス・ルイス・デ・ビクトリア、クリストバル・デ・モラーレス Cristóbal de Morales（1500-53）らのスペイン教会音楽への復興に貢献した現代スペイン音楽学の創始者である。スペイン国民楽派の開祖として評価され、のちに1894年からの10年間のマドリッド時代には、王立音楽アカデミーの会員として研究・教育・評論など幅広く活躍することになる。

そのペドレイの教えはイサークの期待とは大きく違い、彼に作曲技法を教えず、「ピアノの文献に触れるように」とだけアドバイスした。これは才能にあふれたイサークにとって最良の導きであった。1902年にペドレイのオペラ3部作《ロス・ピレネオス》がバルセロナで初演された時に、イサークはその評論を書いている。

ペドレイから「超越的な作曲という難しい芸術への入門」と「難しいオーケストラの色彩の扱い」を学び、また同時に、時間をかけて経験し研究し

ペドレイ

たことで、「文化と美学の要素」が私の頭に広がり、「最も重要なことは彼から強く崇高な芸術に誠実な模範を学んだことである。それは、人々の無関心、無知や、激しい羨望の対象となった激しい感情を、勇猛果敢に主張し続けたものであり、彼の人生を常に描写していた」と絶賛した。

イサークはペドレイが自分たちの未来の歌や音楽のある国の構築の礎石を築いたと信じ、散文を残した。

「貴方は故郷の歌を聴くでしょう。

貴方の母親の優しい声、生きている間に耐えた恐ろしい戦いで痛んだ貴方の魂を静めさせる、先祖を思いださせる甘いメロディを聴くでしょう。貴方の心に深い痕跡を残して過ぎ去った、懐かしいメロディと苦しみの後、熱狂的な希望の大きな波が貴方を満たします。」（クラーク p.74）

イサークを描いたイラスト。『Ilastración Musical』誌、1883 年

この散文はペドレイに宛てたものであるが、自分の理想でもあろう。まさにアルベニス音楽の特徴を表現している。イサークは手紙でいつもペドレイへ「親愛なるマエストロ」「貴方のいつも愛情のこもった生徒より」と書いていた。

のちに、イサークが亡くなったときに、ペドレイは彼を称え次のように述べた。

「彼は若いときから、すでに確かな光を放っていて、生まれながら持っている直観力はクリスタルの水脈のようだったので、それを濁らせたり、止めたりしないためには導くだけで、教えることはできなかった。」（クラーク pp.73-74）

型通りの教育を受けなかったことで、イサークは自由に自分の理想を追求することが出来たのであろう。彼にとってペドレイの方法は最善の指導であり、そのおかげでイサークの才能は芳しいほど熟していった。イサークの関心が民族主義に向かったのは、実は、当時からそれを提唱していたペドレイの影響であった。

結婚後も演奏家としての活動を続け、サンタンデールからスタートしてスペインの北部海岸地帯で、アルボスらとコンサート開き、大成功をおさめた。

イサークの子供たち（左から四女ラウラ、長男
アルフォンソ、三女エンリケータ）

1884年には長女が誕生し、マドリッドで自殺したイサークの姉ブランカから名を貰い命名した。バルセロナで1年前に演奏して人気を得たT.55《舟歌》が、バルセロナの Valentin de Haas から出版された。

8 マドリッドでの栄光

イサークは 1885 年 9 月にはマドリッドに居を構え、4 年半同地に滞在することになる。モルフィ伯爵の援助で 10 月には王宮で王家のために演奏する機会を 2 度得て、一躍マドリッド上流社会の寵児となった。そして最新の作品を弾きたいというイサベル 2 世の特別の要望に応え、3 年前（1882 年）に作曲した T.48《パバーナ・カプリーチョ Pavana (Capricho)》op.12 を捧げた。

編集者ソサジャは、イサークがマドリッドに住み始めて数週間後の 12 月 17 日に、『La Correspondencia Musical』誌に、T.55《舟歌》を掲載した。これはアンヘルの自費出版後、初めての楽譜出版となった。次いで《パバーナ・カプリーチョ》を 86 年 3 月 4 日に、その後も以前に作曲した作品を含め、彼の作品を掲載し始めるようになった。

1886 年 1 月 24 日マドリッドのサロン・ロメロで開かれたコンサートは彼の人生の中でも最も重要なものとなり、大きな評判を呼んだ。『El liberal』紙（25 日）、『La Correspondencia Musical』誌（28 日）、『LA AMERICA』誌（28 日）に大きく紹介され、『LA AMERICA』誌では、コンサートの内容について次のように評された。このコンサートはアラルコンによるイサーク神話誕生の契機ともなった。アラルコンの興奮ぶりが伝わってくるようだ。

「彼のお気に入りの作曲家はスカルラッティ、ショパンのようだった。昨日は自作の《スペイン組曲（第 1 集）》も演奏した。3 曲からなるこの曲集は、アンダルシアの民謡をもとに書かれ、優雅な雰囲気が溢れている。それらのとても独特なキャラクターはどんな手法においても失われていない。特に〈セビージャ Sevilla〉は軽やかで素晴らしい作品である。」（『La America』誌掲載のコラム「La Epoca」より）

アラルコンは、1 月 24 日の忘れられない記憶として当日のプログラムを以下の図版のように掲載している。

3 部に分かれたプログラムの詳細を見ていくと、表記は少々不正確である。ベートーヴェンのソナタ作品 14 と書かれているのは第 14 番の間違いであり、ショパンのソナタは嬰ハ短調と書かれているが変ロ短調の第 2 番

であり、即興曲やワルツは何番なのか明記されていない。ポロネーズはおそらく第3番の軍隊ポロネーズであろう。バッハのイタリアスタイルの4楽章からなる大協奏曲は不明である。スカルラッティのソナタやヘラーのタランテラも番号が書かれていない。ボーイトのオペラ《メフィストフェレス》の前奏曲のイサークによる編曲は作品として残っていないのが惜しまれる。

1886年1月24日サロン・ロメロでのプログラム。第3部9eにスペイン組曲が並んでいる。

Primera parte.

1.° Gran concierto, estilo italiano.............. BACH.
    (a) Allegro. (b) Andante. (c) Gavota. (d) Presto.
2.° (b)Gavota con variaciones. HÄNDEL.
    (b) Pastoral ....
    (c) Sonata............ } SCARLATTI.
    (d) Tocata............
    (e) Capricho.........
3.° Sonata (op. 14).......... BEETHOVEN.
    (a) Adagio. (b) Allegretto. (c) Presto.........

Segunda parte.

4.° (a) Impromptu en *mi* b .. SCHUBERT.
    (b) Romanzas sin palabras en *la* b. y en *do*. MENDELSSOHN.
5.° Minuetto.............. WEBER.
6.° (a) Polonesa en *la* b.....
    (b) Impromptu.........
    (c) Berceuse..........
    (d) Wals............
    (e) Estudio número 12..
7.° Sonata en *do* sostenido menor......... } CHOPIN.
    (a) Adagio. *Dopio tempo*.
    (b) Scherzo...........
    (c) Marcha fúnebre ....
    (d) Presto ....

Tercera parte.

8.° (a) Barcarola número 3 ..
    (b) Estudio de concierto. } RUBINSTEIN.
9.° Suite Espagnole.........
    (a) Serenata..........
    (b) Sevillana .... } ISAAC ALBENIZ.
    (c) Pavana, capricho...

10. (a) Tarantela.......... HELLER.
    (b) Estudio de Concierto MAYER.
11. Murmures de la Foret... LISTZ.
12. Fragmento del preludio del *Mefistófeles* (Boito), transcripto por..... I. ALBENIZ.

このように、このプログラムの表記は不正確な部分もあるものの、イサークが技巧派のピアニストであったことが明らかである。アラルコンは「これだけの膨大な曲目をすべて暗譜で演奏した。今までの有名なピアニストに、誰もこのように演奏した人はいなかった。」と述べており、演奏会は大成功であったと容易に想像できる。第3部で、彼は自身の作品《スペイン組曲（第1集）》として〈セレナータ〉〈セビジャーナ〉〈パバーナ・カプリーチョ〉を演奏し（《ス

《スペイン組曲》初版の表紙

ペイン組曲》は後に8曲として完成する）、演奏家としてだけでなく、作曲家として高い評価を受け、その民族色豊かな個性を世に知らしめた。

前述の新聞では、記事の最初にイサークの人物紹介がアラルコンによって書かれた。興味深い部分を挙げると次のようである。

「子供の頃、彼は心の中で想像を絶する動きを感じ、光と音が彼に神秘的で強烈な感情を表現させた。彼は夢を見、微笑み、表現できない落ち着きのなさを感じた。ある日、わずか10歳の彼は、楽譜を腕に抱え、夢を描いて未知の世界に飛び出した。剥奪や、金に困った多くのホームレスの人々の話が彼を落ち込ませることはなかった。」（アラルコン）

この1886年1月のサロン・ロメロでの成功によって国内での名声は20代で確立した。そして演奏活動とマドリードの自宅でのレッスンや作曲活動（サロン音楽、ソナタなどを作曲）に精を出した。3月末に、自分が子供の頃に学んだ国立音楽朗唱学校のピアノ科助手 la cátedra auxiliar de piano に任命された。

順調に始まった年だったが、4月4日には生後20ヶ月の娘ブランカが

亡くなってしまう。彼の伝記、家族の日記などに記録されていないが、『La Correspondencia Musical』誌に弔意が掲載されている。この悲しみに耐えながら、7月にサン・セバスチャンにアルボスのグループとは別であるが、6重奏と一緒に演奏会に戻った。最後のリサイタルでは地元のピアニストと共に2台ピアノ作品を演奏した。サラゴサでは、シューマンのピアノ協奏曲や自作のオーケストラのための《性格的小品集》（現在は消失、または散逸している）などを演奏して回った。

　11月には王立芸術院より「イサベル女王勲章エンコミエンダ章」を受け、2年後にはコメンダドール（エンコミエンダ章を受けた人）の称号を授与される。

　未亡人のマリア・クリスティーヌ王妃に捧げた52曲からなるアルフォンソ12世追悼コレクションに、ブレトンとモルフィ伯爵はイサークの作品を第44番として収録した。それは詩編 T.35《死者のための祭式の詩編 VI Salmo VI del Oficio de Difuntos》である。これはイサークの唯一の合唱ポリフォニーの作品である。

　12月には、音楽院からあまり遠くないアトーチャ地区にあるアントン・マルティン広場 Plaza de Antón Martin 52、54、56番地でピアノを教える。この豊作の時期にはよく知られた〈グラナダ〉〈セビージャ〉などが含まれる T.61《スペイン組曲第1集 1e Suite Espagnole》、T.16《ピアノとオーケストラのためのスペイン狂詩曲》が発表された。

　娘のブランカが亡くなったことについて、あまり記録がなかったように、イサークの家族に関してまだ詳らかでないことがある。1888年1月19日という死亡年月日だけが判っている二女クリスティーナの生年についてトーレスに問い合わせたところ、恐らく1887年の夏の終わり頃だという返答であった。つまりこの娘は生後半年に満たないで亡くなってしまうことになる。

　長女に続いてこの二女を失った1888年頃に作曲された T.86《12の性格的小品集 Doce piezas características》には、第4番として〈プレガリア（祈り）Plegaria〉が含まれている。イサークは自分の弟子に献呈しているが、曲想は教会での祈りを思わせ、筆者には、2人の娘への想いが込められているように感じられる。

　1888年は二女クリスティーナの幼逝という悲しい出来事に始まり、春

には激しい腹痛に苦しみ、コンサートをキャンセルした。夏から秋にかけてイサークはパリとバルセロナで開かれた万国博覧会で連続演奏会に駆り出され、愛奏曲の数々に加え自身の新作を精力的に披露している。

　これらのコンサートは写真のポスターのように「万国博覧会のフランス・セクション」のタイトルでピアノメーカーのエラールが主催したものである。パリでは Mail 通り 13 番地の会場で 8 月 2 日から 9 月 9 日までの期間に計 13 回、バルセロナではフォンタネッラ Fontanella30 番地の会場で 9 月 13 日から 10 月 11 日までに計 7 回行われた。

　この間、9 月 11 日に長男が誕生した。イサークのブリュッセル留学を可能にしてくれた国王の名にちなみ、アルフォンソと命名した。

　2 都市でほぼ 3 日に 1 回のペースで総計 20 回に及ぶ大規模な連続演奏会が開かれた。演目は延べにして 178 曲で、バッハ《イタリア協奏曲》、ベートーヴェン ソナタ 嬰ハ短調《月光》、ショパン《ポロネーズ》変ロ短調や《ワルツ》遺作、シューベルト《即興曲》、リスト《リゴレットパラフレーズ》、またアントン・ルービンシュタイン《演奏会用エチュード》や《舟歌》も演奏されている。イサークの作品としては 1886 ～ 88 年の新作が並んでいる。

　まだ多くの曲名が、例えば〈セレナータ・グラナダ〉または〈グラナダ・セレナータ〉というように曖昧に表記されている。1888年に作曲したばかりの《12 の性格的小品集》が次々と登場している。

　演奏曲目の例を挙げると次のようなものがある。表記は当時のプログラムのままであるが、トーレス番号（6 ページの注参照）は筆

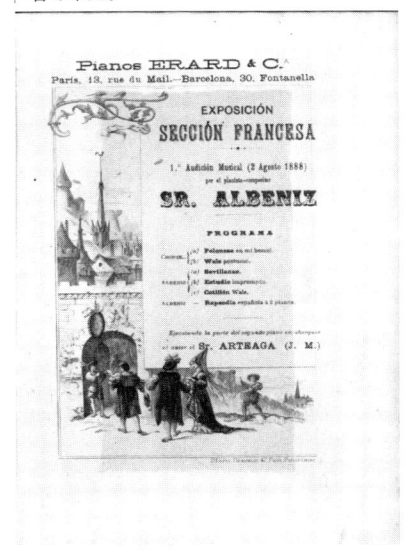

万国博覧会のフランス・セクション第 1 回目のポスター

者が加えた。２台のピアノのための作品には、バルセロナのリセウ音楽院で教えていたＪ・Ｍ・アルテアガの助演を受けている。

T.61C《セビジャーナス》

T.50 《即興的練習曲》

T.83 《コティジョン・ワルツ》（原文ママ）

T.71 《ピアノとオーケストラのためのスペイン狂詩曲》（２台ピアノ
バージョン）（1886）

T.77 《ピアノ協奏曲第１番》第２楽章 Reverie et Scherzo（1887）

✤1889年3月24日のアテネオ・デ・マドリッドのコンサート

✤1889年4月25日のパリでのコンサート。《幻想的協奏曲》（コロンヌ指揮）を演奏。チラシのイサークの名前の下に「スペイン女王のピアニスト」と書かれている

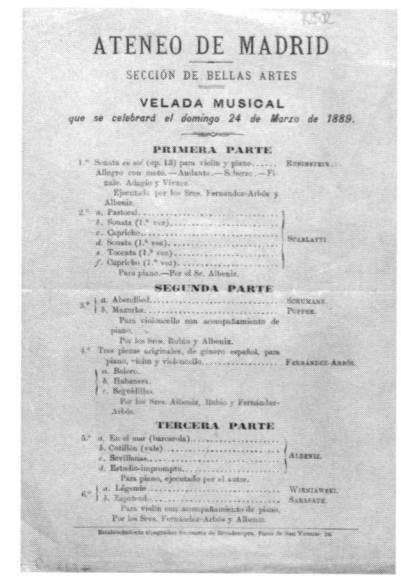

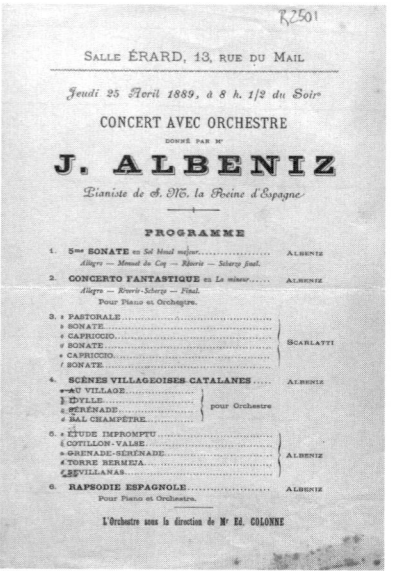

1889年3月24日アテネオ・デ・マドリッドでの「音楽の夕べ」1部ではアントン・ルービンシュタイン作曲ヴァイオリンとピアノのためのソナタをアルボスとイサークが演奏、スカルラッティ6曲をイサークが演奏している。2部ではシューマンの《夕べの歌》をルビオのチェロとイサークのピアノ、チェコのチェリスト、ダーヴィト・ポッパー Davido Popper（1843-1913）のマズルカと、アルボス作曲ボレロ、ハバネラ、セギディーリャをルビオ、アルボス、イサークのトリオが演奏した。

　第3部ではイサーク自作自演で、〈海にて〉、《コティジョン（ワルツ）》（ママ）、〈セビジャーナス〉、《即興的練習曲》の4曲を紹介し、ヴィエニャフスキの《伝説》、パブロ・デ・サラサーテ Pablo de Sarasate（1844-1908）の《サパテアド》をアルボスとイサークが演奏した。

　1889年4月25日パリでのコンサートについて『La Patrie』紙で評論家テミーヌ・アシル・ド・ロジエール Thémines Achille de Lauzières は次のように伝えている。

　「先週の木曜、スペイン女王閣下のピアニスト、イサークが大演奏会を開いた。エドゥアール・コロンヌ Édouard Colonne（1838-1910）指揮による勇ましい魅力的なオーケストラとの共演によって、イサークの技巧はますます冴え渡った。彼は魅力的な腕前を惜しげもなく披露した。彼の演奏は力強いが優雅であり、特殊なリズムの細かいニュアンスが光っていた。そのリズムはノリが良いが、現代の音楽とは異なって聞こえるのはどうしてだろうか？ 彼の《ピアノとオーケストラのための幻想的協奏曲 Concierto Fantástico》（T.17《ピアノ協奏曲第1番》）は素晴らしい。特にスケルツォは傑作である。」

9 1889年ロンドン

このように成功が続いていたが、音楽家として、イサークはさらに開かれた道と良い環境を探していた。イサベル2世から英国の皇族宛てに書かれた葉書が功を奏し、英国で演奏が出来るようになったため、イサークはロンドンに滞在した。

ロンドン滞在は彼にとって、指揮法と管弦楽法を習得する期間となり、徐々にプロモーター、ピアニスト、作曲家、そしてオーケストラの指揮者として活動の幅を広げる。そのような環境の変化から、劇音楽の作曲に挑戦しようという意思を徐々に固めていった。

1889年5月17日にはロンドンのホテル・ブリストルでのアルフォンソ13世の3歳の誕生祝宴に参加し、6月13日と24日には、ピカデリーのプリンスズ・ホールで演奏した。

6月19日には『Trade & Finance』誌は、彼の「繊細なセンス、洗練された読み、絶妙な演出」「軽くて優美な構図の解釈」を絶賛した。6月25日『Vanity Fair』誌は「ベルベットのようなタッチ」と評し、『Pall Mall Gazette』紙は「素晴らしく繊細なパッセージではルービンシュタインを、その力強さではハンス・フォン・ビューローを思い出した。」と報じた。

8月22日、ロンドンのハー・マジェスティ Her Majesty's 劇場でロシアのピアニスト、ウラディーミル・ド・パハマン Vladimir de Pachman に代わって演奏し、9月にも同劇場で再びコンサートを行い、その後、ロンドンに拠点を移す。10月14日にはリーズのダービー・ドリル・ホール Derby Drill Hall で王立アマチュアオーケストラ協会 Royal Amateur Orchestral Society 主催のコンサートにアルボスとサラサーテと共に共演し、また同10月にセント・ジェームズ・ホールではバッハ、スカルラッティ、ショパンと自身の作品を演奏した。

同24日には『Daily Telegraph』紙で「スカルラッティや他の洗練された巨匠の作品を魅力的に演奏した。」と報じられた。同紙は翌日「アルベニス氏は"将来の"コンサートのためにエル・エスコリアル図書館からい

くつかの重要な原稿をコピーする許可をスペイン政府から得た。」とも報じた。しかし、これについては確認することは出来ないようである。

　12月にワーグナー協会で催された演奏会では、辛口評論家ジョージ・バーナード・ショウ George Bernard Shaw から「ブラッサンが編曲した〈ラインの黄金〉の虹のシーンと〈ワルキューレ〉の〈魔の炎の音楽〉を弾き、最後は凄い戦いとなり、奥深い静寂では期待通りの素晴らしい演奏だった」と評された（1889年12月6日『The complete musical criticism（全音楽評論）vol.3』）。

　この間、7月23日にはマドリッドで三女エンリケータが誕生している。イサークはこの年から翌年にかけて T.95《エスパーニャ（6つのアルバム・リーフ）España（Six Album）》op.165 を作曲している。

　1890年4月20日、四女ラウラがバルセロナで誕生する。三女エンリケータが9ヶ月前にマドリッドで生まれたばかりなので、早産であったのかと想像するが、その詳細は判らない。イサークは相変わらず1人でロンドンを拠点に活動を続けたようだ。

　夏に、イサークは興行主ヘンリー・ローウェンフィールド Henry Lowenfild から提供されたロンドン郊外のブロンプトン Brompton の広い家に、家族と共に移り住み、11月に開かれた数々のコンサートで話題を独占する。ローウェンフィールドはポーランド出身で両替商とノン・アルコール・ビール Kops'Ale で財をなした成功者で、当時は劇場経営とコンサートの興行に興味を持っていた。

　1890年11月22日『Daily Telegraph』紙は、彼のサロン用小品 T.83A《シャンパーニュ・ヴァルス（《コティジョン》をさす）》、T.48《パバーナ・カプリーチョ》、T.99B《スケルツィーノ》を称賛し、1890年11月29日『Vanity Fair』誌は聴衆の心をつかんだ彼に感心して、ジュリアス・シーザーの言葉を引用して「アルベニスは盾形紋章に『Veni, vidi,vici（われ来たり、われ見たり、われ勝てり）』という文字を刻むだろう」と称えた。その他にも多くの報道機関がイサークの成功を報道した。

　1891年も着々と活動し、ローウェンフィールドの支援により、セント・ジェームズ・ホールにて彼の作品とアルボスやハンガリー人ヴァイオリニ

ストのティヴィダール・ナシェ Tividar Nachéz（1859-1930）などの友人達の作品を含んだプログラムによる 10 回のシリーズ演奏会を行う。1891年 1 月 27 日、2 月 12、26 日、3 月 14 日、4 月 9、24 日、5 月 8、21 日、6月 14、18 日に行われ、大成功を収めた。

1 月 16 日の『Bazaar』誌では次のように評された。「彼のとても素晴らしいところはソフトな演奏をする才能にある。ほんのわずかな迷いや齟齬もなく、非常に長い時間、特別の色合いの音色を維持する方法を知っている。アルベニス氏の手にかかれば、ピアノフォルテはピアノよりもフルートに近い音を発する。この熟練した演奏家は、ピアノフォルテとほぼ切り離すことのできない耳障りな金属音を完全に減衰させ、その素晴らしい芸術によって、水の波紋の音に似た、繊細な柔らかさで耳を魅了する音を生み出す。」(執筆者不明 クラーク p.102)

2 月 21 日『Vanity Fair』誌では、ベートーヴェン ピアノ・ソナタ《月光》の 1 楽章をペダルを使用しない彼の演奏について「ベートーヴェンの意図が実現した」と評され、その他、『Daily Telegraph』紙にも取り上げられ、ロンドンでは演奏家として高評価を得られた。

この 10 回のシリーズの間、『Dramatic Review』誌、『Gentleman』誌などのマスメディアはイサークがオペラの作曲を続けていると報道したが、残念なことにこの年は、忙しい演奏活動で新作をまとめることは出来なかったようである。

翌 1892 年にはアーサー・ロウ Arthur Law のテキストでオペラ・コミック T.5《魔法のオパール The Magic Opal》を作曲し、翌 1893 年 1 月 19日にリリック劇場で初演され、1 月 22 日『Peuple』誌では「彼のオーケストレーションは特に賞賛に値する。過去 23 年間に製作されたほぼ全ての喜劇的なオペラ作品のオーケストレーションをはるかに上回っている。」と評され、3 月 4 日まで 44 回再演された。

彼の活動はイギリスだけに留まらず、2 月にはベルギーのヴァイオリニスト、ウジェーヌ・イザイ Eugène Ysaÿe（1858-1931）と共にベルリン・フィルハーモニーに出演し、3 月 1 日にはベルリン・歌アカデミーでソロコンサートを開く。しかし、ロンドンで大成功を収めた同じプログラムを演奏したのだが、ドイツでの評価は低かった。

3月4日ドイツの日刊紙『Berliner Börsen-Zeitung』紙、3月3日『El Berliner Tageblatt』紙は、イサークの演奏の柔和な表現とテンポの速さが気に入らなかったようで、よく練習はしているが理解が表面的だとし、バッハとベートーヴェンは向いていないから止めるよう勧告さえした。その他の評論も同様で、彼の優雅で洗練された解釈は、あまりにもフランス的だと感じたようである。

　その後ブリュッセルで、イサークはアルボスと演奏し、そこにポッパーが加わり英国ツアーを行ったが、演奏するよりも相変わらず作曲への意欲が増すばかりであった。

　もともと、サルスエラが好きであったことはもちろんであるが、ベルリンでの不評が演奏家としての自信の喪失へ繋がり、作曲家としての舵取りを考えたのではないだろうか。

　6月20日にはロンドンで、フランスが生んだ国際的な大女優サラ・ベルナール Sarah Bernhardt（1844-1923）の朗読によるポール・アルマン・シルベストル Paul-Armand Silvestre（1837-1901）の聖伝説の付随音楽を担当した。これはイサークが、ローウェンフィールドの依頼で作曲したシルベストルの《愛の詩》のための室内楽による付随音楽である。ロンドンのリリック・クラブ・ド・バルネス Lyric Club de Barnes で上演された12のシリーズ『タブロー・ヴィヴァン tableaux vivants（活人画）』の1つであるが、再演の機会はなく記録も残っていない。

　当時、サラ・ベルナールはオスカー・ワイルドの戯曲『サロメ』を演じて大成功を収めており、テアトル・ド・ラ・ルネサンスの座長を務めることになる。1年後にはアルフォンス・ミュシャ Alphonse Mucha（1860-1939）の出世作『ジスモンダ Gismonda』のポスター（1894）でも有名になるベル・エポック期の象徴のような女優サラとの出会いは、イサークの劇音楽への関心をますます深めたに違いない。

　このようにしてイサークはイギリスの劇場で活動したいと望むようになった。そして支援を受けていたローウェンフィールドとの契約を改訂することになるが、これは彼の人生に大きな影響を与えることになる。

ローウェンフィールドから、アーサー王3部作を提案されていたが、イサークはフランシス・バーデット・マニー・コーツ Francis Burdett Money-Coutts の年給 5,000 ドルの手当を払うという契約を引き受けたのである。コーツ銀行の財産の相続人マニー・コーツは、弁護士、アマチュア詩人・台本作者でもあり、リリック劇場とプリンス・オブ・ウェールズ劇場との金融マンとしての繋がりからイサークを知り、熱狂的なファンになった。彼は心の広い慈善家で、ほどなくイサークの友となったが、自分の脚本にイサークが音楽をつけることを望み、アーサー王による悲劇シリーズの制作を思いついた。彼は1作目としてオペラ《マーリン Merlin》の作曲を開始したが、アマチュア台本家の手によるテキストではなかなか上手くいかなかった。ローウェンフィールドとの契約は 10 年に及んだが、それは経済的に困窮していたために契約を交わしたわけではなく、また、この契約もかなり経済的に豊かなものだった。

🕈 イサーク、マニー・コーツ（左）と

しかし、イサークはバルセロナに一時滞在して演奏活動をし、その後フランスへ行き、パリに住む決心をする。1893 年末、彼はロンドンを去りパリへ転居するが、それは自分の健康上の問題や、妻ロジーナがロンドンの気候を好まないためであったが、それだけでなく、世紀末のパリの文化的バブルに非常に魅了されたからであった。1894 年にローウェンフィールドはあとから参加したコーツにイサークとの契約の権利を売った。

　コーツとイサークの契約のように、メセナ（芸術擁護者）当事者がアマチュア作家でプロのアーティストとのコラボレーションを望むという関係は、当時、それほど特別なことではなかった。しかし、コーツの創作力は怪しげであったために、イサークはこれをゲーテの戯曲にたとえて「ファウストの契約」（戯曲では悪魔メフィストフェレスと契約する）と冗談を言った。そしてコーツの人柄をよく知らない人から、イサークはコーツからオペラの作曲を押し付けられているようだと噂され、「イギリス人の奴隷」のようだとさえ言われたが、実際は、彼はコーツのためにだけに活動したのではなかった。

　この時期 1891 年から 94 年にかけては、〈前奏曲 Prélude（1891）〉や〈コルドバ Córdoba（1894）〉〈セギディーリャス Seguidillas（1894）〉を含む 5 曲からなる T.101《スペインの歌 Chants d'Epagne》op.232 が作曲された。これらの名作は、スペインの風景が浮き上がるような曲調により、彼の代表作の 1 つとなっている。1892 年 6 月にはフランス語による朗読付き室内楽曲 T.31《愛の詩 Poèmes d'amour（全 12 曲）》も作曲した。イサークはピアニストとしての絶頂期にあったが、演奏家としての活動より、作曲のために自分の時間とエネルギーを使いたいと考えていた。それは太りすぎが引き金となった健康の問題も原因の 1 つであった。

　ここで、少し歴史を遡ってみよう。

　スペイン王位継承問題を背景に、1870年7月から1871年4月には、フランスとプロイセン王国間で普仏戦争が起こった。皇帝ナポレオン3世（1808-1873）率いるフランス軍はあっけなく敗れ、第2帝政は崩壊し、第3共和政が始まる。プロイセンに敗戦したフランスのショックは大きく、愛国主義を動機とする「国民音楽協会 Société Nationale de Musique」がシャルル・カミーユ・サン＝サーンス Charles Camille Saint-Saëns（1835-1921）等によって設立された。これは民族主義的な協会であり、「アルス・ガリカ（フランスの芸術）Ars gallica」を旗印に国民的音楽創出を目指し、フランス人音楽家の新作、特に器楽作品の紹介を行っていた。今まで管弦楽や室内楽はドイツの領分であるという聴衆の意識を変えようとし、1871年プレイエル社のサロンでの旗揚げコンサートを行い、1914年の第1次世界大戦まで400回以上のコンサートを開催した。

　1873年には、指揮者でヴァイオリニストのエドゥアール・コロンヌが「自国の作曲家の音楽を！」というスローガンを掲げ、コンセール・ナショナル Concert National（のちのコンセール・コロンヌ）を設立した。この協会も愛国主義の傾向を強く示していた。こうしたナショナリズムは同時に、自他の相違や異質性への興味や関心を強めることにもなった。すなわち異国趣味という動きも招いたのである。そして、この時期に沸き上がった関心は、異質性の強い隣国スペインへ向かった。

　ラロ（1823-92）の《スペイン交響曲 Symphonie espagnole 作品21》（1874）やビゼー（1838-75）の歌劇《カルメン Carmen》（1874）、シャブリエ（1841-94）の狂詩曲《スペイン España, Rapsodie pour orchestre》（1883）は、今日でも19世紀後半のフランス音楽を代表する作品であるが、いうまでもなくスペインに寄せる異国趣味がその根底にある。スペインへの関心はこの頃から極めて高いものとなっていた。バスク出身のサラサーテは1856年から亡くなるまでパリを拠点に活躍したこの時代を代表するスペイン系ヴァイオリン奏者で、彼の影響力も大きい。

　1875年には、マルグリット・ド・サン＝マルソー Marguerite de Saint-

Marceaux（1850-1930）のサロンが始まり、第1次大戦後の1927年まで続いた。マルグリットは1875年にマルゼルブ100番地にホテルを建て、そこで開かれたサロンはベル・エポックを代表する文化人の交流の場としても重要な役割を担っていた。

　サロンでフォーレ（1845-1924）はラヴェル（1875-1937）を紹介し、シャブリエ（1841-94）、ダンディ（1851-1931）、ショーソン（1855-99）、ドビュッシー（1862-1918）、デュカ（ス）（1865-1935）、プーランク（1899-1963）、アルフレッド・コルトー（1877-1962）、ジャック・ティボー（1880-1953）といったフランス人音楽家のみならず、パウ（パブロ）・カザルス（1876-1973）などのスペイン人音楽家たちも集っていた。イサークはフォーレから1906年にサン＝マルソー夫人に紹介され、おそらくこの年に参加しはじめ（ただしデュカと知り合ったのは1907年秋であった）、マヌエル・デ・ファリャ Manuel de Falla（1876-1946）は1907年秋以降に参加したと思われる。

 フォーレ

余談であるが、そのホテルを設計した建築家ジュール・フェヴリエ Jules Février（1842-1937）は、その息子アンリ Henry（1875-1957）を頻繁にホテルに連れてきていた。アンリはその後作曲家になり、ジュールの孫のジャック Jacque（1900-1979）はのちに、正式な世界初演をラヴェルから頼まれるようなピアニストとなり、共にこのサロンに出入りをしていた。彼による初演はラヴェルに《左手のためのピアノコンチェルト》の作曲を依頼したウィトゲンシュタインが楽譜通りに演奏できなかったためであった。このジャック・フェヴリエの晩年に筆者はパリで師事した。

　1878 年には第 3 回目のパリ万国博覧会が開催された。ここでは、オルガン以外の公式コンサートでは曲目をフランス音楽に限定した音楽展が開かれ、オーケストラ作品はフランクのオラトリオ《至福 Béatitudes（抜粋）》も発表された。今まで、フランスの音楽界はオペラ中心で、フランスの作曲家の作品が一堂に演奏されることはなく、この音楽展は画期的なものであった。

　オーケストラのために用意された会場がトロカデロ（パリ市内シャイヨー宮の正面の広場）だけだったために、外国からの参加は少なかったが、ロシアの若手作曲家によるオペラの抜粋、宗教歌、国民的バラードなど多様な作品が発表された。

ダンディ　　　　デュカ

このことはフランス音楽界に大きな影響を及ぼした。

　この万博の講演の中で、パリ音楽院の学者、作曲家、民族学者のルイ・アルベール・ブールゴー・デュクドレー Louis-Albert Bourgault-Ducoudray（1840-1910）は「音楽的表現の領域を拡大する」必要を感じ、異国の音楽語法に多く触れ、吸収することが大事であると述べた。様々な国の民謡にまだ残っていた長調とも短調ともいえない旋法全てを用いて音楽を「若返らせよう」とし、「すべての旋法は、古くても新しくても、ヨーロッパのものでも異国のものでも、それが表現上の目的に役立ち得る限り、われわれによって認められ、作曲家によって使われるべきである。」（パスラー J.Pasler1996）と宣言した。

　公教育省の命により指揮者シャルル・ボルド Charles Bordes（1863-1909）と同様に民謡収集活動を行ったデュクドレーは《バス・ブルターニュ地方の 30 の民謡 Trente Mérodies populaires de Basse-Bretagne》（1885）の序文で下記のように報告した。

　「ギリシャ民謡の中で、その存在に私がかくも打たれた古代の音楽の要素が、同様にヨーロッパのほとんど全地方の民謡の中にも見出されることに気が付いた。‥（略）‥その旋律の高度に個性的な性格と、そのエキゾティックな味わいがバラキレフとリムスキー＝コルサコフの民謡集において巧みな和声付けによってさらに際立たせられていることに、注意を促した。私は同様な仕事が我々のフランスの諸地方の古い歌、特にバス・ブルターニュのそれについてなされていないことに残念な想いを禁じえなかった」（デュクドレー 1885 p.5、椎名 2011）

　1881 年には、ヴァイオリニスト・指揮者であるシャルル・ラムルー Charles Lamoureux（1834-1899）がコンセール・ラムルー（ラムルー管弦楽団）を設立し、シャブリエの狂詩曲《スペイン》（1883）、ヴァンサン・ダンディの《フランスの山人の歌による交響曲 Symphonie sur un chant montagnard français》（1886）、ショーソンの交響詩《ビビアーヌ Viviane》（1882）、フォーレの《パバーヌ》（1886）、ドビュッシーの《夜想曲》（1899）、《ペレアスとメリザンド》（1901）、《海》（1905）などのフランス人作曲家の初演を行うと共に、フランスだけでなく、外国の作品も取り上げ、特にワーグナー作品を積極的に紹介した。

サン＝サーンスの会長就任期間中に開催された国民音楽協会の演奏会は、メンバーとその招待客だけが入場を許され、一般の人は入れない閉鎖的なものだった。フランス人作曲家の新作だけを発表することは、だんだん困難となり 1882 年以降は旧作の再演も含むようになった。1886 年、ダンディは外国人作品をプログラムに入れることを提案し、それに激怒したサン＝サーンスは協会を共に創設した声楽家ロマン・ビュシーヌ Romain Bussine（1830-1899）と脱退し、ダンディの師であるフランクが総裁に選ばれた。

　1887 年には、ポリニャック大公妃ウィナレッタ・シンガー Winnaretta Singer, Princess Edmond de Polignac（1865-1943）が、サロンを開催し始め、多くの芸術家が参加するようになる（イサークの《イベリア》第 3 巻の初演も行われた）。

　パレ・ド・ラル Palais de l'art 芸術宮殿には多くの芸術家が集い、イサークは文学者カミーユ・モークレール Camille Mauclair（1872-1945）、ピエール・ルイス Pierres Louÿs（1870-1925）、音楽家ではドビュッシー、ラヴェル、マスネ等とここで会い、頻繁にピアノで即興演奏をした。このように顔の広いイサークの自宅は、サラサーテ、アルボス、カザルス、ジョゼップ・マリア・セルト Josep-María Sert（1874-1945）、イグナシオ・スロアガ Ignacio Zuloaga（1870-1945）のようなスペイン人アーティストの溜まり場となった。

ポリニャック大公妃ウィナレッタ・シンガー

　1889 年の第 4 回パリ万博では、産業と芸術の展示を中心とする機械館がエッフェル塔の隣に建てられ、その下には多数の外国のパビリオンが建設された。音楽展イベントでは、作曲コンクール、パリ 5 大オーケス

トラによるフランス音楽の演奏などの他、ミュジック・ピトレスク Musique pittoresque（民俗音楽）のコンクールと演奏会が行われた。ヨーロッパ諸国のアジア植民地の展示を行い、アジアからは日本とタイが参加し、ガムランの演奏はパリの人々に強い印象を与えた。ロシアはリムスキー＝コルサコフの指揮により彼の作品の他、グリンカ、ボロディン、ムソルグスキー等の作品を紹介した。

　1890年代半ば以降になると、工業生産の改善が進み、フランスの通貨が安定し国民総生産がヨーロッパ最高レベルとなり、物質も経済力も進歩した。これによって楽器の設計改良が試みられ、半音階法とデュナーミクの幅が広がり、音色の変化により多様な表現が可能になった。ハープの改良は、半音階グリッサンドと多重ハーモニックスなど、作曲に大きな可能性をもたらした。19世紀の終わりまでには、オーケストラ自体も大きくなり、演奏者数を広告に掲載するようなこともあった。

　1890年11月8日に国民音楽協会会長のフランクは亡くなる。フランクは伝統を重んじ、同時に新しい形式を作り出し、あらゆる種目を手掛け、独自の特徴を著した作曲家であった。デュカは「ワーグナー音楽の影響が増大していく一方、その影響が作り出していった屈辱的な奴隷状態から、今日の我々の音楽家たちが解放されたのは、セザール・フランクのおかげである」と語っている。フランクの弟子たちはその後に設立されたスコラ・カントルムを拠り所にしていく。そしてパリ時代のイサークは、このスコラ・カントルムと縁を深めていったのである。

11 パリの生活

　1893年末にイサークはパリに居を移した。ここで彼は芸術的に意義深い環境に恵まれ、また新たに多くの優れた芸術家たちとの交流を通して、音楽的にはもちろんのこと、人生全般に渡る大きな転換を遂げることとなった。

　私生活では、イサークは秩序ある生活を送り、良き夫、また良き父となった。引っ越しは頻繁に行ったが、放浪癖はなくなった。ピアニストとしてレッスンやコンサートを行いながら、作曲活動では計画性や継続性を必要とする大作や連作に意欲的に取り組むようになった。

　ロンドンで結んだマニー・コーツとの契約はそのまま継続していた。イサークは最初、パリのミュエット近くの小さなホテル（やがてモーツァルト通りの開通のために壊された）、それからエルランジェ49番地、次にフランクリン通り、さらにブーランヴィリエ55番地へと、引っ越しを重ねていったが、どこの住まいにもマニー・コーツはロンドンから頻繁に訪れてきた。

　ところで、パリで新たに親交を結んだ人物としては、まず作曲家ショーソンが重要である。彼との出会いは、イサークの生涯に一挙に大きな変化をもたらすものであった。4年前の1889年4月のコンサートの成功は、まだパリの文化人の間で忘れられてはいなかった。本拠をパリに移すとすぐにイサークは、ショーソン邸のサロンに招かれるようになった。

　そして、このサロンに集う著名なフランス人芸術家たちにイサークは大いに歓迎されたのである。たんにイサークの音楽的

ブーランヴィリエ55番地　　©Yukine Uehara

才能だけではなく、彼の人間性、温かさ、活気がその魅力を発揮したようである。

　ショーソンの友人のポール・ギルソンによれば、それこそ靴下のブランドから、闘牛士の技術、ヨーロッパの最高のホテルについてまでの豊富な話題と語り口が皆を魅了したという。社会的な話題にも意見を持っており、当時、世論を二分していた「ドレフュス事件（フランス陸軍大尉でユダヤ人のドレフュスがスパイ容疑で逮捕された冤罪事件。1894年）」に関しては、あて先は不明だが、ドレフュスを擁護する手紙を書いた。のちに次のように述べている。

　「ドレフュス事件は人間性の問題だ‥‥。我々は、そのことについても話し合うようになった。私と同じ意見を持つ人は多くいると思うが、そのように考えないフランス人に対して、なぜ自分の意見を隠す必要があるのか判らない。私の意見に賛同する人は喜んでいる。‥‥フランス万歳！ それは名誉と栄光である宇宙万歳を叫ぶようなものだ！」（クラーク p.224）

　ショーソン邸で、イサークはショーソンを通してボルドと親しくなった。ボルドはピアノをマルモンテルに、作曲をフランクに学んだ人で、グレゴリオ聖歌、パレストリーナやモンテヴェルディ、リュリ、ラモーの復活演奏に力を注いでいた。フランス民謡に魅了され、1889年から1890年に現在の文部省に当たる公教育省の特派員として、バスク地方の民謡収集に出かけ、地方の音楽の豊かな可能性をつねに主張していた。

ボルド

　ボルドはダンディとオルガニストのアレクサンドル・ギルマン（1837-1911）と共にスコラ・カントルムを1894年6月10日に設立した。ちょうど、イサークがいくつかのコンサートをバルセロナで行った後

にエルランジェ 40 番地の新居に移った日と同日のことであった。

スコラは設立当初、聖歌学校としてグレゴリオ聖歌を広めることを目的としていた。すぐに幅広い音楽史研究を取り入れた音楽教育を行い、設立から 2 年後には、ダンディのもとで高等音楽センターとなった。

1795 年創立のパリ音楽院 Conservatoire de musique de Paris は、この頃、第 5 代目学長アンブロワーズ・トマ Ambroise Thomas（1811-96）の時代で、舞台芸術に偏った教育体制で、作曲科もオペラを重視する狭い技術的な訓練を行っていた。その授業に飽き足りない生徒は、幅広い教養と真摯な芸術観を抱くオルガン科のフランク教授を慕い彼の元に集まっていた。フランクはパリ音楽院の作曲科教授になれないまま 1890 年に世を去ったが、音楽院でのフランクの献身的な弟子であったダンディが率いるスコラは、フランク派の砦となり、パリ音楽院のライバルとなった。そして国民音楽協会をとおして室内楽や交響曲などの純音楽運動を推進した。

このスコラ設立の 1894 年の 11 月、イサークはマドリッドのサルスエラ劇場で 3 日間に渡りオペレッタ T.5《魔法のオパール》（テキストはアーサー・ロウ、翻訳と脚本エウセビオ・シエラ）を上演した。

モルフィ伯爵は、この演奏会について「スペインの作曲家の未来」というタイトルでこのオペレッタを支持する評論を書いた。しかし、『La correspondencia de España』誌（1894 年 11 月 25 日）で執筆者エル・アベテ・ピラカス El Abete Pirracas によって、イサークの《指輪 La Sortija》（初演時の名称）からは何も響いてこない。空洞で、色、音、優美さ、新鮮さ、インスピレーションと自発的なものが封印されており、未経験な部分がある。歌が無視されることもあれば、弦楽が無視されることもありオーケストラ全体が無視されることもある。そしてアンサンブルの魅力的なハーモニーを形成する美しい結合には決して到達できていない。」と酷評されてしまった。

しかしイサークは酷評にくじけることなく、翌 95 年春にスコラの演奏家や作曲家をスペインに紹介するコンサート企画を立てた。

そのコンサートの第 1 回目は、1895 年 3 月カタルーニャ・コンサート協会 la Societat Catalana de Concerts によって、バルセロナのテアトロ・リリックで開催された。ダンディがバッハ、ラモー、グルック、ハイドン、

モーツァルト、ウェーバー、メンデルスゾーン、ベルリオーズ、ビゼー、ベートーヴェン、ワーグナー、フランク、ボルド、ピエール・ド・ブレヴィル Pierre de Breville（1861-1949）、シャブリエ、ショーソン、フォーレとダンディ自身の作品を指揮し、イサークはバッハと、ダンディの《セヴァンヌ地方のシンフォニー》（「フランス山人の歌による交響曲」の別名）のピアノ・パートを担当した。また、自作のオペラ T.8《ヘンリー・クリフォード》や T.16《スペイン狂詩曲》（おそらく T.16であろう）、そして後輩のグラナドスの《詩的なワルツ》や、いくつかの近代カタルーニャの作品を紹介した。この企画は大成功を収め、イサークはプロデューサーとしても名声を得ることになったのである。

フランス人音楽家　左からアドルフ・ジュリアン Adolphe Jullien（1845-1932）、アルチュール・ボワソー Arthur Boisseau（1845-1908）、カミーユ・ブノワ Camille Benoit（1851-1923）、座ってピアノを弾くシャブリエ、座っているエドモン・メートル Edmond Maitre（1840-1898）、アントワーヌ・ラスクー Antoine Lascoux（1839-1906）、ヴァンサン・ダンディ、座っているアメデ・ピジョン Amédée Pigeon（1851-1905）

この時、イサークはモルフィ伯爵にダンディのためにスペイン・カルロス3世エンコミエンダ章を願い出て、受け入れられた。

　1895年4月1日にダンディからイサークへ送られた手紙がある。

　「貴方が見せてくれる全てへの愛情と、芸術に対して一致する意見、これは私たちの友情の本当の出発ですが、これらが私を元気にさせ、私はとても真剣に包まれていると思います。」

　一方、イサークの創作活動はオペレッタに続いて、抒情喜劇やオペラに向かっていた。マニー・コーツとの契約を続けながら、イサークは、小説『ペピータ・ヒメネス』(1874) に惹かれ、1895年春から同名のコメディア・リリカ（抒情喜劇）に着手した。原作者は、コルドバ出身の外交官で、50歳で小説を書き始めたフアン・バレーラ Juan Valera (1824-1905) である。アンダルシア風俗を背景にカトリック神秘思想を批判したこの原作をイサークが選び、脚本をマニー・コーツに依頼した。翌年1896年1月5日に初演したものの、1904年まで改訂し続ける。イサークはスコラの開校前からダンディにスケッチをしばしば見せて意見を求め、修正の提案を受けた。

ダンディからイサークへの手紙　*1896年3月22日*
　「このペピータ《《ペピータ・ヒメネス》》に、来週の水曜日、2時半頃に最初の授業で取り掛かりましょうか？」

　このようにイサークは《ペピータ・ヒメネス》に関するアドバイスをダンディからプライベートに受けていたが、その後、正式にスコラでのダンディのクラスに登録し、作曲、特に対位法を学ぶことにした。登録の日付は1896年10月15日であるが、現在、スコラのアーカイブは公開されておらず、イサークのデータがハッキリしていない。研究者セシル・ケスニー Cécile Quesney によれば、校内でのダンディのクラスはきちんとは行わ

れていなかった。また、次に紹介するようにイサーク自身も翌1897年の春と夏に《ペピータ》のプロモーションのために旅行に出ており、継続的にきちんと講義を受けることは出来なかった。しかし、日記にスコラからパレストリーナの楽譜を取り寄せた記載があり（後述）、対位法や作曲理論などに関する新たな関心がこの頃に沸き上がったことは確かであろう。ダンディのクラスに熱心に参加していなかったとしても、スコラの環境はイサークに大きな影響を与えていた。

12 プラハ旅行日記

　《ペピータ・ヒメネス》の改訂を続けながら、イサークは1897年3月22日から4月6日、そして5月16日から7月1日までの2回プラハに滞在し、この自作品をプロモーションし、6月22日には再演を行った。

　この作品のオーディションやリハーサルの様子は、4ヶ月間に渡り日記に書かれている。日記にはそれだけでなく、滞在中に鑑賞したワーグナーなどオペラの印象、回想も含まれており、プラハの旅行がイサークにとって実りあるものだったことがよく判る。

　《ペピータ・ヒメネス》に費やした足掛け8年の間、イサークはピアノ曲をほとんど作曲しなかった。T.102A〈ラ・ベガ（沃野）La vega〉（1896-97）と2曲からなる小品集 T.103《スペイン（思い出）Espagne (Souvenirs)》（1897）、子供のための劇音楽，T.104《イヴォンヌの訪問 Yvonne en Visite》（1905）のみを書いた。このようにピアノ作品が寡作の時期は、いままでには無かった。

　イサークは、1897年3月22日、パリからカールスルーエに向かい、この街にたまたま来ていたポッパーに出くわす。翌日は、オペラハウスのディレクターで指揮者、作曲家のフェリックス・モットル Felix Mottl（1856-1911）に会う。彼らは《ペピータ》に好意的であり、3月25日にポッパーはオリエンタル・エクスプレスに同乗し自分の故郷であるプラハへイサークを連れて行き、新ドイツ劇場のディレクターであるフランツ・シャルク Franz Schalk（1863-1931）に紹介した。

　以下は、日記である。

　1897年「4月4日日曜、トリスタンを勉強して1日を過ごす。ワーグナーにこれ以上の優れた作品があるだろうか。

　夜、モットルは、非の打ちどころのないこの巨大な作品の公演を見せてくれた。休憩中に彼に会い、月曜日の午後7時30分にペピータの2回目のオーディションを行ってもらうことにした。彼は、ロペ・デ・ベガの喜劇に基づいたフランクフルトのウースプルフ Urspruch 教授による新しいオペラのリハーサルにも私を招待してくれた。」(Viaje de Hungría　libro 2o　op.70)

「22日土曜日〈ラインの黄金〉のゲネラル・プローベ。ワーグナーという天才的怪物と比較すると、可哀想なマイヤーベーアと彼の音楽は何処に、私たちも何処にいるのか不明だ。」

　この4月の日記の前のページには、前後しているが同年5月1日の日付で、ネウマ譜の表記についてのメモや、また当時ハンブルグ音楽院長だった高名な音楽理論家フーゴー・リーマン Hugo Riemann（1849-1919）の拍節とリズム、フレージングの理論についてのメモが残されている。なかでも関心を引くのは「すべての旋律的なフレーズは、明快な、それとは判らなくとも弱起で始まる」のメモには、その後に発表される《イベリア》の〈エル・アルバイシン〉や、〈ヘレス〉のテーマを思わせる。

ネウマ譜について、「ポダトゥスとクリヴィスは4分休符となる」とメモされている

またこの日、イサークがスコラに依頼していたルネサンスの巨匠パレストリーナの《教皇マルチェルスのミサ曲 Missa Papae Marcelli》の楽譜が、最終巻（pp.48-97 の後）を除いて届いたと日記に書いている。いうまでもなくこのミサ曲はパレストリーナの代表作で、教会旋法による厳格対位法の模範とされているものである。この時期に至って、イサークが経験な知識・教養だけでなく、理論的にも歴史的にも音楽を捉え直し、本格的な創作活動を意識するようになったことが判る。

　さて、イサークはパリに移ってきた時からショーソンにとても世話になっていた。前述のように、ショーソンは多くの芸術家たちが集うような豪邸に住み、経済的に潤っていたが、彼の作品の出版が上手くいかなかったとき、イサークは彼のために、《ヴァイオリンと管弦楽のための「詩曲」》をライプツィヒのブライトコプフ社に持ち込んでいる。ショーソンの新作を世に送り出したい一心で本人には秘密で、なんと出版費用と作曲料の両方をイサーク自身が負担してブライトコプフに出版させようと活動したのである。

　この様子はブライトコプフ社からの次の手紙で知ることができる。

1897 年 4 月 27 日ライプツィヒ

親愛なるアルベニスさま

　ショーソン氏の詩曲を我が社で出版できると考えていらしたでしょうから、落胆させてしまい心苦しく思います。お力になりたいと思っていますが、この自筆譜をこちらで頂くことは出来ません。3 人の審査員が権限を持っていますが、彼らはこの出版に対して好意的ではないのです。がっかりなさるでしょうが、『Figaro』紙と『L'Echo de Paris』紙での評論が、すでにあまり良くないことを、お知らせしなければなりません。優柔不断で奇妙な作風を大幅に変更し、なんらかの方法を見つけるほうが良いように思われます。今のままではかなり難しく、これを支持する人は大変少ないでしょう。少数の支持者だけでは、印刷費と謝礼金を賄うには充分ではありません。我々はリスクがあることは差し控えなければなりません。自筆譜を貴方に転送するようにカスティージャ氏にお送りしました。

　お断りしなければならない状況をお許しください。ご了解のお返事を頂けるよ

うお願いします。

　アルベニス様へ　パリ、エルランジェ *Erlanger* 通り 49 番地　ブライトコプフ＆エルテル」

　1897 年 5 月 6 日
　親愛なるアルベニス様
　9 日前のお手紙を受け取り、貴方が失望していることを理解しました。 しかし、もし私達が貴方の立場なら、 自分自身を危険にさらすことに躊躇するでしょう。この件は成功するには少なくとも痛みを伴うと思えます。
　もう 1 つお伝えしましょう。 もし、貴方がショーソン氏への謝礼金と印刷代を引き受けてくださり、 そのような難しい状況がクリアされた場合には、 貴方が芸術家として、 ショーソン氏の《詩曲》は我が社のカタログに掲載される価値があると保証なさるということですから、 私たちは出版を拒否する理由はありません。
　心からの挨拶をお受けください。　　　ブライトコプフ＆エルテル」

　ブライトコプフ社とこのようなやり取りをした後、イサークは出版費用とショーソンへの作曲料の両方を負担し、《詩曲》はイサークの 1 幕 2 場の抒情喜劇《ペピータ・ヒメネス Pepita Jiménez》と共にブライトコプフから出版された。
　この 2 年後、ショーソンはその出版についての経緯を知らされないまま、世を去っていった。

　さて、このあと 5 月 16 日からイサークは《ペピータ・ヒメネス》の上演のために 2 回目のプラハ旅行に出る。今度の日記の趣は異なる。
　「5 月 28 日金曜　特になし。リハーサル。退屈だ。」

　自分の誕生日には、若い頃を振り返り、当時の悪知恵の正統性について述べている。

　「(5 月) 29 日土曜　今日で 37 歳になった！ 私は 27 年間、粘り強く生きるための戦いを絶え間なく続けている。 文学的な能力があれば、 回想録を書くことに特別な喜びを感じるだろう。

むしろ、息子の教育のために、そして、いつの日か自分自身の立場を確立するためには、度重なる苦労とたくさんの悪知恵が必要で、馬鹿げた生計をたてるために私は男らしい戦いをやってこなければならなかった。

これを息子に伝えるとき、酷く貧しく惨めになりそうなときに軽率な行為をした自分を責める必要はなく、逆に、私がやるべきことをやってきたという力強い思いによって、幸運（と呼ぼう）だったと信じられる。

それは、私が自分に課せられた義務を精力的に果たしてきたことと、義務を果たすために自分のためだけでなく他人のためにも特別な態度をとらなければならなかったためだ。

私は他人に対する義務を自分の義務よりも神聖なものだと考えており、それが私の人生全体のルールだった。」(Viaje de Hungria libro 2° p.76)

「5月30日　いつものように退屈だ。競輪場で人間によるチェスの試合を見たが、彼らのスーツはとても素敵だった。神よ！ このようなナンセンスが一般に公開されたら、スペインではどうなるだろうか？

夜、不機嫌になり《神々の黄昏》を聞いた。音楽は2つのクラスに分類されなければならない。1つは精霊の働きであり、もう1つは糞である。

実際、数え切れないほどの作曲家がいる。アイ！ 私自身も含めて、彼らは消化の良い音楽を作るが、ワーグナーがそれを好まなかったのを私は驚かない。最も柔らかい香りを嫌い、おいしいフライド・オニオンとオリーブ油が放つ香りを楽しむ人もいるのだ（気取って言い換えてみれば、やろうとしていることはとてもハッキリしていた。）」(同 p.78)

「5月31日　月曜　リハーサル」(同)

「6月1日　火曜　リハーサルだった。(ワーグナーの)4部作の素晴らしいブリュンヒルデを歌うクラウス婦人、ペピータを歌うヴィート、アントニョーナを歌うカミンスキーとの食事に、シャルクから招待を受けた。

ドイツ語をマスターしていなかったから、何を言うべきか判らず、退屈だったし無礼をしてしまった。」(同)

「(6月) 3日　木曜日　今夜、《カヴァレリア・ルスティカーナ》を聴いた。マスカーニの素質を否定するのは馬鹿げているが、その作品は創作力が乏しく、すべて表面的な美しさしか見えず、内容は発展せず、無駄な作品だった。

スコア全体から興味ある教育的なディテールを探すのに、一言で言えば、あまり労力はいらない。カヴァレリアの後、彼らはシューベルトの100周年記念としてシューベルト自身の有名な歌曲の厳選12曲を加えて上演した！　なんと素晴らしかったことか、そしてなんと繊細な味わいであったことか。」(同 p.79)

「6月14日　日曜日　午後2時、リハーサルから帰ってくると、ドレスデンから戻ったショーソンが、哀れな様子でホテルに訪ねてきた。

彼はドレスデンでの作品発表が無駄になってしまい、悲しんでいた。ホテルに来てくれたことに心から感謝し、ショーソンに、ここで彼の作品を発表することを勧めた。」(同 p.85)

13 ペピータ・ヒメネス

オペラ《ペピータ・ヒメネス》の原作は、前述のように批評活動を中心にしていたスペインの高名な文学者バレーラが50歳にして初めて書いた同名の小説である。ストーリーは、アンダルシアを舞台に主人公の神学生が恋と宗教的使命の板挟みになるというものだ。

この小説を気に入ったイサークは、マニー・コーツに英語による脚本を依頼し、その了解を得た。しかし、イサークから連絡を受けた原作者バレーラはオペラ化には否定的であったがしぶしぶ受け入れ、1895年7月30日の書簡で以下のように述べた。

「『ペピータ・ヒメネス』はいい小説だと言われてきた！ しかし、ドラマティックでもコミカルでもないし、音楽に適してもいない。だから作曲した人がどれほど巧みであり、独創的であっても、台本は小説の優雅さをすべて失わないまでも、特徴を歪めてしまう。

『ペピータ・ヒメネス』による台本、オペラは拍手喝采されるためには、我々を守ってくれる良い音楽がなければ、私や台本作家にかかわらず、ヤジを飛ばされるだろう。」

ところがすでに、原作者の了解を待つことなく作曲は進行しており、マニー・コーツの英語による台本を基にビグノッティ Bignotti 翻訳によるイタリア語版の台本で、イサークは1幕2場の抒情喜劇を作曲していた。

そしてバレーラからの手紙の半年後1896年1月5日には、バルセロナのリセウ大劇場でイタリア語版が初演されたのである（この第1版は1897年に歌とピアノ用の楽譜がブライトコプフから出版された）。

作曲家アマデオ・ビベス Amadeo Vives は次のように称えている。

「まさに私たちの芸術が生き始めていること、そして血がすでにその静脈を流れていることを偽りなく宣言できる。血は再生し、生命を与え、その力を私たちは感じ、経験する。」（Vanguardia 1896年1月6日）

また、無記名の記事であるが「聴衆はペピータとドン・ルイスのデュオに盛大な拍手を贈り、アルベニスはステージに何回も呼ばれ、聴衆からの拍手を受けた。」「コーツは、道徳に反することや、バレーラの意図を誤解

させるようなセンセーショナルなことや、それに官能的な内容を原作から用いることを避けていた。」（「El correo Catalán」1896年1月8日）という高評もあった。

いっぽうスアレス・ブラボ F. Suárez Bravo は「大した事件が起こらず、外面的な動きがほとんど無い舞台作品を鑑賞するのは難しい。すべては語りだけで、ほとんどこれらの美しさは判らない。」（『Diario de Barcelona（日刊バルセロナ）』紙1896年1月7日）と述べているように、やはり初演は大成功とはならなかったことが判る。

とはいえ、イサーク自身はこの作品に極めて意欲的であった。驚くことにイサークは、英語版の他に独仏伊の翻訳版を出版社ブライトコプフに用意することを指示し、それらの翻訳料と印刷代も負担していた。

1896年11月16日、彼は、台本のドイツ語訳として590フラン（現在の日本円に換算すると25万円程度。以下、同）を送金し、1897年11月22日にはフランス語とイタリア語の翻訳料として2,000フラン（87万円程度）を送金、翻訳が終わると新しいバージョンの印刷のために900フラン（40万円弱）を300フランを半期ごとに支払った。

1897年にはプラハでオスカル・バーグルエン Oskar Berggruen 翻訳のドイツ語上演により2幕2場に変更された。この時、指揮をせずに客席に座っていたイサークが幾度もアンコールに舞台に呼ばれ、月桂樹の冠をプレゼントされるほどの評価を得た（この公演で誰が指揮をしていたのかに関して、彼自身の6月22日の日記では、「私は完璧な解釈を（＝指揮）をした tube una interpretación perfecta」と述べ、トーレスのデータでは指揮はフランツ・シャルク、新聞記事ではカール Carl となっており、真偽を確かめるのは難しい）。

ブラボ

このコンサートは新聞で大きく取り上げられた。評論家ビクトル・ジョース Victor Joss は 6 月 24 日『Prager Brief（プラハの手紙）』誌であらすじ等も詳細に取り上げ、「オーケストラパートは作曲家が特別な愛情を込めていることが判り、時には堂々としたポリフォニーを使用し、彼が管弦楽法をよく理解し、経験していることを証明する効果的な作曲であった。一方、彼はボーカルパートをあまり重要視していなかったようだ。ボーカルパートを不利な音域に動かし、オーケストラのノイズに溺れさせることがあるからだ。」と評している。

　イサークの妻ロジーナは、6 月 27 日にイサークに下記のような手紙を送っている。

　「ペピータは間違いなく不安定なキャリアを長く歩むことになるでしょう。この作品の興味深いところは最後のシーンだけで、第 1 幕で起きたことを理解するには小説を知らなければなりません。だから、これは本質的にスペインとスペイン系アメリカ人のための作品で、音楽が独創的で美しいのでドイツの劇場では上演されますが、人気は得られないと思います。」

　翌 1898 年 3 月 3 日、バレーラは下記のような返事をイサークに書いている。

　「マホ、マハ、闘牛士、ジプシーなどのアンダルシアのテーマはすでに古臭く、世界中に知られているため、目新しさがなく、人々をうんざりさせるだろうというのが最初の議論である。そして、もっと楽しくて新しい曲でなければならず、スペインで我々がうんざりしているホタ、ファンダンゴ、ボレロをあまり思い出させないような意表を突いた音楽であるべきだ。」

　そしてバレーラの娘のカルメンは、《ペピータ・ヒメネス》の上演を妨げようとさえした（クラーク p.168）。

パリで作曲するイサーク

14 パリのスペイン人芸術家とスコラ・カントルム

芸術的な刺激に満ちたパリは、イサークにとってはもちろんのこと、芸術を志す多くのスペインの若者にとって魅力的な都市であった。彼らがパリを目指すようになるのはイサベル2世の頃からである。ここで、どのような芸術家たちがパリで学び、または活動していたか見てみよう。

8歳で公開演奏会を開いたサラサーテはイサベル2世からストラディバリを授与され、その援助で1856年から4年間パリ音楽院でジャン＝デルファン・アラールに学んだ。61年に帰国するが、その後はパリを本拠に、世界的ヴィルトゥオーソとして半世紀近く広範な演奏旅行を続けた。サン＝サーンス、ラロ、ブルッフ、ヴィエニャフスキなどから協奏曲を献呈されている。

イサークの7歳下のエンリケ・グラナドス Enrique（カタルーニャ語ではエンリク Enric）Granados（1867-1916）はアカデミア・プジョルで学んだ後、数年間ペドレイに師事し、1887年から89年にパリ音楽院教授のシャルル・ベリオにピアノを学んだ。サン＝サーンス他、多くのフランス人音楽家と交わり、スペインに帰国後は主にバルセロナで活躍し、1900年代初めに同市に「アカデミア・グラナドス」を建て、教育にも尽力した。

♣ グラナドス

バルセロナでフアン・プジョルに学んだリカルド・ビニェス Ricardo Viñes（1875-1943）も 1887 年にパリ音楽院でシャルル・ベリオ門下となった。彼は 1895 年にパリでデビューし、以来ここに留まり演奏活動を行った。

1900-07 年にスコラ・カントルムに留学したビセンツ・マリア・デ・ジベール Vicents Maria de Gibert は、バルセロナに戻ってオルフェオ・カタラ Orfeó Català の教授となった。

さらにホアキン・トゥリーナ Joaquín Turina（1882-1949）が 1905-14 年に、ファリャが 1907-14 年にパリを拠点とした。

スペインに戻らなかった者もいるが、戻った者は基本的に自国の音楽文化の水準を嘆いている。例えばトゥリーナはマドリッドの音楽環境を「マドリッドは鉛で出来ているように重い。」(Morán 1983) と述べ、ファリャは「スペインで出版されるのは、出版されないよりももっと悪いことです。それは井戸に音楽を放り投げるようなものなのです。」(井上 2010) と嘆き、スペインの文化芸術の向上のために尽力した。

これに関連してベル・エポックのパリで過ごした音楽家以外のスペイン人芸術家も列記しておこう。

スコラ・カントルム　©Yukine Uehara

イサークと親しい画家、作家、劇作家サンティアゴ・ルシニョール Santiago Rusiñol（1861-1931）は 1889-1906 年に、画家のスロアガは 1888-93 年に住んだ。パブロ・ピカソ Pablo Picasso（1881-1973）は 1902 年からパリを本拠とした。

　その他、画家ではアドルフォ・ギアール Adolfo Guiard（1860-1916）、ラモン・カザス・イ・カルボー Ramon Casas i Carbó（1866-1932）、アングラーダ・カマラサ Anglada Camarasa（1871-1959）、フランシスコ・イトゥリーノ Francisco Iturrino（1864-1924）、フアン・デ・エチェバリア Juan de Echevarría（1875-1931）、シャビエー・ゴセ Xavier Gosé（1876-1915）。彫刻家ではジュリオ・ゴンサレス Julio González（1876–1942）、マノロ Manolo（マヌエル・マルティネス・ウゲ Manuel Martinez Hugué）（1872-1945）、フランシスコ（パコ）・ドゥリオ Francisco（Paco）Durrio（1868-1940）、パウ・ガルガーリョ Pau Gargallo（1881-1934）がいた。

　このようにイサークのみならず、錚々たる顔ぶれのスペイン人芸術家がパリに集合していたのである。

　さて、話をイサークに戻そう。いったんはスコラのダンディの生徒として登録したイサークだが、1898 年 12 月から 1900 年末（または 1901 年の初めまで）の間は、ピアノの教官としてスコラでエドアール・リスラー Édouard Risler（1873-1929）のクラスを任された。

　彼の生徒にデオダ・ド・セヴラック Déodat de Séverac（1872-1921）とカステーラがいる。セヴラックとの親交はイサークが亡くなるまで続き、没後もセヴラックはイサークの娘ラウラからの依頼に応じて、未完で残された《ナバラ》に 26 小節を補作し完成させている。

セヴラック

カステーラはスコラ・カントルム付属の出版局 Edition Mutuelle（ミュチュエル出版）を設立し、師イサークの〈ラ・ベガ〉《イベリア》《アスレホス》《ナバラ》などの楽譜を出版した。

その後、スコラには、ピアニストのブランシュ・セルヴァ Blanche

セルヴァ

Selva（1884-1942）が 1899 年に生徒として入ってきた。セルヴァはのちにイサークの《イベリア》の初演者となった。この作品は本来ジョアキン・マラッツ Joaquín Malats（1872-1912）が初演する予定だったが、彼が病気で演奏できなくなり、代わって初演を任されたのである。

　彼女の父親はカタルーニャ出身であった。パリ音楽院に飽き足らず1896 年に退学し、1897 年 13 歳のときに、ジュネーヴに引っ越してローザンヌやモントルーで演奏会を開き、好んでサン゠サーンスのピアノ協奏曲などを演奏し、成功を収めた。リーマンのドイツ語の音楽書の翻訳と音楽事典の編纂で知られたジョルジュ・フンバート Georges Humbert（1870-1936）に和声を学んだ。偶然であるが、イサークが日記に拍節とリズム、フレージングについてメモをとっていたのはリーマンの理論であった。フンバートは、指揮者としても活躍し、エミール・ジャック゠ダルクローズ Émile Jaques-Dalcroze（1865-1950）と『la Gazette musicale de la Suisse romande』誌を発行していた。

　セルヴァは、1898 年にダンディの《フランス山人の歌による交響曲 Symphonie sur un chant montagnard français》を聴き、翌年ダンディと出会ったのだった。おそらくイサークとセルヴァもこの頃に出会っていた可能性もあるが、セルヴァが 1901 年よりスコラで教え始め、バッハのクラヴィア作品を全曲演奏した 1904 年末ころから、本当に親しく付き合ったと思われる。

　セルヴァはジュネーヴ時代に、リーマンによるフレージングやリズムの理論を知り、ダルクローズの動きによる表現に着目していた。ダルクローズは音楽を動きで表現するリトミックの創設者であり、セルヴァはのちにパリのピアノのクラスでダルクローズによるリズム教育の体操メソードを紹介するようになる。(Warszawski 2010 p.4)

　また、彼女は 1916 年に細かく打鍵の図や練習方法も含めた 140 ページの『Technique du piano（ピアノのテクニック）』を出版しており、彼女のメソードを知ることができる。その中で、表現のためには重力と瞬間的な力の多様性が必要あり、そのためには筋肉の弛緩が重要で、音色に多様性をもたらすために腕の重みと瞬間的な力の変化が重要であることも述べ

ている。彼女はこの本でイグナツ・モシェレス（1794-1870）やショパン
の直弟子ヨーゼフ・シフマッハー（1827-1888）、その他の著書からの引用
も行っている。

　音楽を動きで表現し、音色に多様性をもたらす技術を身に付けていたセ
ルヴァは、イサークの理想を表現することのできるピアニストであったと
思われる。自作の流布のために優れた演奏家を必要としていたイサークは、
セルヴァをその候補の1人と考えた。

　スコラだけでなく、広くパリに目を向けると、ドビュッシーやラヴェル
等多くの作曲家の初演を行っているスペイン人ピアニストとしてビニェス
もいた。イサークは彼と1905年からパリ音楽院のピアノの審査員を共に
務めていたが、彼のことはあまり重要に思っていなかった。

　イサークの友人ドビュッシーはビニェスに多くの作品の初演を頼んでい
たが、1908年4月10日ジョルジュ・ジャン・オブリ宛に、「ビニェスに
はたくさん練習する必要があるとやんわり言ってやらなければならない。
彼は曲の構造をまだはっきりとつかんでいないし、議論の余地がないにも
かかわらず曲の表現を歪めてしまっている。」(神保 2023 p.281) と手紙を書い
ている。このように、彼の演奏に不満を感じ、1913年以降ドビュッシー
は演奏を依頼しなくなっている。おそらくイサークは同じような理由から
ビニェスを重要に感じていなかっただろうと想像できる。

　スコラの音楽家たちは、古い時代の音楽と現代の音楽の両方を重んじる
と表明しており、仲間の新作に関しては同僚の作曲家との間に緊張が生じ
ることもあり、セルヴァとイサークも例外ではなかった。

　時に対位法が重要視され過ぎ、時にその意義が誇張される場合もあった
が、ダンディは「対位法は伝統に従う手本であり、厳格なルールに従い理
性的であって、感性に直接訴えかける音楽家が好むような危険な和声を含
んでいない、心と知性のバランスを考えた時に感覚を優先させる「感覚和
声 Sensation harmonique」は避けなければならない。」と考えていた。
(Vincent d'Indy, Le bon sens, Liège: éditions Dynamo, 1943, p.7)

このスコラの美学や価値観はイサークとは異なるところもあったが、彼はダンディの創作を模範にし、美を追求しようとした。

　1897 年以降、イサークのピアノ作品の作曲は休止し、1905 年に T.105《イベリア》が発表されるまで長い時間が流れる。それは、この間、抒情喜劇《ペピータ・ヒメネス》の改作に時間をかけていたためにピアノ作品に取り組めなかったことも理由の 1 つであろう。しかし、それだけでなく《イベリア》で使われた印象派の響きと複雑に入り組んだ対位法的な書法をみると、スコラで彼は大きな影響を受け、その美学を基盤にした独自の美の探求とその実現のためには、8 年間の歳月が必要だっただろうと考えられる。

　ただし、同じ 1905 年頃に書かれた T.104《イヴォンヌの訪問》は、子供の鑑賞用の短い音楽劇と思われるため、イサークが求めていた理想とは別とすべきだろう。

　青少年期のイサークの言動は無鉄砲だったが、すでに 30 代となった彼は落ち着きを見せた。人々に愛され、スコラの人々と楽しいエピソードを残した。

　ダンディは独断的で頑固な性格だったと知られているが、教育に熱心で多くの時間とエネルギーを生徒たちのために費やした教師であった。イサークは、彼の前ではびくびくしており、ある日彼の家を訪ね、彼になんと話しかけたらよいか判らなくなってしまった。そしていきなりこぶしを握って、ダンディに向かって怒りっぽい調子で、「もう恐くないぞ！」と叫んだ。ところが、数年もするとダンディの堅物ぶりを、イサークはフォーレと一緒に苦笑いするようになっていたという。

　また、ある時はイサークがスコラでの授業に行くのを忘れ、オートィユの彼の家に迎えにきた守衛に、ドアのところで「彼は死んだよ、僕は弟だよ」と答えビックリさせたという話もある。

　葉巻が好きな彼は、禁煙が校則のスコラでこっそりとキューバ産高級葉巻を生徒に勧めていたという話もある。「私を責めちゃいけない。私はひょうきんなピアニストだよ」と叫び、滑稽で荒々しいセギディージャの後に

葬送曲を弾いたこともあった。(コレ 1948 p.64)

　イサークはこのようにスコラで歓迎されていたが、体調が悪くなりスコラでの教育活動を続けられなくなった。

ダンディからイサークへの手紙　1900 年 10 月 7 日
　「私は貴方を手放すことなどできないことを、よく判っています。しかし、貴方はまた病気になってしまった。[…]私たちは希望に輝いて、新しい音楽院の始業式に貴方が出席するのを待っていました。[…]貴方の病気は一時的なことで、今までのように健康になることを願っています。切磋琢磨し、友情を温めることができる我が家に戻ってきてください。」

　結局、イサークは 1900 年末または 1901 年の初めにスコラを辞めることになった。

　そのころ、妻ロジーナはパリに住んでいたが、イサークはテアトロ・リリコ・カタラン（カタルーニャの抒情劇団）設立のためにバルセロナに滞在した。ディアゴナルの交差点に近いグラシア通り 110 番地に住み、その後、バルセロナ市内のボナノバ Bonanova（市内北西側）の家と、医師の勧めに従って、モンジュイックの丘の高くそびえた塔のような家を行き来して住んでいた。

　当時、イサークは《イベリア》を予感させる秀作 T.102A〈ラ・ベガ（沃野）〉を 1897 年に作曲していたが、22 歳の時からの夢であるオペラ製作を放棄するつもりはなかった。1901 年 3 月 11 日彼の日記に「大いなる不幸は私のものだ。野望を持ったこの馬鹿野郎!!!」と綴っているのである。

　このイサークの野望はエンリック・モレラ Enric Morera（1865-1942）やグラナドスと共にテアトロ・リリコ・カタラン設立に向かって走り出すかのように思えた（テアトロ・リリコ・カタランはもともとモレラが 1894 年からプロジェクトを考えていた）。

　ところが、夢の実現は思わぬ方向に向かっていく。1902 年にイサークは 3 部作 T.12《アーサー王 King Arthur》（結局、3 部作でなく 2 部作だけとなった）の第 1 作目の 3 幕のオペラ T.12A〈マーリン Merlin〉を完成させた。春にはノベダデス劇場で〈マーリン〉、モレラの〈エンポリウム Emporium（ジローナの北の地名)〉、グラナドスの〈フォレ Follet〉と古典作品や新作による 12 作品で一連の公演を行

 モレラ

うことが計画されていた。

　しかし、モレラはこの計画を無視し、チャピにプロデュースを依頼した。モレラは 20 年前に、リセウ劇場でイサークの演奏を聴いてから数ヶ月間、彼の弟子になったことがあり、T.101D〈コルドバ〉を 1894 年頃にイサークから献呈されていた。イサークはモレラに対して友愛を感じていたであろうから、彼の行動に目を疑ったであろう。

　モレラがチャピにプロデュースを依頼した理由について、現時点では判っていないが、イサークとグラナドスは、設立合意を無視したモレラの行為に憤慨し、イサークはチャピに手紙を書いて、すでにオペラ製作の契約が結ばれていると伝えた。しかし、結局はテアトロ・リリコ・カタランの創設にイサークが加わる話は白紙となった。

　イサークは、1901 年 11 月 23 日にペドレイへ葉書で「世間でマエストロ（巨匠）と言われているモレラがこの町に侵入してきた‼‼」とぼやき、モレラに対して態度を変えたことを伝えたほどであった。

　リセウでは、〈マーリン〉の制作に際して彼のスコアを「専門家」委員会が評価するとした。これはイサークにとっては大変な侮辱であり、〈マーリン〉は練習段階まで進んでいたにもかかわらず、初演は中止された。

　イサークはミュンヘンでワーグナー作品を聴き、感動して少しでも彼の書法に近づこうと試みていたのだが、中途半端な出来上がりは不評であった。

　例えば評論家のエドガー・イステル Edgar Istel (1880-1948) からは、「言葉も音楽もインスピレーションの乏しい真似事にしか過ぎない。」と評された。

　モルフィ伯爵はすでに 1897 年に 4 月 15 日の手紙で、ワーグナー狂信者からイサークの作品はワーグナーを真似ている、または対抗していると攻撃されるだろうと書いていた。その上、「歌好きなスペイン人は、純粋なオーケストラ音楽に無関心で、言葉なしのオーケストラだけで表現するワーグナーには冷淡である。ワーグナーのような作品はドイツには良いが、スペインには向かない」という考えを持っていたのだ。イサークの作品はワーグナー派の人々からは攻撃され、一般の人からは興味を持たれないだろう

というのである。

　モルフィ伯爵の意見は真相を捉えていたが、その一方スペインでワーグナー信者は増えていった。スペインでのワーグナー受容はどうなっていたのだろうか。

　1881 年 3 月 25 日マドリッドで《ローエングリン》の初演が行われた時、まだ、その前衛芸術の受け入れは躊躇されていた。イサベル 2 世統治下になり、新しい音楽活動はあったものの、人々の芸術的な音楽活動への関心は薄く、当時の西ヨーロッパの音楽文化とは隔たりがあったのである。

　ワーグナーだけでなく、ベートーヴェンでさえ、マドリッドにおける交響曲初演は 1866 年であった。一方、フランスでは 1861 年 3 月に《タンホイザー》のパリ初演が失敗に終わったものの、ボードレールやマラルメ等によって絶賛され、近代芸術運動へと広がっていった。このような状況をみると、スペインはフランスに大きく遅れていることが判る。

　バルセロナでは 1882 年《ローエングリン》の初演が行われたが、人々はやはりその前衛芸術の受け入れに躊躇した。ようやく支持され始めたことには、皮肉にも 1901 年にモレラがイサーク抜きで設立したテアトロ・リリコ・カタランの活動が大きく影響した。彼らの活動で数々の作品が上演され、素朴なサルスエラに、より高度な技術と磨かれたオーケストレーションが加わるようになり、それはスペイン趣味からの脱却となったのである。まさにテアトロ・リリコ・カタランの役割は大きく、それによって作曲水準は上がったと考えられる。

　モットルとリーマンのもとで学びバイロイト音楽祭で指揮をしてきたアントニ・リベラ Antoni Ribera（1873-1956）は、ワーグナーの作品をカタルーニャ語に訳して上演し、テアトロ・リリコ・カタランの活動を支持した。

　1901 年 10 月 12 日にワーグナー自身が名誉会長となって、音楽評論家でワーグナー研究者のジョアキム・イェオナール・マルシラッハ Joaquim Marsillach Lleonart（1859-83）や、作曲家で編集者のアンドレウ・ビダル・リモナ Andreu Vidal Llimona（1844-1912）、そしてペドレイ等によってワーグナー協会 Associació Wagneriana が設立された。

ペドレイはスペインがイタリア音楽の影響を強く受けていることを危惧し、カタルーニャの精神を音楽劇にしたいと考え、ワーグナーに刺激を受けた。そして、1902 年に《ロス・ピレネオス》を作曲し、前述のようにその時イサークはペドレイに讃辞を贈った。

　このようにして、ムデルニズマの芸術家たちはワーグナーと出会い、触発されていった。

　その進歩的な芸術に敏感なムデルニズマの建築家の 1 人リュイス・ドメネク・イ・ムンタネー Lluís Domènech i Montaner（1850-1923）は、ワーグナーの《ワルキューレの騎行》にインスピレーションを受け、1908 年にアール・ヌーヴォー様式のカタルーニャ音楽堂 Palau de la Música を創った。これは 1891 年に設立された合唱団オルフェオ・カタラという合唱団の専用の演奏会場として建てられたものである。

　合唱運動の力を借りた大きな流れは、ムデルニズマを後押しし、その流れはワーグナーの音楽の「自然へ目を向け、その原始的なエネルギーを見つめていた芸術」と共鳴し合い、ムデルニズマは、より具体的な動きになった。まさにムンタネーの作り上げた空間はワーグナーが表現する自然の神聖で原始的なエネルギーの喚起や、中世伝説の活き活きとした精神性を感じさせ、人々はバルセロナのモデルニスタを通してワーグナーの世界を共感できたと想像できる。筆者自身、ムンタネーの創った Palau de la Música で演奏し魅惑的な世界を体感した。

　アントニ・ガウディもワーグナーの《リング》のオープニング〈ラインの黄金〉から音楽の原始性に影響を受けた。ガウディの創るサグラダ・ファミリアも、その中に入ると太陽の光が森の樹々の間から神々しく降り注ぐようで、自然の神秘的なエネルギーを感じる。

　イサークはバルセロナの有名なカフェ「クワトロ・ガッツ Els Quatre Gats（4 匹の猫）」を拠点に設立されたワーグナー協会に参加した。グラナドスも協会のメンバーであった。

　1902 年、イサークのオペラが受け入れられなかったのは、まだまだバルセロナがサルスエラに席巻されていたこともあるが、彼の作品が未熟であったことも否めない。そして進歩的な挑戦をする作品に寛容でない環境

があったと思われる。〈マーリン〉はスペインで評価されず、1954年にパブロ・ソロサバル Pablo Sorozábal（1897-1988）の改訂版で《フロリダの聖アントニオ》が再演されたときにさえ、音楽の新鮮さとエネルギーは賞賛されたものの台本は依然として興味が湧かないと評され（クラーク p.299）、それ以来、再演されなかった。

　しかし、イサークの作品は評価に値しないものではなかった。《ペピータ・ヒメネス》はドミンゴ、ヴァネスの出演によるドイツ・グラモフォンでの録音で2008年第50回グラミー賞の「年間最優秀オペラ」にノミネートされたのである。

✠ イサーク、1904年

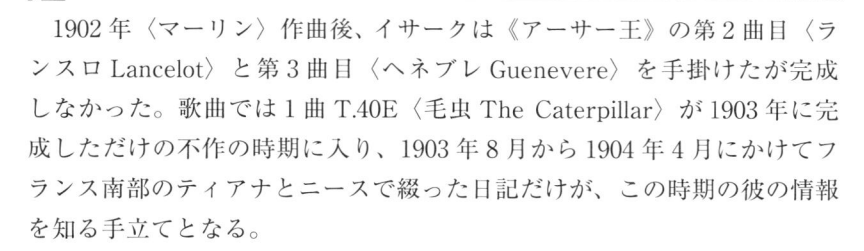

16 1903年の日記

1902年〈マーリン〉作曲後、イサークは《アーサー王》の第2曲目〈ランスロ Lancelot〉と第3曲目〈ヘネブレ Guenevere〉を手掛けたが完成しなかった。歌曲では1曲 T.40E〈毛虫 The Caterpillar〉が1903年に完成しただけの不作の時期に入り、1903年8月から1904年4月にかけてフランス南部のティアナとニースで綴った日記だけが、この時期の彼の情報を知る手立てとなる。

イサークは1903年にニースのシャトー・サン＝ローラン Chateau Saint-Laurent に別の住居を持った。日記には音楽以外の内容、例えば女性や政治、愛、哲学、宗教などが書かれている。文章の直接目的語の人称は"あなたたち les"ではなく"君たち os"で書かれている。

作品の完成を見ないこの時期に書かれたこれらの日記は、今までのイサークの人格とは異なる面が見える。日記というものは、必ずしも本心を書いているとは限らず、私はこのような日記を覗き見してはいけないような気もするが、日記はアルベニス財団から出版されているものなので、一応紹介しよう。太り過ぎが原因で体調を崩し、1902年のオペラ初演の挫折も彼を苦しめている様子がうかがい知れる。

1903年7月27日　ニース「死ぬときに私が怖いのは、死ぬことではなく、むしろ理解できなくなることだ。」(クラーク p.241)

1903年8月25日　ティアナ・デ・ラ・コスタ「それが教育を受けていない人々に、常に口頭で発表された真実よりも、印刷で届くほうが価値があるのは、最も酷いだろう。」(Impresiones p.65)

1903年8月25日「神の高潔な審判は不可解だ！　君たち、人間の愚かさと虚栄心は自らの無知の中にあり、これからも永遠であると言ってくれたまえ!!　神は無意識の全てであり、神の言葉の全てであり、君たちを喜ばせることで彼の存在を認めるだろう!!　神は力であり、力は残忍性と完全に調和している。　し

かし、調和は最初から直接行われており、神が意識的に自覚してほしいと望んでいるからではない。要するに、私は至高の存在の人格を否定する。」ティアナ・デ・ラ・コスタ（クラーク p.241）

1903年8月26日「偽りのリベラル、つまり自分のリベラリズムが自分勝手な感情に基づいている人は、誰もが自分の好きなように考え、自分の考えを表現できると主張する。
　しかし、怒って嫌がっている人のすぐそばで、もし彼の隣人に欲望を満たすという考えをもっているなら、私はそんな人を見てみたい。
　彼はその無作法に抗議して、そして彼はそれほど憤慨したり、嫌悪感を抱いたり、人間の脳から継続的に蒸留されるクソほど多く抗議するわけでもないだろう。」
（Impresiones p.65）

1903年9月2日「本から得た知識だけでは常に不十分だ。自分自身を読み取ることを知らない凡庸な独創性のない学者。」（同）

1903年9月4日「善良さ、寛大さ、知性が全体を形成する。善良さが切り離せない他の特徴を伴わないなら、その人が親切であると表現するのは間違いである。
　ほとんど、このたんなる表面的な善良さは、卑怯で、恐ろしいぐらい誠実さを欠いた利己主義が秘められている。」（同）

1903年9月12日「他人が想像することに対して抱く信仰は、自身の知性の放棄である。信じる者も信じない者も不幸である。」（同 p.66）

1903年9月16日「創造された全ての生き物の中で、自分の立ち居振る舞いの尊厳を放棄したいと考えるのは、意識的な人間だけだ。
　人間の精神状態の馬鹿げた見苦しい豹変を判断する場合、4足歩行の生き物の判断を知りたい。」（同）

ニース1904年2月7日　カーニバル初日「愛は、人間の特徴であるもっと

も微妙な利己的な本能をさらに悪化させたものに過ぎない。

　全ての邪魔で低俗な情熱はそれによって引き起こされ、そしてこの場合、最も興味深いのは、それが無意識の美味しい偽善で詩を作ろうとし（そして大多数が彼と同じように考えている）、さらにはその極悪非道な"過ち"を正当化しようとしていることだ・・・（略）・・・

　この点に関して人々が一般に誤った生き方をしていることに注目するのはとても興味深い。

　人々は要するに民族を守るためには、ほんの少しで消えてしまう偽善的な感傷主義に助けを求める必要もなく、美しく力強い生殖器の情熱で充分、そして十分すぎると自分自身に納得させたくない。　・・（略）・・

　その理由は、それを構成する憎しみ、嫉妬、独占的所有、頑固さ、その他の悲しい枠組み全体がむき出しのままになるからだ。愛は決して利他的な情熱ではなく、友情はそうあるべきだ。

　公然とそれを実証するか、自分に嘘をついてある種の知的な示威行為に身をゆだねるか（それは物質的ではないから）事実は彼がただで何かを与えたことは決してなく、人間の存在を苦しめる最も貪欲で愚かな情熱を持った人物の1人であるということだ。」(同 pp.66-67)

　1904 年 2 月 28 日「母の子宮が残っているので女性はそれ自体が嘘つきである。誠実なふりをする人に出会った人は不幸だ。

　彼女の誠実さは常に、酷い残酷さの最も素晴らしい見本であり、それぞれの女性が無意識に孤独な存在であり、周囲のすべてのことに耳を傾け、自分が明らかに勝っていることを確信しているという最も議論の余地のない証拠である。

　例外はあるか？　当然のことながら、妻よ、話すのをやめておくれ。」(同 p.67)

　1904 年 2 月 28 日「祖国という考えは、弁解できる自分勝手な感情であると考えられるが、決して美徳ではない。」(同)

　1904 年 4 月 20 日「芸術における理想的な形式は、論理内の多様性であるべきだ。」(同)

彼の情報が少ないため、日記の他に彼の書棚を見てみよう。イサークは哲学の話をするのが好きで、小説に夢中になっていると作曲が出来ないことがあるほどであった。美術、形而上学、政治、宗教などに関心があり、彼の書棚には下記のような作家の本が残っていた。

　アルフォンス・ドーデ Alphonse Daudet（1840-97）やギュスターヴ・フローベール Gustave Flaubert（1821-80）の小説、ベルリオーズの執筆。ほか、哲学者ヴォルテール Voltaire（1694-1778）、詩人ジョージ・ゴードン・バイロン George Gordon Byron（1788-1824）、詩人・小説家のヴィクトル＝マリー・ユゴー Victor-Marie Hugo（1802-85）、劇作家ジャン・ラシーヌ Jean Racine（1639-99）やピエール・コルネイユ Pierre Corneille（1606-84）、作家アルフレッド・ド・ミュッセ Alfred de Musset（1810-57）、劇作家モリエール（ジャン＝バティスト・ポクラン）Molière（Jean-Baptiste Poquelin）（1622-73）、小説家オノレ・ド・バルザック Honoré de Balzac（1799-1850）、哲学者プラトン Plátōn（紀元前 427-347）、詩人・小説家ピエール・ルイス、詩人・劇作家・随筆家モーリス・メーテルリンク Maurice Maeterlinc（1862-1949）、アナトール・フランス Anatole France（1844-1924）、ウィリアム・シェークスピア William Shakespeare（1564 洗礼 -1616）、ヨハン・ヴォルフガング・フォン・ゲーテ Johann Wolfgang von Goethe（1749-1832）、ドイツ人の詩人、思想家フリードリヒ・フォン・シラー Friedrich von Schiller（1759-1805）。

　サンティアゴ・ルシニョール、ジャーナリスト・小説家ジョセップ・フェリ・イ・コディナ Josep Feliu i Codina（1845-97）等は本の中で彼への献辞を書いている。

　イサークの手紙の中に、シェークスピア、ユゴーを思わせる一節が登場しているが、彼がこれらを愛読していたことが判る。そして、このように文学へ強い興味を持っているイサークが、《イベリア》のようなピアノの大作に着手しながらも、オペラ作品の作曲へ意欲を持ち続けたのは理解できる。

　また音楽専門領域ではパレストリーナの《教皇マルチェルスのミサ曲》をスコラから借りて学んだことは前述したが、その他にエスラバ著『Del contrapunto y fuga（対位法とフーガについて）（1864）』『Les Mélodies grégoriennes（グレゴリアン・メロディ）(1881)』、ポピュラー音楽のホセ・ウルタド José Hurtado 著『Cantos y bailes de Valencia（バレンシアの歌と踊り）』(出版日など不明)、『Old English Popular Music（古いイギリス・ポピュラー音楽）(1893)』が蔵書になっていた。

　また本の他に、イサークはホアキン・ソロージャ Joaquín Sorolla（1863-1923）の絵が好きだった。クラークは調査のためにバルセロナの北の孫娘の家を訪れた時、孫娘がソロージャの絵を指さし、アルベニスがソロージャの大ファンで友人だったので、この絵をソロージャがアルベニスに贈ったのだと話してくれたそうだ。筆者はクラークからこの話を聞くことが出来た。

　ソロージャは印象派には属していなかったが、色彩やその筆使いは印象派を思わせ、美しい陽光と豊かな色彩によって独自の表現方法ルミニスモ（光彩主義）で明るく美しい世界を描き出している。いかにもイサークの琴線にふれそうな情景が多い。

　こののち、1905 年になると、イサークの《ペピータ・ヒメネス》はブリュッセルで認められ、1902 年から 4 年にかけての闇の中の苦しみは嘘のように和らぎ、《イベリア》の作曲に熱心に向かっていく。作曲家としての最期の情熱を燃やすように、体調を崩している中、貪欲に自分の理想を求めていく。

草稿集の1ページ目に旋法について書かれ
ている

1901年6月1日イサークからロジーナへの手紙。旅行で疲れ、食事について
問題があること等が、書かれている@ Museu de la Música de Barcelona

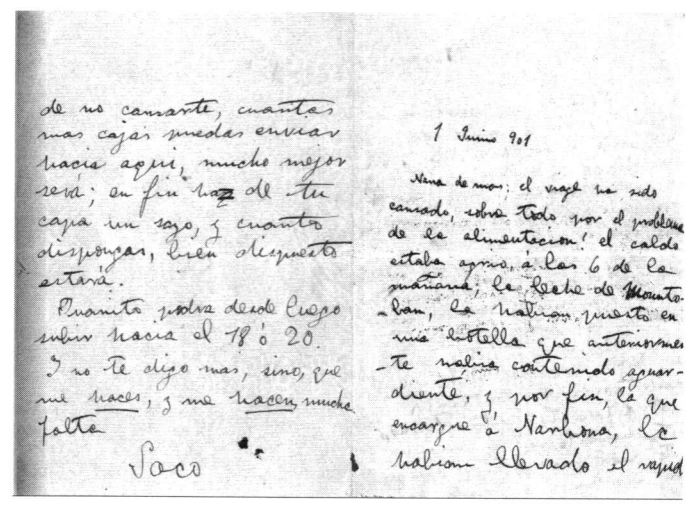

17 ベルギーでの成功

　世の中では、まだ、アンダルシア地方に残るイスラム文化が醸し出すオリエンタリズムこそがスペイン、という古い先入観が続いていた。芸術家たちは、普遍主義を目指していたにもかかわらず、1900年のパリ万国博覧会がフラメンコや闘牛というような外国人の目を引くエンターテインメントを好むようになり、スペインの古い先入観から逃れられずにいた。キューバなどの植民地の異文化も入っていたにもかかわらず、アンダルシアがスペインの象徴のような偏った見方が続き、その強い個性が歓迎されていたのである。

　しかしその後、ブリュッセルやパリでの教育や芸術家との交流により、スペイン人芸術家たちは広い視野に立ったスペインの音楽表現に開眼することになる。その旗手がイサークであった。

　イサークは、スペイン人の作曲家は「世界的なアクセントを持ったスペイン音楽を作曲すべきである música española con acento universal」（Albéniz p.102）と語っていた。

　イサークはスペイン人でありながら、15歳からは中南米とヨーロッパに出て、様々な音楽に出会い、このような思いに至ったのであろう。遡ってみると、ブリュッセルで学び、パリ万博ではおそらくアジアやロシアの音楽に接し、その後スコラの音楽家と交流し、ワーグナーに接し、パレストリーナも学んだ。しかしそれでも1898年バレーラから、「スペインで我々がうんざりしているホタ、ファンダンゴ、ボレロをあまり思い出させないような意表を突いた音楽であるべき」と指摘される。

　イサークが唱える「世界的なアクセントをもつスペイン音楽」とは、スペインの素材を材料として、普遍的な語調で作曲することであるが、アンダルシアをテーマにしたバレーラの小説をどのように世界に通じる音楽として完成させるのか、自らの理想を実現させるために、最初の作曲は1895年、1回目の改作は1896年、最終版は第1幕が1903年、第2幕が1904年完成というように、かなり難航したことが見て取れる。ブリュッセルでの成功は、彼自身の努力も然ることながら、多言語国家であるベルギーには異文化を受け入れる土壌があり、それが成功への後押しをしたの

ではないかと察する。

　ベルギーは、普仏戦争で敗戦したフランスと異なり、政治経済も安定し、1880年代には「ベルギー文芸ルネッサンス」を迎えた。ベルギーのブリュッセル市にあるモネ劇場は古いレパートリーから最先端の作品まで上演するオペラハウスとして重要な役割を担っていた。

　1905年1月3日、そのモネ劇場で《ペピータ・ヒメネス》と《フロリダの聖アントニオ San Antonio de Florida》が紹介され、1月6日、10日、13日、2月1日に連続公演された。この日、会場には、エルネスト・ショーソン夫人、画家のアンリ・ルロル Henri Lerolle（1848-1929）夫妻、セルヴァ、メッゾソプラノのマリア・ゲイ Maria Gay（1876-1943）夫人、オクターヴ・モース Octave Maus（1856-1919）等の友人が集まった。会場にはスペインの大臣も出席し、2作品を振った指揮者たちを祝福し、スペイン王がアルフォンソ12世勲章コメンドール章を彼らに授与し、指揮者のシルヴァン・デュプイ Sylvain Dupuis（1856-1931）に騎士（シュバリエ）の十字架を与えたことを告げた。（コレト p.73）

　イサークの作品はスペインとは全く異なり、多くのメディアで好意的に取り上げられた。1月5日にはラバルベ Labarbe（詳細不明）という評論家がベルギーの地方誌『Le Peuple』で次のように書いた。

　「この作品全てにペピータとドン・ルイスの2人が登場し、‥（略）‥シチュエーションは変わるが、あまり変化はない。物語や小説にインスパイアされた作品には、すべてに共通の欠陥がある。しかし、脚色によって、すべての興味を維持し魅力を生み出す作品は非常に稀である。」

モース

　モースはベルギーを代表する芸術評論家でショーソンの友人でもあり、2月1日、雑誌『Le Courrie musical』の中で下記のように《ペ

ピータ・ヒメネス》を称賛した。

　「アルベニスは、ありきたりでわざとらしい異国趣味、伝統的な絵画的なものを、より控えめで、しかし紛れもないスペインの土地、風俗、人々を想起させる素晴らしい色彩に変えた。特に《ペピータ・ヒメネス》のアントニョーナ、総司祭とペピータのデュエット、子供たちのバレエとコーラス、2幕への前奏曲、ペピータとドン・ルイスの愛のデュエットは素晴らしい。」

　2月13日には、ブリュッセルのタッセル Tassel 邸でピアノヴァージョン（フランス語による歌詞）の〈マーリン〉をイサーク自身がピアノ伴奏し、コンサート形式で初演した。タッセル邸とは科学者のエミール・タッセル Emile Tassel（1862-1922）のためにヴィクトル・オルタ Victor Horta（1861-1947）によって設計されたアール・ヌーヴォー様式の建物である。この楽譜は1906年に Mutuelle 出版から出版された。（舞台初演は、約半世紀後の1950年12月18日、一部の削除を含むスペイン語歌詞によるオーケストラだった。英語の歌詞によるオーケストラのコンサート形式での初演は1998年6月20日に行われた）。

　ブリュッセルでは3月に、サルスエラ《フロリダの聖アントニオ》を再演した（初演は1894年マドリッド）。その後もこのサルスエラはライプツィヒ、ロンドン、バルセロナ、マドリッドなどで成功を重ねた。

✿ レアンドレによるイサークのデッサン、1905年

イサークは 1905 年にブリュッセルで《ペピータ・ヒメネス》を成功させたのち、ピアノ曲《イベリア》に着手する。その頃から始まるフォーレからの手紙は 1909 年まで続き、また同様にジョアキン・マラッツとの往復書簡も 1906 年から 1909 年まで続く。この 2 人の長い書簡はまとめて紹介するために、時系列が前後するが、今ここで、1907 年のパリでのエピソードを先に紹介する。

同邦人トゥリーナは、1907 年にエリーゼ宮のグラン・パレで開催されたサロン・ド・オトーニョでパール・カルテットと自作の《ピアノ 5 重奏ト短調》作品 1 を初演した。

トゥリーナが、ヴァイオリニストのパールと共に舞台にスタンバイすると、つばの広い大きな帽子を被った黒い口ひげの太った紳士が、息を切らして大急ぎで入ってくるのが見えた。作品の演奏が始まると、その男が隣の席の痩せた男に「この作曲家はイギリス人かね」と尋ね、その若者は「いいえ、彼はセビージャ出身です」と答えた。作品のフィナーレが終わると、その紳士は痩せた若者を連れて楽屋にやってきて、トゥリーナに近寄り非常に丁寧に「イサーク・アルベニスです」と名乗った。痩せた若者はファリャであった。

コンサートが終わり、曇った秋の午後、トゥリーナとイサークとファリャの 3 人はシャンゼリゼ通りを腕を組んで歩き、コンコルド広場を通り過ぎたロワイヤル通りのケーキ店で、グラス 1 杯のシャンパンとケーキを前にして、ヨーロッパの観点からスペイン音楽を語り合ったという。

トゥリーナは後日、アントニオ・デ・ラス・エラスに次のように述べた。「その時 3 人で話したことやイサークからの「外国から影響されずに、純粋にスペイン音楽を作る」という彼のミッションに従うように勧められた。あれは決定的な出会いだった。」(Escrito de Joaquín Turina p.199)

「君は何を目指しているのかね。このフランク風の作品は出版されるだろう。しかし、もうこのような作品を書かないほうがよい。貴君はスペイ

ン民謡もしくはアンダルシアに基づいた芸術を確立するべきだ。それがセビージャ人としての役目だ」とイサークはトゥリーナの腕をつかんで言った（イグレシアス 1982 p.207）。

　トゥリーナはイサークと話してすっかり音楽に対する考えを変え、彼らと共にパリの片隅で、スペイン国民の音楽とスペインのために大いに努力しなければならないと考えた。これは、彼にとって決して忘れられない想い出となり、やがて実際にイサークの遺志を継ぐことになる。

　こうしてイサークは同じスペイン人としてトゥリーナを励まし、彼の楽譜出版の費用を援助したこともあった。この2人の出会いは、スペイン音楽史に大きな意味を残すことになる。

　また、イサークはトゥリーナだけでなく、同じく同邦人のファリャにも手を差しのべている。

　まだイサーク自身がフォーレの紹介によって知己を得たばかりのデュカをファリャに紹介し、ファリャはデュカにも自作の歌劇《はかなき人生》全曲を弾いて聴いてもらう。イサークも出版したばかりの《イベリア》の1曲を弾き、彼らとスペインについて語った。

✥ トゥリーナ

✥ ファリャ

ファリャは、自分の可能性を問うために、スペインのコンクールで射止めた賞品のピアノを売ってパリに来たものの、経済的に困窮し、イサークに救いの手を求めた。

　下記はイサークが彼のためにすぐに奨学金を工面して助けた様子が判る手紙である。ファリャはスペイン時代にビルバオ・フィルの支配人からビルバオ（マドリッドから約400キロ北東）での演奏会の申し出を受け、ビルバオに行ったが、この演奏会はファリャだけのためのものではなく、ヴァイオリニストの伴奏も行うことになった。その支配人と名乗った男から来年夏の演奏会開催に努力すると言われ、1907年初夏、パリに来たのだったが、その男はたんなる興行師にすぎなかった。

マヌエル・デ・ファリャからイサークへの手紙　1908年1月11日パリ

　「**親愛なるマエストロ、もし私がサルバオールおじさん**（「はかなき人生」に登場する主人公サルーの叔父のことで、サルーの身を心配する立場にある）**だったら、私は運が悪いというでしょうが、穏やかでも、穏やかでなくても仕事に取り掛かることが出来ません。‥‥私は必死です。レッスンのために時間を取られてしまうので、私はマドリッドから出てきました。貴兄とデュカの元で働くという夢が現実となったので、私はここに居ます。ビルバオでは1、2ヶ月休養することが出来ますが、その後は以前のように無為な生活を続けなければなりません。どうにか生きていくためにはこれしかありません。私はまだロイヤルハウスの件が上手くいくことを望んでいます（それが私の救いです）。イサベル皇女から回答を受け取りましたか？**」

ファリャからイサークへの手紙　1908年1月17日

　「**親愛なるマエストロ、貴兄は誰もできなかったことを達成しました。通常の奨学金でないとしても1,000フランとコンサートのおかげで、私は数ヶ月間、落ち着いて仕事することが出来ます。言葉にできないほど、感謝申し上げます。**」

　イサークからファリャへの書簡が入手できなかったが、この手紙はイサークがファリャに何らかの奨学金を与えられるように奔走してくれたこ

とに対しての礼状であろう。

　その後イサークは、スコラの教育は初期には役に立つものの将来的に妨げになると言い、ファリャにスコラでの学びを思いとどまらせた。この助言により、ファリャはイサーク没後の1910年にストラヴィンスキーと会い、最も進歩的なポリニャック大公妃のサロンに紹介された。(GARCÍA p.114)

19 フォーレ書簡

　さてここで、イサークが亡くなる前数年間の書簡を紹介してみたい。

　フォーレからの書簡は数年間ではあるが数多く、家族や仲間の存在も感じさせる日々の細やかな内容が記されている。2人の親密な文章から、イサークの人物像が浮き上がってくると共に、フランス音楽界におけるイサークの存在や、フランスとスペインの音楽家の交流に貢献した姿が見えてくる。

　イサーク一家は 1903 年の冬、数日間をニース、マルセイユ近郊のボメット Baumettes で過ごし、そこでラウル・ガンズボール Raoul Gunsbourg（ルーマニア出身の作曲家、作家、オペラ・ディレクター）が監督するモンテカルロ劇場での催しに参加し、熱心な観客の 1 人として同劇場の指揮者で作曲家のレオン・ジェアン León Jéhin（1853-1928）と友人になった。パリに拠点を移す前から、イサークはフォーレの室内楽作品に共感を寄せていた。

　彼を介してイサークは、当時『Figaro』紙で音楽評論を書き、しばしば南フランスに赴いていたフォーレと面識を得た。

　ボメットでアルベニス一家に温かく迎えられたフォーレは、1905 年の夏にチューリッヒで再会する。ブリュッセルで 1 月に発表した《ペピータ・ヒメネス》を、イサークはチューリッヒでフォーレに弾いて聴かせた。この抒情喜劇と正統的なスペイン音楽を併せ持った作品に熱狂したフォーレはアルベール・カレ Albert Carré（フランスの演劇・オペラのディレクター、俳優、台本作家）にオペラ・コミックで上演できるように話をした。そしてカレは1905 年 9 月 25 日にオーディションを行う。

　このスイスでの滞在から、フォーレとアルベニス一家は大変親密な間柄になり、フォーレはアルベニス家の三女エンリケータのことをエンリエッタ、またはエンリエッテと呼ぶようになった。フォーレは 1905 年 10 月 1 日からパリ音楽院の学長に就任するためにマドレーヌ寺院のオルガニストを辞めることになり、その最後のオルガン演奏にアルベニス一家を招待している。また、パリ音楽界をリードするサロンを開催しているサン＝マ

ルソー夫人にもイサークを紹介する。

　イサークは 1905 年から 1907 年までビニェスとともにパリ音楽院のピアノの審査員を務め、1905 年から 1908 年にかけて《イベリア》の作曲を進めている。その中の《イベリア》第 3 巻がフォーレのほぼ公認の愛人であったマルグリット・アッセルマン Marguerite Hasselmans（1876-1947）に献呈されている。彼女はパリ音楽院教授のハーピスト兼作曲家アルフォンス・アッセルマン Alphonse Hasselmans（1845-1912）の娘で、1900 年 8 月のフォーレの抒情悲劇《プロメテ》初演時に彼と出会い、31 歳の年齢差があったが最期まで献身的な愛を捧げた。

　1909 年 3 月にバルセロナ音楽協会から招待を受け、協会の主催による演奏会に参加したフォーレは 3 月 11 日と 14 日に、リセオでオーケストラを指揮し、《レクイエム》は大成功を収めた（ネクトゥー p.390）。マルグリット・ロンによる《即興曲》《バルカローレ》《主題と変奏》等のフォーレ作品による小リサイタルや、フォーレ自身による《ピアノ 5 重奏第 1 番》のスペイン初演などが、同月 12 日にカヌーダ通りのサラ・モーツァルトにおいて演奏された（椎名 2023）。この演奏会は若いフラダリック・モンポウ（カスティージャ語読みでは、フェデリコ・モンポウ）Frederic Mompou（1893-1987）に作曲家への道を歩む決意をさせるほど、バルセロナではセンセーショナルなものであった。フォーレがイサベル女王勲章を受章することになったとき、病床のイサークに最初に謝辞を伝えたことから、フォーレの受勲は、パリ・バルセロナ交流へのイサークの貢献の賜物であったといえるだろう。

　残念ながら、現在まで発見されているのは、フォーレからイサークに送られた書簡ばかりで、イサークからフォーレに宛てたものは代筆による 1 通のみであるが、それでも 2 人の深い友情関係を知ることが出来る。若い時のイサークと違い、周りの人々を大切に生きている晩年の姿、皆に愛される人柄が想像される。残っている資料では、彼らの文通は 1905 年から 1909 年 3 月、イサークが亡くなる 2 ヶ月前まで続いている。

☫ イサーク（右）とピアノを弾くフォーレ

ガブリエル（以下、G.）・フォーレから

1905 年 9 月 23 日（パリ　フランクリン通り 21 番地　アルベニス様）　土曜日

　親愛なる友、貴君の到着を待って歓迎のご挨拶をいたします。良いご旅行になりますように祈っております。そして貴君が、朝、エンリケータに湖に飛び込み禁止を命じたので、彼女は飛び込まずにいるだろうと、ほっとしています（アルベニス一家は数日チューリッヒの湖のそばに戻っていた時にフォーレに会った）。ラウラの楽しい絵が描いてある葉書を受け取りました。魅力的な闘牛士の絵だと判りましたよ。

　ルイジニから手紙が来ました。その手紙によれば、カレ（カレはフォーレの依頼によって《ペピータ・ヒメネス》のオーディションを承諾した）が月曜日に貴君を好意的に家に迎えることは確かです。

　たくさんの友情と、野菜のおかげで勝利と喜びが得られるように！（イサークが当時、食餌療法をしていたことをほのめかしている）。

　そしてまた会いましょう。

貴君に献身的なガブリエル・フォーレ

G.フォーレからイサークへ　パリ　1905年9月30日

　親愛なる友、貴君もご家族も明日 *11* 時に私のオルガン演奏を聴きにマドレーヌにいらっしゃいませんか。マドレーヌでの演奏はこれが最後になると思います（フォーレはマドレーヌのオルガニストの席をヘンリ・ダリエールに譲って音楽院長の役職に就任しようとしていた）。

　奥様に、私が即興のテーマとして、このモチーフを選ぶと伝えてください（フォーレとアルベニス一家が共に過ごした思い出に、このニース地方の民謡を選んだものと思われる）。

♪ フォーレが即興のテーマとして選んだニースの民謡の譜

　貴君と過ごす時間はいつも私に喜びを与えてくれます。ぜひ、マドレーヌに来てくださいね。

貴君へとても献身的な　G.フォーレ

ミサの時間は *11* 時です。

G.フォーレからイサークへ　パリ　1905年11月12日

　また貴君に電話します、気の毒な友よ、明日の朝 *9* 時に（なんてことだ）、貴君をセルヴァトワール *Servatoire*（conservatoire 音楽院のことであろう）で待ちます（冒頭に相応しい言葉を書かなかった！）。

　明日、月曜日に一緒に昼食をとりたいのですが、残念ながら無理なようです。でも火曜日は、当てにしています。大丈夫ですよね？　了解しているよ（フォーレは音楽院のコンクールの審査をやってもらうようにイサークを招待していた。それが火曜日なのだろう）。

　アルベニス夫人とお嬢さんに心からの友情を。ガブリエル・フォーレ

芸術の発信と交流の場としてパリで大きな役割を担うサロンの開催者の

1人サン＝マルソー夫人は、1875年から1927年まで、毎金曜日にミュージックサロンを開催していた。イサークの他に、ディアギレフ、ダンディ、ショーソン、プーランク、デュカ、ファリャ、プッチーニ、ルーセル、サン＝サーンスなど多くのアーティストが参加していた。

　下記はフォーレが夫人にイサークを紹介する手紙である。

サン＝マルソー夫人へ　1906年1月22日

　親愛なる友、金曜日の夜は塞がっており、伺えないのがとても残念です。M、セヴラックの新しい作品を貴女にお見せするために、彼と会っていますので。申し訳ありません。

　それから、貴女はアルベニスをご存じないと思いますが、彼を温かく歓迎をするようにお勧めします。とてもうっとりするような素晴らしいアーティストで、私は彼のことがとてもとても好きです。

　たくさんの友情を。そしてまたお会いしましょう。

　ガブリエル・フォーレ

　もし、メサジェ Messager 氏が来たら、私がアルベニスのために手紙を書いたと伝えてくれますか？ 彼は、まだ私に返事をくれていないので。たちが悪いね！（フォーレは友人アンドレ・メサジェ André Messager に彼が芸術監督をしているロンドンのコヴェント・ガーデンでイサークの《ペピータ・ヒメネス》を上演することを提案していたのであるが、まだ返事をもらっていなかった）。**貴女が彼と、とてもとても上手くいくといいなぁ。**

　なお、マルソー夫人の部下たちは次のように伝えている。

　「1906年1月26日セヴラックはカレの朗読で2つの劇を披露した。これは音楽的にとても良いものだ。少しドビュッシーの形に似ているが、ハーモニーに関しては違う。素晴らしいアーティストだ。アルベニスは彼のやり方でスペインの作品を1つ弾いた。洗練されている。興味深いアーティストで独創的だ。セヴラックの新しい作品はモーリス・マグレ Maurice Magre の脚本による2つの劇《風車の心 le Coeur du Moulin》である。カレは、セヴラックの《風車の心》を1909年12月8日に初めてオペラ・

コミックに出し大成功であった。」

　フォーレはこれを 12 月 9 日の『Figaro』紙 5 ～ 6 ページに、賞賛するアーティストとして紹介した。

G. フォーレからイサークへ　　ローザンヌ　1906 年

　（この手紙は 10 月 3 日のものと思われる。1906 年夏のヴィッツナウ（スイス）とストレーザ（イタリア）にフォーレが滞在していた日付から判った。）

　親愛なる友、一緒に素晴らしい成果を上げましょう。それを貴君が希望しているので嬉しいです。スコラで教えているダンディにそれを捧げましょう。ああ！正統派 *l'orthodoxie*（スコラを意味するだろう）の中に広まっていきます。ワクワクする！

　貴君からの手紙はとても嬉しいので、何回も貴君に手紙を書こうと思いましたよ。

　そして、何回も貴君のことと、最後のヴァカンスのことを思いました。ヴィッツナウはマッジョーレ湖のような魅力的な場所でしたね。―― 無類の ―― とても美しいところですが、アルベニス一家もそこにはもう居ませんね。でも、またお会いしましょうね。

　さて、まじめな話をしましょう。2 週間後にピアノクラスの試験（男子）が開かれます。女子の試験は 1 ヶ月後です。両方の試験に貴君が来るのを待っています。貴君にとっては、難しいことではないと思います。貴君が来てくれたらとても嬉しい。女子たちの試験への出席は 11 月初旬にパリにいらして頂くということです。正確な日程は連絡しましょう。貴君はとてもとても良い人で、立派で、とてもとても親切ですよね？

　では、音楽院の私に返事をください。フォーブルグ・ポワソニエルの 15 番地です。

　ヴィッツナウで、美しく見事な指で貴君が紡ぎだすイベリア（フォーレの愛人マルグリットに献呈した《イベリア》第 3 巻）を何回か聴いたものです。とても嬉しかったですよ。

　では、また。マダム・アルベニスとエンリケータとラウラお嬢さんたちに、優しく愛情こもった私を想ってねと伝えてください。貴君のいたずら小僧の手をしっ

かり握り、心から愛していると言いましょう。

ガブリエル・フォーレ

レプルーズ Lépreuse の不幸を知っていますか？ 可哀そうに！*

＊シルヴィオ・ラザーリ（Sylvio Lazzari, 1857-1944）のオペラのことを指す。レプルーズとは
ハンセン病患者という意味であるが、この台本のせいではなく、ラザーリとパリ・オペラ座経
営陣との誤解により裁判沙汰になり、12年に渡って上演を差し止められた。

G. フォーレからイサークへ　ローザンヌ　1907 年 8 月 16 日（頃）

　親愛なる友、ヴヴェイ Vevey（スイス西部のレマン湖畔）での散歩の思い出に、
ラウラのコレクションのために、そしてエンリケータが喜んでくれるように、大き
な人形が入った巨大な箱を、貴君に返すようにマックスに頼みました。でも、私
は可愛いお嬢さんたちにハグしなさいとは言いませんでした。そして、その夜、
貴方の家のそれぞれの壁に、心に刻み込ませる素晴らしいフレーズを思いつきま
した。

　「そんな気分であっても、楽しくても、苦しくても」「気にしない、ロジーナ！」

　私はまた便りを待っています。親愛なるラウラが良いお嬢さんになるように望
んでいます。

心のすべてから、全員、全員、全員に口づけを！

ガブリエル・フォーレ

G. フォーレからイサークへ　ローザンヌ　1907 年 9 月末

　親愛なる友、もう 1 つ別の傑作を送ります。世界中の銀行が支払えないほど
高価な作品だとしても、貴君にこれを無料で渡します。

　なぜなら貴方はアルベニスであり、アルベニスであることに相応しい存在のア
ルベニスだから、これを渡します。嫉妬してしまうが、認めなければ。──素晴
らしい！

　お気の毒に貴方はまだ体調が悪くて、退席することになって本当に残念に思い
ます。貴方の便りではあまり良くないようだ。

　貴方が元気にしているという親愛なるエンリケータとラウラからの便りを待っ
ています。

何日か経ちました。私はここで馬鹿げた仕事をたくさんして、興味深いオペラ（フォーレはローザンヌでオペラ「ペネロプ Pénélope」の第１幕に着手していた）を完成させました。パリへ帰るとき演奏する準備は出来ています。想像していないと思いますが、大きな食堂でのディナーに貴君が来ることを、何回も考えています。そこは、とても楽しい雰囲気で、友情に満ち、心底魅力的です。

　貴方とご家族へ私が真の深い愛情をどれだけ持っているか、想像つかないでしょう。

　ローザンヌで、友人ポール・デュカを紹介したかった。言わなかったが、これは素晴らしい出会いですよ。

　言葉の全ての強さの中に、なんて知性と良さ、変化のある精神と楽しさがあるのだろう！　親愛なる友、全てを、心からハグします。　　ガブリエル・フォーレ

　この音楽院の封筒は我々が近いうちに集まるということと、貴君が魅力的に感じるだろう（音楽院のコンクールのこと）という２つを伝えるためですが、私の傑作は貴方に送りません。普通の封筒には入らなかった！

　同年10月５日付でイサークから、フォーレとデュカの写真入りの葉書がデュカに送られている。フォーレの紹介により、イサークとデュカとの交際が始まったようであり、その後２人は親しく交流するようになる。

　次に紹介するフォーレからの詩は面白半分に書いたものである。クラークは「同性愛関係を示唆しているが、そのような結論を裏付ける他の証拠はない。明らかに冗談を目的としている」と述べ（クラーク 2002 p.225）、また、オックスフォード出版局から出版したクラークの著書『ISAAC ALBÉNIZ』の英語版の校訂者ジャッキー・プリチャード Jackie Pritchard も「過度のパロディだ」としている。（クラーク 2002 p.362）

　なお、コーツの手紙にも同性愛を思わせる文面があるが、結婚生活が上手くいかず疎外感を持っていたコーツは、イサークに心情を打ち明けることがあったものの（同 p.287）、イサークには同性愛者という裏付けはない。

G. フォーレからイサークへ

おぉ、アルベニス、とても美しい、願いを受け取って。

打ち苦しむ心、あぁ、貴君の瞳からは遠い。

私の黒檀の髪の香りを身につけたか?

私の魅惑の声音を聞いたか?

私の火の唇から蜂蜜がもれないように留めたか?

貴君の髪のなかでの私の息遣いを時々感じたか?

貴君の頬髭のなかの私の指と、貴君の足のタコに私の足、

貴君に悲鳴をあげさせた指先、「もっと、もっと」。

覚えているかい? あぁ、答えないね。ちぇっ!

愛にうっとりさせることが、私の唯一の目的だから。

....

気まぐれに食べたくなっても、お腹を大事にしてください。

食べ過ぎないようにして、まずいものは残しなさい。

美味しいシャンペンで潰してください。

アルコールはダメ。キッシュは少し、ラム酒は無し。

スコラ・カントルムによって決められたように、

働きすぎないこと。それは頭痛がするだろうし

それに何の役にも立たない。人間は本当に愚かだ。

....

たくさんの口づけを貴君に送りたいが、

トロイ戦争の話よりもっと長い。

　次の手紙は年月について、文面でアルベニスの作品のタイトルを挙げられていないので、1907年かどうか特定するのは難しい。ただ、1907年にU.M.EとパリのMutuelle版で3冊が出版された《イベリア》だとするとこの手紙は1907年に書かれたと思われる。

G. フォーレからイサークへ (1907年?)　パリ国立音楽朗唱楽院　学長室

　親愛なる友、昨日の朝、アメル (出版社であろう) のところに無駄足を運んで戻っ

てきました。彼がカタローニャ版の出版社の人々と、どのような条件で *Heugel* と *Durand* に同意するのか知りたかったのです。

アメルに、合意の前に彼の意向を言うように、手紙を書いてください。彼に急ぐように言いました。しかし、決断する前に手紙があった方がいいでしょう。

心からの口づけを送ります。ガブリエル・フォーレ

G. フォーレからイサークへ　1908年2月12日　モンテカルロ

アルベニス様　シャトー・サン・ローラン　レ・ボメット　ニース

最も美しくて善良な素晴らしい親愛の友、昨日、ロージュが我々に内緒話をしている間に貴君は挨拶しないで帰ってしまったようですね。

私は待っていましたよ。何ということだ！　中庭で貴君と会わないつまらなさ！予定が、ここですっかり変わってしまった。

金曜日の朝、新聞に掲載する記事を書かなければなりません（ジュール・マスネ Jules Massenet のバレエ《エスパダ Espada》のモンテカルロへの制作に関する「ラインの黄金 Rheingold」という記事で、1908年2月16日の『Figaro』紙に掲載された）。

貴君にここに昼食に来てもらって、一緒にニースのサン・ローラン城にディナーに行くために出直しましょう。

アッセルマン夫人がデュカはいつもとても父親を心配していると言っていました（デュカは彼の父が病気でパリに戻っていた）。口づけを送ります。些細なことではないよ。

貴君のガブリエル・フォーレ

G. フォーレからイサークへ　1908年5月1日　パリ9区

国立音楽朗唱楽院　学長室

親愛なる友

我々は貴君のことしか考えておらず、デュカからの知らせを辛抱強く待っています。長く尾を引き、時々酷くなる忌まわしい病を、どんなに我慢しているか判ります。心配で決して眠れないことでしょう。

しかし、貴君はまだ若く元気で、病は大したことはないのですから、大丈夫です。希望を持ちましょう。しかし、どのような試練だろう。

私はラウラに、音楽院宛かアッセルマン夫人宛に手紙を送るように頼んだので、もっと頻繁に彼女は手紙をくれると思います。彼女に感謝しています。

貴君の心配な気持ちに応えることができません。心から抱擁を送り、短くてよいから便りを待っています。

　愛情深く、情熱的に献身的な　ガブリエル・フォーレ

🎵 フォーレと食事を共にするイサーク

G. フォーレからイサークへ

　1908 年 5 月 16 日頃（アッセルマンのコンサートに言及しているところから想定している日付）

　パリ 9 区　　国立音楽朗唱楽院　学長室

　親愛なる友

　貴君は私に対して醜い者のように、優しさも恥もなく振る舞うので、もう貴君を愛していませんが、《カタロニア》はルイ・アッセルマン *Louis Hasselmans*（チェリスト 1878-1957、アッセルマン夫人の兄弟）のコンサートで大成功だったことは伝えたいです。

またロンドンで2人のマンドリン奏者と1人のギタリストが《イベリア》の編曲を演奏して、とても感動したことも伝えたい。

　この素晴らしい音楽は遠い遠いところから来たように思えます。素晴らしく驚くほど心を喚起する！ボルヌ Borne（フェルナンド・ル・ボルヌ。指揮者・作曲家・音楽評論家であり、自作のオペラ《カタルーニャ La Catalane》を初演した。1907年5月25日にフォーレが『Figaro』紙に評を書いた）さえも貴君が好きだと言っています。少し反省している様子なので、貴君を見直そうと思います。でも、急いでください。あまり時間はないから。

　遠いところにいる愛する友、ロジーナ夫人、エンリケータとラウラは元気ですか？

　貴君たち4人は、私たちが貴君たちに会えないので、本当にどれだけ悲しんでいるか判りますか？　もう会うことがないと思うと悲しい。だから、今年の夏はスイスに来てください。レマン湖の縁は標高があり、ここの空気を吸えば、元気になりますよ。

　そして、ピュイセルダ Puycerda（Puigcerdà）（スペインとフランスの国境にあるジローナ県サルダーナ郡の町）にいるようなノミはいませんよ（凶悪なキッチン、忌まわしいベッド、岩だらけ、または埃っぽい道、有毒な水 etc.）。

　美しいエンリケータの髪はどうなりました？

　そして、ラウラの歌のレッスンはどうなりましたか（毎日昼食前の15分）？これは約束でした。

　ポール・デュカは、素晴らしい愛らしい友達である貴君たちのそばで幸せに過ごし、元気に戻ってきました（失礼！　私に手紙をくれたら、貴君のことも素晴らしく愛らしいと思えるでしょう）。

　私は仕事で忙しくへとへとになっています。こんなに4月と5月に頑張らなければよかったです。抵抗力が無いことに気付かず愚かです。

　心から貴君を愛し、口づけを送ります。私はティタ（『Tita y el sapo en busca del tesoro（ティタとヒキガエルの宝さがし）』という友情を描いた物語の主人公）を忘れません。

　　　　　　　　　　　貴君の全て愛情深い　ガブリエル・フォーレ
　しかし、なんてこった！　手紙を書いておくれ

　イサークからフォーレに返信がないようだが、イサークは1907年12月

にジョアキンが発症し、ピアニストをセルヴァに変更し1908年1月2日に《イベリア》第3巻を、2月9日に第4巻の初演を済ませていた。1908年はフォーレに捧げる T.44《4つのメロディ》を作曲していた。ラウラに連れられて旅したイタリアではかなり体力が弱っている様子であった。

G. フォーレからイサークへ　1908年6月23日　パリ（9区）

国立音楽朗唱楽院　学長室

　親愛なる友、あまり手紙を書けずにすみません。この時期、私がどんなに忙しいかご存じですよね。本当に打ちひしがれています。何ごとにも中心に居ようとするからです。(作曲の契約が決まるかどうかで（《燃えるバラ Roses ardentes》《白いオーブ川　l'Aube blanche》《イヴの歌 La chanson d'Eve》シリーズのメロディを作曲していた。Heugel 社と 1906 年 1 月 1 日に新曲 30 曲を収める契約をしていた) これを完全に失ったら、自分の首がかかっていますからね。）

　でも、可哀そうな友よ、あまり話してくれないから、貴君の病気が心配で気の毒に思います。

　最悪な1年間を過ごして、体調を崩し力を失ったと思います。フィレンツェの計画すべてをアルベニス夫人のために諦めたことを知っていますよ。でも、今後どこに行くのですか？

　親愛なる友、私たちに見守られて、貴君がこの場所に将来もずっと住むに違いないといつも考えています。パリで私たちはドアを閉めて、閉じこもって静かに働いています。頭にも心にも良いところで、互いにコミュニケーションを取り合い、想いを奮い立たせ、会って話し、討論し、認め合い、類まれな者同士を好きになる必要があります。

　親愛なるアルベニス、だからここで、まじめに腰を落ち着けてください。貴君の健康のためにここはどこよりも良いでしょう。

　周りに愛情を深く感じるときに体調は良く、貴方が私たちの方を向けば、私たちが貴君を大切に思っていることがよく判ります。

　便りをください、親愛なる友、先日手紙をくれましたが、優しいラウラはこの冬に手紙をくれず、他の人たちからも全く便りがありません。これは意地悪ですよ。私は腹を立て始めた！　どんなことがあっても、傷ついてはいけない。

心から口づけを送ります。ガブリエル・フォーレ

そのコンクールでも、アルベニスと一緒の楽しい昼食がとれないのは悲しいです（1905 年から、イサークはフォーレによって音楽院の入学試験の審査員として招かれていた。そこでの昼食を楽しみにしていたのだろう）。

G. フォーレからイサークへ　　1908 年 12 月 21 日　　月曜日　　朝

親愛なるアルベニス、病気の世話をしてあげたいです。

称号を与えられたと告げることができて誇りに思います。

それはイサベル女王勲章のコメンダドールで、最初に貴君にこれをお知らせします。この美しい栄誉はきっと貴君のおかげで、心からお礼を言います。

これは、バルセロナで自己紹介するにはとても良いですね。

愛しい愛しいアルベニス、良くなっただろうか。我慢し続け、まだ時々、医師の処方に従うことにうんざりし続けていることでしょう。すぐに回復して、再び元気になって仕事を再開できると思います。

ただ、ただ、辛抱強くうんざりして、怒って雨のようにロロ酒を飲んではいけません。デュカは帰ってきて、アリアーヌのエチュードを歌い（1909 年 1 月 2 日にブリュッセルのモネ劇場で計画された《アリアーヌと青髭 Ariane et Barbe-Bleue》の最初の曲）、とても満足しています。それを見るのはとても嬉しい。本当に満足です。

そして、ありがとう。再び感謝します。愛おしい純粋な友、私は今少しだけスペイン人になったようだ。少しだけ貴君の同邦人のようになり、友としての気持ちはとても強いです。

また、近いうちに。お大事にしてください。口づけを送ります。

ガブリエル・フォーレ

以下の手紙は医師からの代筆と考えられる。

イサークから G. フォーレへ

オートゥイユ水治療法機関　　パリ 12 区ボアロー通り 12 番地

J. オベルトゥール Oberthür 医師、所長

ガブリエル・フォーレ・コメンダドールさま

受賞指名についてお礼を頂き、大変恐縮致します。考えてみてください、貴君

は貴君自身の才能に感謝しなければなりませんよ。貴君の家のダチョウから家の小鳥たちまで、全て世界の者は貴君の才能を知っています。

　コメンダドール様、我々が差し上げるものは、些細なもので、貴君の価値を認めて差し上げる十字勲章です。勲章は貴君を待っています。

　（受賞はイサークの尽力ではなく、フォーレ自身の実力であるが）どちらにしても、私はとても幸せで、貴君を愛し、憧れ、崇拝しております。

　とても大事な素晴らしい結びつきなので、ダンテの美しい言語で書きます。

　私は今も、これからも色彩表現に優れた芸術家であります。貴君の人生のために。

アルベニス

　マドリッドのキンタナ通りの宮殿にいらっしゃるブルボン家のイサベル・フランシスカ皇女に手紙を書くとよいですよ。

G. フォーレからイサークへ　1909年3月　パリ（9区）

　国立音楽朗唱楽院　学長室

　体調はどうですか？　引っ越すのですね。毎日、便りがありますが、私の愛しいアルベニスに会いに行けないので、とてもがっかりしていることは確かです。貴君は私に必要です。

　私の愛しい友、貴君は私の人生の中に入ってきました。貴君と貴君の物、貴君の音楽が、貴君が気付いていないもっと奥底まで入ってきました。

　出来るだけ速く回復できるようにするには、何をしてあげられるのでしょう。残念ですが、まず、全ての状況では静かにしておくのが一番で、訪問で疲れさせては、回復を遅らせる危険があります。厳しいですね。

　さて、私が心から愛情を込めて貴君をどのぐらい思っているか、決して想像できないでしょう。そして、私は1人ではないと知っていますよね？

　辛抱してください、愛おしい友よ、健康な身体は大切ですから、アドバイスすることがどんなに難しくても私は貴君にアドバイスしなければなりません。

　私は肉声で言いたい、私は心から貴君に深く結びついている。また、近いうちに会いましょう。強く抱きしめます。

ガブリエル・フォーレ

筆者の入手したフォーレ書簡はここまでであり、おそらくこの手紙が
フォーレからイサークの最後のものであると思われる。

❦ イサーク、ラウラ（右）と

20 ジョアキンとイサークの往復書簡

　フォーレの他に、ピアニストで友人であったジョアキン・マラッツ Joaquín Malats（1872-1912）との間の書簡が存在する（Joaquín はカタローニャの発音によりホアキンではなくジョアキンと記す）。

　《ペピータ・ヒメネス》の演奏で疲労したイサークは、フランス南部のニースとティアナに交互に住んで、娘たちが踊るのを見て疲れを癒していたという。

　ジョアキンとの間にやり取りされた 1906 年から 1909 年までの書簡は、自筆譜、レビュー、プログラムとともにイサークの未亡人ロジーナによって 1927 年カタルーニャ図書館に寄付されたものである。

　この書簡から、イサークが《イベリア》の作曲に心血を注いだ姿が生々しく感じられ、またこの作品は、作曲家の頭の中だけで完成するものではなく、音色、息遣いといった楽譜に表しきれない表現を、想像力をもって解釈し表現できるピアニストに奏でてもらうことによって完成する、とイサークが思っていたことが判る。

　イサーク自身の演奏は、かつて「音色が上品でデリケートであり、表情の趣味がよく、気高く快活で、陰と陽を心地よく対比させ、力強さや激しさはタイミングがよく、自由で大胆な輝かしい演奏」、「ベルベットのようなタッチ」、「繊細なセンス」、「洗練された読み」、「軽くて優美」、「素晴らしく繊細なパッセージ」、「力強い」などと評された。

　現在は、イサークとジョアキン等の演奏を『Albéniz Granados

♪ ジョアキン

Enregistraments històrics al piano Historic Piano Recordings（1903-1912）』という CD で、聴くことができる。1903 年の録音のためノイズが多いが、それでもイサークの哀愁に満ちた情熱的な語り口や、軽やかなリズムを聴くことができ、ジョアキンの粋で多彩な表現、またロマンティックで情熱的な歌いまわしがよく判る。

　やはり楽譜だけで音楽は完成するものではなく、そこに演奏家の表現力があって出来上がるのだろうと感じる。それゆえに、イサークにはジョアキンがとても大切だったのであろう。

　ジョアキンとはどのようなピアニストだったのだろうか。

　彼は 1903 年にディエメ Diemer 賞を受賞し、作曲家としての活動を諦めピアニストとして活動していた。ディエメ賞とはルイ・ディエメ Louis Diémer（1843-1919）によって設定された賞で、3 年に 1 度パリ音楽院の入賞者の中から受賞者を選ぶもので栄誉ある賞であった。

　このころ、イサークは舞台作品の再演は収入が減少して失望し、《イベリア》の作曲に意欲を燃やし、同時に《アーサー王》の作曲を続けていた。作曲に専念する傍ら、フォーレが委員長を務めるパリ音楽院のコンクールに、ピアニストとしてコルトーやリスラー Risler のような音楽家たちと共に審査員として参加し、その他の専門的な活動にも参加し、自身の作品の普及も行っていた。

　イサークは自分の作品の表現者として相応しいピアニストを探していた。例えば T.102A〈ラ・ベガ（沃野）〉の世界初演は、ポルトガル領出身で、リストにも師事したと言われるピアニストのジョゼ・ビィアナ・ダ・モッタ José Vianna da Motta（1868-1948）であり、同曲のスペイン初演は、サン・セバスティアンで知り合ってパリの自宅に招待し、書き終えたばかりでインクの乾かない〈トリアーナ〉を聞かせたアレハンドロ・リボ Alejandro Ribó（1878-1957）であった。同朋のビニェスはパリで同時代の作曲家の作品を盛んに初演しており、イサークは T.73《メヌエット》（1886 年頃作曲）を彼に献呈していることから、ビニェスの存在は無視できないはずであったのだが、《イベリア》初演の大役を任せられるピアニストではなかった。ビニェスは、ドビュッシーの作品《ピアノのために》

の1902年初演後、彼の作品の初演を多く手掛けていたが、書簡で明かしているように（前述）ドビュッシーはビニェスの解釈に徐々に不満を感じるようになった。同様の意見は作曲家たちの間で生まれており、イサークも同様であっただろう。

　そして多くのピアニストの中から、イサークが白羽の矢を立てたのはジョアキンだったのである。ジョアキンへ1899年1月20日に宛てたイサークからの葉書が現存し、2人は以前より親しかったことが判る。

　1905年からイサークはピアノのための大作《イベリア》を作曲し始め、当時すでにピアニストとして活躍していたジョアキンの家にグラナドス等と集まった時に、作曲したばかりの〈トリアーナ〉をジョアキンが弾くのを聴き、イサークは作品集《イベリア》は彼に演奏してほしいと思うようになる。

　《イベリア》第1集はすでに1906年5月にセルヴァによって初演されたが、残りのナンバーはジョアキンのために作曲しようとする。しかし、ジョアキンは〈トリアーナ〉だけを1906年11月5日に初演した後に病になり、それ以降は演奏を休まなければならなくなった。代わってセルヴァが《イベリア》全曲を初演し成功を収めた。（セルヴァによる初演は第1巻1906年5月9日サル・プレイエル、第2巻1907年9月11日サン・ファン・デ・ルス、第3巻1908年1月2日ポリニャック大公妃のサロン、第4巻1909年2月9日国立音楽協会サロン・ドトムで行われた）。

〈トリアーナ〉を弾くセルヴァ。男性が譜めくりをしている

ジョアキンはイサークより12歳も若い作

曲家・ピアニストであるが、彼との書簡から、イサークがジョアキンの演奏に作曲意欲を掻き立てられていたことが伝わってくる。

　ジョアキンからの手紙は全てスペイン語であるが、イサークからジョアキンに向けた手紙の中では、スペイン語の文章の中に、カタルーニャ語やガリシア語、フランス語が部分的に使われており、大変親しみを込めた表現で書かれている。

　例えば、イサークは自分のことを「イサキート Isaquito（イサークの縮小辞で「ちいささ」「愛らしさ」を表す親しみを込めた接尾辞が使われている）」、「太っちょ Saco ／ Saquito（Saco の縮小辞）／ El Gordo」と書いている。

　一方、ジョアキンを「マラティート Malatito（マラッツの縮小辞で親しみを込められている）」「キニート Quinito（ジョアキンと同じ年齢の闘牛士が Joaquin Navarro Quinito という名前である）」「Noy Quimet（おそらく困った子というような意味であろう）」「Niño de azúcar（おそらく甘ったれっ子というような意味であろう）」「Mi Maco（私の可愛い人）」「Noy macu（困った可愛い人）」などと色々な表現で呼びかけており、たんなる作曲家とピアニストの関係以上の親しさが表れている。

　また「Quinet」という人名も使っているが、これはマーリンに関するケルト研究をしたフランスの歴史家エドガー・キネの名前であろう。

　また、フランス語やスペイン語での結びの言葉は、通常「抱擁」や「口づけ」などの単語を用いる愛情のこもった表現が多用されるが、彼らの場合は「賞賛する admirar」「崇拝者 admirador」という言葉が多く登場する。

　では、再び時間を少し戻して、1906 年から 2 年間に渡る彼との間に交わされた書簡を見ていきたい。1906 年 6 月 7 日から始まる文面には、ティアナの町で開かれるチャリティーコンサートにジョアキンと一緒に参加するためのやり取りが綴られている。

イサークからの手紙　1906 年 6 月 7 日

愛するキニート

　提供されたものを添付します。その代わりに貴君にお願いしたいことがあるので、貴君が水曜日 19 日にここに来られるように手配します。

貴君の提案したプログラムに、すべてのダンスの中で最も気味の悪いもの＊（サン＝サーンスの《死の舞踏》）を追加します。これはこの地方の縁なし帽子＊を被った人達と葬儀屋＊にとってエキサイティングなものです。

　もし、火曜日に来られたらもっと良いですね。私の妻は、思ったように部屋を空けられず、メルセデス（ジョアキンの妻）とお嬢さんを気持ち良くご招待することができない、と言っています。とにかく、私たちは貴君の楽しい子供と同じように貴君を賞賛していますよ。

＊「縁なし帽 gorrote」は、当時「フィリピン人」を表す単語でもあった。フィリピンは 1898年までスペイン領であったことからスペイン在住のフィリピン人は過酷な労働を強いられていた可能性もある。

　そして葬儀屋と訳した単語は neotafio であるが、この単語は辞書では見つからず、またスペイン大使館を通して調べても判明しなかった。調べていくうちに、当時の新聞広告から唯一女性形の neotafia がジローナの葬儀屋の名前であることが判った。

　一方、「ダンスの中で最も気味の悪いもの」とは la más macabra de todas las danzas と述べられていた語の訳だが、サン＝サーンスの作品に《死の舞踏 Danse macabre》という有名な作品があり、その曲を指しているとも考えられる。イサークがコンサートの追加曲目としてジョアキンに提案したのは、サン＝サーンスの《死の舞踏》のことで、おそらく骸骨が踊る情景に、葬儀屋やそれに関わるフィリピンの人がびっくりするだろう、という内容であろう。

イサークからの手紙　9月3日　ティアナ

若いキニート

　貴君があごひげのドン・モローネ Morone（詳細不明）から逃げて、貴君を連れ出しやすくなって、面倒が無くなってよかったよ。貴君が僕に何か感謝して、愛しているなら、9月16日に僕の家に来て、貧しい人たちのためのサロンコンサートで、貴君の召使（イサークを指すであろう）と2台ピアノの作品と、よければソロ曲を弾いてください。

　サン＝サーンスの曲や貴君が1番好きな曲を弾くこともできますよ。僕は祝祭委員会の委員長です。もちろん、同僚は私のことを頼りになると言っていますよ。妻はこれを友情の乱用だと言っていますよ。はい！　その通りだ。無鉄砲だけどね。

　貴君の返事を待っています。メルセデスとその子にキスをして、私を彼の足元に跪かせてください。彼らが貴君を愛していると知っているように、とにかく、貴君

の楽しい子供と同じように私たちは彼らを崇拝しています。イサキート Isaquito

ジョアキンからの手紙
サン・アンドレウ・ダ・リャバネラス　1906 年 9 月 27 日

　親愛なるイサーク、夏休みが終わって、バルセロナへ今日行きます。急いで家を出てきたので、デッシー株式会社、パセオ・デ・グラシア 5 番地とドテシオ社、サンタ・アナ 1, 3 番地の住所に楽譜を返却するのを忘れてしまいました。

　不気味なダンス《死と舞踏》と《スペイン狂詩曲》は、今言った 2 番目の出版社宛てに送ってください。あとの残りはデッシー株式会社宛てにお願いします。

　娘のアバニコ（扇子）とネックレスで何をしても良いですが、アルフォンソが私たちを撮った写真には触らないでください。

　貴兄のゲラ刷りをコルテス通り 667 番地プリンチパル 1a で受けとるのを待っています。

　ここでジョアキンがアバニコの話を書いているが、実はイサークは色々なことに興味があり、宗教や哲学、美術、そしてアバニコや絵を集めるのが好きな人物であった。ここで話に出ているアバニコにきっとイサークが興味をもつに違いないと思ったのであろう。

イサークからの手紙　1906 年 10 月 6 日　ニース
親愛なる Noy Quimet

　手紙をありがとう。私から貴君への称賛は既に知っていますね。私にとっての本当の兄弟愛は私を包んでくれる 5 つの箱、祝福してくれる 3 賢人、支えてくれる短い棒に取り付けられた馬（馬の形が柄になっている杖のことであろう）のような役割をしてくれます。

　貴君のコンサートについて、周りがどう言っているか、教えてください。また手紙を書きますね。イサキート Isaquito

手紙で書かれている「私を包んでくれる5つの箱 estuches」の意味は謎に包まれているが、私はスペインのことではないかと想像する。カスティージャ王国、レオン王国、アラゴン王国、ナバラ王国、そしてグラナダ王国である。これはかつてスペインに存在した5つの王国で、その5つの紋章がスペイン国旗に描かれている。3賢人はイエスの誕生の時にやってきた東方の3賢人であり、馬の形がついている棒はおそらくイサークが愛用していた杖のことではないだろうか。

ジョアキンからの手紙　1906年10月26日　バルセロナ

　親愛なるイサーク、数日前、貴兄の友人カルロ・サンソニ Carlo Sansoni 氏から手紙を受け取りました。貴兄が私のことをたくさん話してくれたそうですね。

　サンソニはレオン・ジェアン氏に、モンテカルロのコンサートで今年演奏できるかどうかを知るために、すぐに手紙を書くようにアドバイスしてくれたので、早速書きました。

　貴兄が僕のためにやってくれていることに、とても感謝しています。（下手だけれど）貴兄の作品を演奏することで感謝の気持ちを表したいと望んでいます。

　11月5日と22日マドリッドのコンサートについては、〈トリアーナ〉が僕の1番好きな作品になりそうで、今、準備中です。

　ニースまたは、モンテカルロ、ロンドンでお会いするのが楽しみです。どこへ行くときも、貴兄の美しい手本、芸術家の心、深い友情によって導かれます。

　貴兄たちすべてのために、僕は家族とたくさんの愛を送り、貴兄を信じていて、強く抱きしめます。

ジョアキン・マラッツ

コルテス通り667番　プリンチパル　　1a

　1906年11月5日、バルセロナのテアトロ・プリンチパルでジョアキンは《イベリア第2巻》から〈トリアーナ〉を演奏した。

　ショパン、シューマン、メンデルスゾーン、ベートーヴェン、ブラームス、フォーレの作品によるプログラムで、会場には彼の演奏を聴きに多く

の聴衆が集まった。〈トリアーナ〉の初演についてはあまり知られていなかったが、ジョアキンは彼の技術的完成度を見事に披露し、マスコミも聴衆も「偉大な様式」の演奏を称賛した。

　初演は 1906 年 11 月『Cis Cuit』誌で「ショパン、ベートーヴェン、メンデルスゾーン、グルック、フォーレ、チャイコフスキー、リストの最高傑作の中で、アルベニスの〈トリアーナ〉を味わうことが出来た。それは真のアンダルシアの詩の描写、人生の鼓動、豊かな色彩、溢れるほどの詩情以上のものである。アルベニスは現代作曲家の頂点に立ち、演奏については、あぁ！　判断力と難曲の習得力に関して、マラッツに匹敵するものはいないであろう」と評され、その他にいくつかの新聞で取り上げられた。

ジョアキンからの手紙　　1906 年 11 月 7 日　　バルセロナ

　最愛のイサーク、5 日のコンサートの『Brusi（バルセロナの日刊紙）』紙の評論がこれです。すでに送った昨日の電報を繰り返すようですが、〈トリアーナ〉は大成功を収めたことが判るでしょう。他の新聞も貴兄の作品をとても絶賛しましたが、どれも同じようなので私は無精をして送りません。本当ですよ。

　22 日マドリッドのテアトロ・デ・コメディアでのコンサートで、〈トリアーナ〉を弾きます。これも成功するでしょう。

　私からの全てを、そして友であり熱狂的な崇拝者からの強い抱擁を受け止めてください。

　ジョアキン・マラッツ

　貴兄の葉書と電報をテアトル・プリンチパルで受け取りました。

イサークからの手書きカード　　1906 年 11 月 9 日　　ニース

　親愛なるキニート、僕が貴君に抱いている高い芸術的概念を無視しないでください。数年前から、貴君が優れた領域に到達するだろうと予言していましたよね。

　貴君は音楽界で名声に値する数少ないピアニストであり、どの演奏も特別に輝くような価値を持ち、光を放つ特別な品質を備えていることを保証していますよ。

　さて、貴君の家で〈トリアーナ〉を初めて聴いた時に私が感じた深い感情を知っているでしょう。その演奏には、長い作曲家人生の中で最も満足しました。

貴君の素晴らしい表現は、今までたくさんの紙をインクで汚してきたことが無駄でなかったと納得させてくれ、貴君のような重要なアーティストが私に興味を持ってくれたことは、人生への褒美として賞をもらったように感じました。

　　大変ありがとう、親愛なるキニート、貴君は輝かしい道を続けて、無条件で強い兄弟愛につつまれていることを、もう知っていますよね。　I, アルベニス

ジョアキンからの手紙　1906 年 11 月 9 日　バルセロナ

　　親愛なるイサーク、ここに週刊誌『*Esquilla de la Torratxa*（文学・アートなどの風刺的な週刊誌）』の別の切り抜きがあります。これで〈トリアーナ〉が成功を収めたことが判りますよ。僕は、来週の火曜にマドリッドへ出発するので、よろしくお願いします。

　　もし、僕に何か手紙を書かなければならないなら、それを明日ここに送ってください。家族は私がどこにいても私のところに送ります。

　　では、どうぞよろしく。強くハグします。ジョアキン・マラッツ

ジョアキンからの手紙　1906 年 12 月 21 日

　　親愛なる、イサーク

　　これが 14 日にテアトロ・デ・コメディアで開かれたコンサートについて、友だちのロダ *Roda*（音楽学者で評論家のセシリオ・デ・ロダ Cecilio de Roda であろう）が『*Época de Madrid*』紙に書いた記事です。

　　前述の記事で、〈トリアーナ〉が大成功を収めたことが判るでしょう。この成功は、バルセロナでもどこでも繰り返されるでしょう。

　　皆、同じように〈トリアーナ〉は素晴らしいと言っているので、もう新聞は送りませんよ。

　　2 月の第 1 週目のこのコンサートでは、第 3 部の貴重な曲目となる〈トリアーナ〉と一緒に〈エボカシオン〉と〈エル・プエルト〉を練習します。新しい 2 曲も〈トリアーナ〉と同様に成功するに間違いありません。

　　〈エル・プエルト〉に関しては、いつも貴兄の貴重なアドバイスがなくて残念ですが、下手に弾くことはないと思います。

　　この機会に、貴兄一家の幸せな新年を祈ります。妻はロジーナと子供たちへのハグを伝えてくれと言っています。貴兄の友人で熱狂的な崇拝者からの強いハ

グを受け取ってください。

ジョアキン・マラッツ

イサークからの手紙　1906 年 12 月 27 日　ニース

　親愛なるキニート、貴君の心のこもった手紙とロダの記事を受け取り、とても満足しています。この満足感は手紙と記事とで倍増です。

　私の作品で貴君が成功したことを知って、どんなに満足しているか想像できますか？

　貴君が演奏する〈トリアーナ〉を聴いて、これ以上何も言えないほどの喜びを知り、その貴君の素晴らしい演奏に影響を受けて、私は《イベリア》第 3 巻を書き終えたのですから。

　ナンバーのタイトルは次の通りです。〈エル・アルバイシン〉、〈エル・ポロ〉（私は貴君の演奏を聴きに行けます）、そして〈ラバピエス〉です。これらのナンバーでスペインらしさと最新の超絶技巧に到達したと思います。それは貴君のおかげで、貴君自身何を望んでいるか判っていると急いで言いたい。ゲラ刷りが出来しだい、これらの作品を送ります。

　親愛なるキニート、貴君と貴君の家族に、この家族のすべての愛情と、本物の熱狂と、とても感謝している崇拝者からの強い抱擁を送ります。

アルベニス

ジョアキンからの手紙　1907 年 1 月 30 日　バルセロナ

　親愛なるイサーク、貴兄の御親切な手紙を 12 月 27 日に受け取りました。

　色々忙しく返事できず、〈エル・プエルト〉が大成功を収めるだろうと伝えたかったのですが、2 月 8 日のコンサートで初演するはずが、このコンサートは爆弾 * による恐ろしい不安のために 5 月末に延期されました。

　とにかく、2 月の内容はそのままで、5 月末に〈エル・プエルト〉を初演し、幸運にも初演を聴いた人々からリクエストされた〈トリアーナ〉をもう 1 度演奏します。

　今日も貴兄の家族と友人のロビラルタ Rovilarta（バルセロナの作家、イラストレーター、画家、美術評論家で実業家のロビラルタ・アレマニー Roviralta Alemany（1880-1960）と思われる）とボミノ Bomino（詳細不明）のサインがあるポストカードを受け取り

ました。

　今、〈エル・アルバイシン〉、〈エル・ポロ〉、〈ラバピエス〉の《イベリア》の第 3 巻を待ちきれずにいます。送ってくれれば勉強します。

　時期が来たら公開で演奏するでしょう。その間、私は再び貴兄を祝福しますよ。

　貴兄の素晴らしい表現のために、私の家族全員の愛情と心のこもった抱擁をお受け取りください。

ジョアキン・マラッツ

　友人のスアレス・ブラボ (1896 年に《ペピータ・ヒメネス》の評を『Diario de Barcelona』紙で執筆している) は Bruch 84 番 2ª に住んでいます。

＊爆弾により、コンサート中止という物騒な話が書かれているが、当時マドリッドでは 1906 年にアルフォンソ 13 世の成婚の折に無政府主義者が爆弾を投げる事件が起きていた。1907 年については不明であるが、13 世の妻が結婚の際にプロテスタントからカトリックに改宗した問題や、無政府主義者による不穏な空気があったと想像される。アナーキストによるテロ事件は 1909 年「悲劇の週 Semana Tràgica」まで続いた。

ジョアキンからの手紙　1907 年 2 月 20 日　バルセロナ

　親愛なるイサーク、何事もなくマルセイユで数時間を過ごし、昨日の朝こちらに到着しました。貴兄と過ごした日々はとても心地よかったです。ラウラの美しい絵を家族に見せました。そして、〈エル・アルバイシン〉を弾くと妻はただただ崇拝に値すると評価しました。

　ご存じのように、私は 3 月 23 日に演奏できるように、日夜、貴兄が作曲している〈ラバピエス〉を土曜日に受け取るのを楽しみにしています。

　ですから完成したらすぐに送ってください。それを弾けるようにして貴兄に聴いてほしいと思います。

　今日は時間がないので、明日ジョルダーナ Jordana 夫人に会いに行きます。3 月 22 日に貴兄を迎える準備と網戸を用意するように伝えます。

　アルフォンソの病気がどうなったか次の手紙で教えてください。

　カラヨ (バルセロナの南にあるレストラン) の良いコスコロン (お酒) をさしあげましょう。

　愛情を込めて、（・・小さな）サンソニとご家族によろしく。私の親愛なる最

も偉大なアーティスト、いつも貴兄の友の最も熱狂的な抱擁を受け取ってください。

ジョアキン・マラッツ

どうして、頭を下げて歩いているの？　妻が美しくなく、母が汚く、子供たちが豚だと思うと恥ずかしい。

これはすごいね。ニースに滞在中、私はそんなに強く貴兄には言いませんでしたよ。

イサークからの手紙　1907 年 2 月 23 日　ニース

悩ましく可愛い、甘えんぼ坊や、愛らしい子、親愛なる友、この家は空のままでした。

貴君が家から去った時、貴君は我々の魂を盗んでしまいましたよ。貴君の動物的な才能だけでなく、貴君の生まれ持った性格は、失われてしまわなければ、本当に貴重なものになるでしょう。

貴君が去ってから、キッチンのふいごと菓子用のトング、18 年使っていたスリッパが無いことに気が付きました。どれも私が親しみを感じているものでした。洗濯屋のリスト、サロンの三脚付きのランプ、私が話したくない某所（トイレだろう）で使われる 7 ロールの紙。

素直に言うと、出発前にスーツケースをチェックする時には、なにも気付かなかったけれど、貴君はこんなものを一体どこに持っていくのだろう。もう 1 つ、14 年も前に貴君がタバコを買った時、貴君のポケットの中から私に返してくれたローマ法王のコインが無いことにも気が付きました。

何という、私を巻き込むやり方なのだろう。それでも全て許せるほど可愛い、可愛い、最高にすごく可愛いですよ。

火曜か、遅くても水曜日に貴君は〈ラバピエス〉を手にいれるでしょう。私は貴君が弾いてくれる、とんでもない「うすのろ」 *grandísimo gaznápiro** を聴いて、すぐに満足するだろう。

ロビラルタは、バルセロナのラウラのスタジオで発表したらどうかと親切に提案してくれています。もしこれが 3 月末までに手配可能なら、ラウラは私と一緒に次の旅行に行ってくれるでしょう。

貴君の奥様に、愛していると伝えてください。彼女のような奥様は完璧な模範に違いない。そして可愛いお嬢様に、美しい足元に丁重にキスをすると伝えてください。義理のお父様には、楽しい人だねと言われるような敬意を伝えてください。グラナディトスに尊敬と、ロビラルタに感謝を伝えてください。立派な子豚が心の奥から貴君に心を寄せていると、貴君の可愛い人に伝えてください。

さようなら（ガリシア語で Abur と書かれる）デブより

*〈ラバピエス〉には 70 小節目に「あざけるように narquoisement」と指示されており、ここは、「うすのろ」をあざけるように奏するところなのだろう。

イサークからの手紙　1907 年 3 月 1 日　ニース

　甘えん坊、やったよ！ 今朝、私は〈ラバピエス〉を受け取ったので*、午後、貴君に送ります。これ以上、一生懸命になれません。〈ラバピエス〉はとても難しく、貴君以外の人はだれも弾けないと思うが、貴君の手によって素晴らしいものになると確信しています。

　たくさんの思い出を貴君に送り、またすぐ会えるのを楽しみにしています。その時、貴君を抱きしめましょう。

*浄書に出したのではないかと思われる。ちなみに《イベリア》第 3 巻は 1907 年に出版されている。

イサークからの手紙　　1907 年 3 月 8 日　ニース

　親愛なるマラティート、甘えん坊、冬にモンテカルロでも演奏する楽しい契約はどうですか。当然、モンテカルロの後にニースで演奏するでしょう。喜びの言葉が見つからず、上手く貴君に伝えられません。こちらで待っていますね。

アルベニス

イサークからの手紙　1907 年 3 月 9 日　ニース

　親愛なるマラティート、貴君の不安を認めても仕方ありません。

　すでに手の内に入れた〈エボカシオン〉、または〈エル・アルバイシン〉を貴君が弾かないと決めたのは残念です。しかし、とにかく思うようにやってください。

すべて上手くいくでしょう。私とラウラは 22 日朝に到着します。

　　　　　　　　　　　　　たくさんの思い出を送ります。アルベニス

イサークからの手紙　1907 年 3 月 19 日

　親愛なる困った人、金曜日に朝の特急で到着します。すごいニュースを聞く耳の準備は出来ていますか？

　昨日フォーレは私の家で昼食を食べ、貴君がフランス国籍を受け入れるなら、パリ音楽院で $Dinemoy$（詳細不明）の空席を埋めるために第 1 番に任命されると教えてくれました。どう思いますか？

　　　　　　　　　　　　　　　　　　　　　　　アルベニス

ジョアキンからの手紙　1907 年 3 月 22 日　バルセロナ

　親愛なる友イサーク、数日前に貴兄に書いた手紙の返事をまだ受け取っていません。貴兄からの連絡がないので教えてください。6 月に《イベリア》の残りのコレクションをすべて当てにできるのか、ダメな場合は（悔やまれますが）、11 月にマドリッドでの 12 曲、つまりコレクション全作品のリサイタル開催を諦めるかどうかを、はっきりさせます。

　この前の手紙でお伝えしたように、すでに 9 曲を暗譜しましたが、11 月に手の内に入れられるように残りの 3 曲を 7 月 1 日から練習し始める必要があります。それが出来なければ（さっき言ったように）その日までに貴兄の作品を演奏するのは不可能で、計画を完全に崩してしまうでしょう。貴兄からの知らせを待っています。（切にお願いします）

　最高の愛情で貴君のすべてのために、貴兄の普遍の友から最も愛情のこもったキスを送ります。

　　　　　　　　　　　　　　　ジョアキン・マラッツ

　　　　　　　　　　　　　　　コルテス通り 667　プリンチパル 1a

イサークからの手紙　1907 年 6 月 6 日　パリ

　親愛なる甘えん坊、バルセロナを発ってからじっとしておられず、パリ、ロンドン、ベルギーへ旅行し、コンサート、コンクール、試験、初演に忙しく、要するに自分の人生ではないようで、気が狂いそうだし、退屈で絶望的です。

それでも、アルベニスの約束はたった*1*つだけだ。そうさ。ですから6月と7月に3つの例の《イベリア》と、優しいキスを送ります。貴君はとても厄介だけれど（それは真実ではないとラウラは言っています）一緒にたくさん話し合い、貴君の演奏を聴きたいと思っています。貴君の演奏会は成功するだろうと信じています。

　ブロンデル *Blondel*（1873年よりエラールをカミーユ・エラール Camille Érard と共に経営していた）に会って話をしました。貴君が全てのコンサートでエラールのピアノを全く使わないつもりだということに憤慨しています。最終的に、その楽器をどうして嫌いなのか判りません。

　ブロンデルがそれでも貴君のために上手くやってくれるように、貴君の希望をフランス語で書いてください。ブロンデルは、貴君が時々はエラールのピアノを弾きに戻れるように約束してくれているので、彼に希望を示して問題をおさめて、その上で新しいピアノを手に入れるようにしましょう。

　要するに貴君の立場は次のようです。もし、ロンドンに行くならオルティス・イ・クッソ *Ortiz y Cussó*（バルセロナのピアノブランドで、1898年創業。優れた音質と堅牢性を備えたピアノを製造）で弾かなければならないし、スペインでは貴君にとってメリットのないスタインウェイを弾き、その上、無作法でうぬぼれたナバス *Navas* 家（裕福な繊維商人）の人達とやり合わなければならない、ということです。

　もしパリに来て、演奏するならば、プレイエルはとてもコンディションが悪いので、エラールを使うとよいでしょう。

　これらの状況を考えると、ブロンデルとの友達付き合いをよく考えて行動することが大切です。そうすることがフランスとベルギーへの足がかりになるでしょう。

　よく考えて、そして希望するようにやってください。そして貴君は可愛い子にキスをして、メルセデスに敬虔なキスを私の足もとにさせ、他が好きになっても永遠の崇拝者であるマニアックな人たちを受け入れてください。

アルベニス

　全ての友達、特にグラナドス、ディッシィ、そしてヨット・クラブの仲間によろしく言ってください。ディッシィにグラシアの散歩の時に、オルティス・イ・クッソへの手紙を受け取ったか、そして返信したかを聞いてください。

ジョアキンからの手紙　1907年6月10日　バルセロナ

　親愛なるイサーク、全能者に感謝します。ついに紀元前2000年の私の手紙への返事を受け取りました。でも、マドリッドでの、《イベリア》最初のリサイタル用配布パンフレットへの注意は何も書いてありませんでした。これはとても重要です。

　パンフレットに載せるのは貴兄の作品の解説です。人々が何を聴くか知るために、また貴兄が私に言いたいこと、私に伝えたいと思っているご自身の印象が必要です。または、貴兄のこの前の演奏会に感銘を受けた（できる限り最高の）人に、コメントを書かせるほうが良いと思いますか？

　しかし、これについてはすぐに話さなければなりません。それを印刷するには時間がかかるので、時間を無駄にしてはいけません。

　さあ、だからご自分の作品の印象を伝えてください。または他の誰かが解説を書くのを許可してください。その場合、貴兄の意見を反映させた私の演奏について伝えてください。

　お手紙によると、7月中に《イベリア》の3曲は手に入らないようですが（しかるべき練習のためには少し遅れています）、6月、7月の間に練習できるように、遅れずに書き終えたものから送ってくれるように願っています。

　〈レオネサ Leonesa*〉として何か書きましたか？　それとも書くつもりはありませんか？

　そして、何か他の物を書くつもりですか？　とにかく、《イベリア》にどのような考えを持っているのか教えてください。

　私に知らせてくれますよね。まだ先のことですが11月に貴兄の作品のために劇場を押さえてあり、全ての作品を演奏しようと思います。ですから、イライラさせないでください。

　もう1つ聞きたいのですが、この夏にここに戻ってきますか？

　会うことも楽しみですが、私の弾く《イベリア》を聴いてほしいのです。自分で言うのも変ですが、貴兄は私の演奏を聴きたくないと思わないでしょう。

　とにかく、お返事をください。召使い（ジョアキン）が練習できるように、《イベリア》の第4巻を書き終えたら出来るだけ早くすぐに送ってください。貴兄は私たちの最も深い愛情をすべてに与え、最も愛情深いキスを受けるのです。

*〈レオネサ〉は《イベリア》のナンバーのタイトルとして考えられていたが、作曲されていない。もともとアルベニスはタイトルを思いつくだけのことがあったが、特にこの頃は雑然としていた。

イサークからの手紙　1907 年 7 月 2 日

　親愛なるキニート、貴君の手紙にすぐに返事しなくても怒らないでください。面白くもない、役に立たない数日を過ごしており、手紙を書きとらせる充分な時間がありません。

　しかしながら、手紙を書かなくても、いつも貴君のことを思っていることは判っていますよね。貴君だけでなく素敵な家族のことも思っています。近くても遠くても貴君は私の心の友で、最も称賛され愛されている存在です。

　私は、むやみに賞を与えるという芸術的な願望を育む罪を犯し、音楽院のコンクールを終えたら 1 週間で自由になるでしょう。芸術的な願望は、おそらく決して実現されないでしょう。コンクールが終わった瞬間から、ひたすら貴君のための仕事をするだけです。まもなく〈マラガ《イベリア》第 4 巻第 10 曲）〉が届きますが、いつも友達として憐れみを持って受け入れてくれることを願っています。

　マドリッドのコンサートは、ここパリでアレンジした貴君のコンサートの日とかちあってしまったのですが、（テアトロ）ナショナルのコンサートでは、色々な作品をミックスしたプログラムか、《イベリア》だけ弾くということもできます。

　大いに注目を引くと思うし、フランス音楽界での価値ある再演となると思います。誰もが貴君のことを覚えていて、賞賛し、演奏を聴きたいと思い、会いたがり、貴君の到着を待っています。

　貴君の素晴らしい才能は 1 つの時代を作り、パリに衝撃を与えるでしょう。貴君のような重要なスペイン人の演奏でスペイン音楽をたくさん聴きたいと、皆が願っています。貴君のように特別で異国的な音と古典主義を兼ね備えた芸術家は、フランスでもたくさん稼ぐことが出来ます。

　マドリッドでのコンサートをどのぐらい延期したら、作品に取り掛かることができるか、教えてください。貴君の海外での将来と宣伝について、私をもっと信頼して質問してください。貴君の意向と色々なアレンジをよく知りたいと思います。

さて、マドリッドで一般に配布するパンフレットに関しては、私は会場にいるつもりですが、そのときに賞賛を得られないかもしれないから、用心のために、貴君の提案のようにパンフレットが必要だろうと考えています。マドリッドの人々が冗談好きで、羨望は表に出さず、そして義理堅い地域でないことは知っていますね？

私個人の表現は表に出ず、貴君の演奏は成功するので、せいぜい批評文でもう1度書いておく必要があります。それはセヴラックが私の作品について『音楽便』に書いた記事で、深く掘り下げられており、今までの評価は誇張されていない実績になっているから、大きな影響力を持っているでしょう。

ちゃんと答えてください。判っているよね、私が貴君を崇拝し、祝福して栄光をもたらすものだということを。

ジョアキンからの手紙　1907年8月16日　サン・アンドレウ・ダ・リャバネラス

親愛なるイサーク、〈マラガ〉を受け取りすぐに練習を始めました。たくさん練習しほとんど暗譜しました。最後の作品がとても好きですが、本当に10曲の《イベリア》のどれが1番好きか判りません。私が意見を言うのはおこがましいですが、〈マラガ〉は他の作品より何かを喚起させます。貴兄の初期の書法でまさにインスピレーションの模範だと思います。モルデントのついた右手の伴奏は、ラ・カレタ（入り江）の美しい浜辺を愛撫するうっとりする微風を思わせるとても魅力的なハーモニーを持っています。そして、その伴奏を伴った変ニ調の美しいコプラ（歌）は魅力的です（オーレ！）。

このコプラの展開は美しく、最初から最後までギターが伴い、聖マリアの地（スペインを指す）で聞こえるようにも思えます。とにかく、憧れの怒りんぼさん*、貴兄は音楽を書くメジャーブランドの詐欺師**ですね。今、残りの2曲が遅くならないことを願っています。貴兄が付けようと思っているタイトル、またはテーマにしようと思っている地域名を教えてください。

夏に来る予定がないと知って、がっかりしました。とても楽しみにしていたので残念です。貴兄の作品を私が間違って弾いているか聴いて欲しいので「会いに来てください」。

来られないのは、静かに仕事をしているということですね。大丈夫です。新し

い作品が届くのを待って、練習し始めます。

　家族はたくさんの愛情を与えてくれ、知ってのとおり、残りの 2 曲を待ちながら、貴兄に熱心で愛情のこもった抱擁を送ります。

ジョアキン・マラッツ

　Mutuelle 出版が親切に送ってくれた第 3 巻を受け取りました。

*ここでは Reñolero という意味不明の単語が使われているが、「reñole 叱る」という言葉から派生したのではないかと想像し「怒りんぼ」と訳した。

**「詐欺師」とは何回催促しても、作品を送ってこないから。

イサークからの手紙　1907 年 8 月 22 日　パリ

　私の愛するキニート

　貴君から、〈マラガ〉が好きだと言ってもらえて充分です。ともかく、この作品《イベリア》を貴君に弾いてもらうため、そして貴君のために書いていること、そして私が貴君に愛情深い友人としての思い出を抱いていることが重要だということは判っていますよね。

　そして何よりも、貴君が素晴らしいアーティストだと思うことが、この作品にインスピレーションを与えているのです。

　そこに五感と、もう 1 つ、自分が身に付けているか身に付けていないか判らないほど無意識であるときに、いつも表現するものを書き入れました。〈エリターニャ〉と名付けた 2 曲目は、悲嘆にくれるセビジャーナスです。3 曲目〈ラルブフェラ *L'Albufera*〉はバレンシアのホタになります。演奏のために役立つ情報として伝えておきましょう。

　現在、このような状況です。自然の私はますますナショナリストになり、悪い状況にあり、人からスペインで暮らしていないと、苦々しく嘆かれています。

　愛するキニート、私は歳を取り、心身共に私に重くのしかかります。

　メルセデスの足元に跪きましょう。とても慎み深く私たちの鶯にキスしてください。貴君の忠実で熱狂的なファンからの不道徳な抱擁を受け取ってください。

サキート

ジョアキンからの手紙　1907 年 9 月 13 日　サン・アンドレウ・ダ・リャバネ

ラス

　親愛なるイサーク、やっと〈エリターニャ〉を受け取りました。実際に、この作品はこれまでやってきたものと違って「・・・」で、勉強するのにとても興味深く、並外れて難しいですが、弾けるようになると思いますし、人々に感動してもらえると疑いません。

　セビジャーナス風のイントロは独特の優雅さがあり、モチーフは他と較べられないほどの優雅さを持っています。皆の知っているようなモチーフが繰り返されるこの〈エリターニャ〉を、《イベリア》の残りの10曲に見合う素晴らしい価値のあるものにします。

　次の作品〈ナバラ〉または〈ラルブフェラ〉（12番のために用意した2つの名前）の完成は、それほど長く私を待たせないでしょう。すぐに受け取りたいと、前に伝えましたよね。

　家族全員が貴兄たちとの思い出が楽しかったと言っています。憧れのイサーク、ジョアキン・マラッツの最も強い抱擁を受け取ってください。

イサークからの手紙　1907年10月2日

　手紙をありがとう。貴君が決定したことは嬉しいです。貴君にとって最も有利で最も安価な条件で目的がクリアできるように、すぐに動き始めます。とはいえ、ドイツでの貴君の演奏会はきっと1月か2月に行われるでしょうが、パリとロンドンでは4月から5月の開催が良いでしょう。

　今のところ、はっきり決まっているのは、ニースでの3つのコンサート、ベートーヴェン協会では最初はクラシックとロマン派のプログラム、そして2回目は12の《イベリア》のプログラムで構成されるだろうということを、記憶に留めてほしいと思います。

　この2つのコンサートでは1,000フラン貰えるでしょう。そして3回目は貴君と私との2台ピアノによるコンサートで、無料です。これはティアナで演奏するものとほぼ同じプログラムです。

　これらの3つのコンサートの日程をすぐに伝えられるように、今日も日程を調べるために手紙を書いています。モンテカルロに関しては、どの日になるか返事を待っています。

　貴君が演奏しに行く都市では、2つのコンサートで1つは古典派とロマン派、

T.105L《イベリア》第4巻〈エリターニャ〉

もう1つは《イベリア》を演奏すると告げなければならないと思います。一方ではオーケストラを用意して、いくつかの協奏曲ができたら便利です。

パリのエラールで演奏することに問題があるか、ロンドンのスタインウェイでの演奏に問題があるか教えてください。

〈ナバラ〉は今月の15日頃に間違いなく受け取ることになるでしょう。最近とても体調が悪く、思うように仕事ができませんでした。それでも〈ナバラ〉は書き上げて、予定通りマドリッドのコンサート用に、確実に届けられるでしょう。貴君が〈ナバラ〉をマスターできなかった場合には、12曲の《イベリア》と1部の終わりに、〈セギディージャ〉を挿入するのが良いでしょう。

これは2番手の作品ですが、《イベリア》とそれほど調和しなくはないと思いますし、スペインでも知られていないし、貴君は完全にマスター出来るでしょう。安心してもらうために言っておきます。貴君は15日間で〈ナバラ〉を暗譜すると確信していますよ。これは技術的な難しさではなく、スタイルが大事で、咆哮する＊ような作品です。

アディオス、素敵なキニート、すぐに返事をください。メレセデスと貴君の天使2号の足もとに私を置いて、貴君の義父とご一家中のすべての方々への溺れるような愛をよろしく伝えてください。

貴君の特別のサコ *Saco*

＊メロディは朗々と声を張り上げる雰囲気なので、それを獣が咆哮するようだと形容したのだろう。

イサークからの手紙　　1907 年 10 月 6 日　　パリ

親愛なるマラティート

　ご存知のようにパリに来て、2、3、4、5、または 6 日間、あるいは数ヶ月間をみじめにホテルとかペンションで過ごすのは、馬鹿げたことだと誰もが知っているし、私には腹立たしく思われます。

　私の家は、ほこりや塵を掃除して、貴君が使えるようになっています。コンシェルジュに、貴君が到着したら鍵を渡すように言ってあります。もちろん、メルセデスとお嬢さんも一緒に来ることもできるし、1 人でもいいし、好きなように来ることができますよ。

　もし 1 人で来るならば、コンシェルジュに掃除と最初の昼食を手配するだけです。3 部屋から好きな部屋を選べるし、左側の廊下の奥にある白いクローゼットのなかに、寝るときの着替えがあります。

　もし来る決心をしたら、クローゼットの鍵を送ります。家は電気、ピアノは 2 台、1 台のグランドピアノと 1 台の縦型ピアノが「整って」います。サロンと花嫁用の部屋の廊下にタペストリーが巻き上げられています。それを貼ってください。キッチンのバッテリーは充分にあり、タンスの中やキッチンと書斎に、必要なものはすべてあります。

　1 人で来た場合、電気とガス（風呂があります）の費用は貴君に見せる領収書以外、かからないでしょう。

　家はとても心地よく暖かいので、メレセデスやお子さんと一緒に来ることを勧めます。ピアノは夜 10 時までしか弾けませんが。週に 1 度だけファンの人々を迎えることができます。私の提案を受け入れて、何か希望することがあれば何でも言ってください。

貴君のサコ

イサークからの手紙　1907 年 10 月 16 日　　パリ

親愛なるノイ・キニート、

　流感にかかってしまいました。気候が悪くなる冬は私にとって完全に致命的です。このために、そしてまたパリにいる間に出来なかった仕事のため、無遠慮な友人のため、または社会的な馬鹿馬鹿しい義務を果たさなければならない

ため、今月末にパリに行くことはないと思います。ですから、いつ電車でニースに行くか判りません。

　出発前に、貴君のパリでの計画と、私が何ができるか、エラールかまたはコロンの近くにするのか、これについて貴君自身が好きなようにアレンジするのかを、伝えてくれると良いと思います。

　貴君のロンドン行きについてはすでに書いたように、前もって上手く準備をして解決できるでしょう。私が旅行を中断して、ここで貴君を待っているほうが、目標に叶うのかを、率直にできるだけ早く答えてください。

　もちろん、貴君のために私が全て犠牲になるわけではないと知っていますよね。僕を頼りにして良いですが、私が必要でない場合は自由に行動します。状況はどのようでしょうか？ ベルリンのためには何を計画していますか？

　メルセデスと家族と貴君の足元に跪かせてください。貴君の家族全てに強い抱擁を。

貴君のイサーク

ジョアキンからの手紙　1907年11月3日　バルセロナ

　親愛なるイサーク、ラウラからの手紙をアストリュクAstruc* 氏と受け取りました。もし、彼に手紙を見せたいときには、フランス語で書いたほうが時間が無駄にならないですよ。

　私のためにやってくれていることに感謝の言葉もありません。もちろん、フランスから手紙で伝えたように、「・・」氏の条件を受け入れます。ベルリンでの2回のコンサートの費用として7〜800マルクを、彼に必要な日に渡します。

　コンサートの1つで、《イベリア》のいくつかのナンバー（貴兄が望むもの）を弾くことができるかもしれません。ドイツの首都でのデビューが終わったら、どんな守護神を見ることができるでしょう。

　テアトロ・デ・ノベダデス（1,600人収容のバルセロナの主要な劇場）で19日に開かれるサン＝サーンスの2台ピアノのコンサートの後、パリへ出発します。貴兄が話してくれたニースのコンサートに行くまで、パリで2台ピアノを練習しましょう。

　ニースの日程を正確に教えてください。前もってお礼を言います。

　2日前に貴兄の手紙を確認できましたが、その他に変わったことは何も起きていません。

皆さんへの温かい愛情を、すでに受け取ってくれていますね。貴兄の友であることをとても感謝しています。その愛情深い抱擁を受け取ってください。

ジョアキン・マラッツ

*ここに出てくるアストリュクについては詳細不明であるが、おそらくガブリエル・アストリュク Gabriel Astruc（1864-1938）のことであろう。この人は「フランス音楽協会」の設立に貢献し、ムソルグスキーの《ボリス・ゴドゥノフ》パリ初演やディアギレフの企画のパリ公演の興行主であり、この当時、大きくフランス音楽界に力を持っていた。演奏会開催については、このような有力者の協力を得ていたことが判る。

ジョアキンからの手紙　1907 年 11 月 26 日　パリ

親愛なるイサーク、現実に戻った 22 日の土曜の朝から、ニースとモンテカルロに行くまでパリにいます。可能ならば、すぐに連絡してくれたら嬉しいです。

明日、アストリュク氏に会えることとベルリンのコンサートの件を貴兄に話すのを楽しみにしています。返事を出来るだけ早くお願いいたします。来週の日曜日 8 時にラムルーのコンサートで演奏しますが、フィルハーモニーのコンサートでもそこで 12 月中旬頃に演奏するでしょう。ニースとモンテカルロのコンサートについて意見を待っています。そのことは以前、貴兄が私に話していました。

そして、〈ナバラ〉はどうですか？ 少し遅くなりそうですから、書留ですぐに受け取りたいです。なによりも手紙を書くのは厄介だと思いますが、親切にしてください。全く！ 私たちは仲たがいしたようです。フィルハーモニーのコンサートで、《イベリア》のいくつかを演奏します。わぁ、それがすべてでした。

貴兄は私のすべてにたくさんの抱擁を与えるでしょう。いつも兄弟のような友である私の最も深い愛情を受け取ってください。

ジョアキン・マラッツ

オテル・デ・アバナ　トレヴィル通り　パリ

イサークからの手紙　1907 年 11 月 30 日

甘えん坊、

貴君がどこにいるのか正確に判らなかったので手紙を書きませんでした。でも、それだけでなく、貴君と貴君の一件にかかわるのをやめました。貴君の一件、

つまり、人間は多かれ少なかれ好都合な偶然の出来事に影響を受けるということです。

ニースのコンサートの日程は 3 月 9 日、11 日、14 日に決定しすでにサインしました。ベルリンには妥当な金額を送り、20 日から 30 日までに 3 回のコンサートをお願いしました。

良いニュースを繰り返し送ったばかりで、すぐに貴君にこれを伝えなければならないのは不快なのですが、モンテカルロへの貴君の推薦書が行方不明になってしまいました。状況がどのように悪いか判らず、ジェアン、ノエル・デジョユー *Noël Desjoyeaux*（1870-1947、作曲家）、サンソニが調整し、訳の判らない間違いをどうにかしようとしました。

それでも上手くいかず、モンテカルロでの演奏会は来年まで開かれなくても不思議ではないと思いました。結局、損失はそれほどでもないのですが、すべてはこのようなものです！

さて、何回も貴君に尋ねていますが、貴君はロンドンについて何も話していないので、返答することができません。貴君が 4 月にそこに行くか、私がアレンジを始めるべきかを言ってくれると都合がいいです。

申し訳ありませんが、カンヌでのコンサートの休憩時間に、ニースのプログラムと同じもので何かアレンジできるかを考えています。プログラムに関しては、2 台ピアノの曲も完全に送ってもらう必要があります。ティアナのときは私が予測していたようにソロになってしまいましたが、今回はそのようになってはいけません。

2 台ピアノのプログラムに関しては出来るだけクラシックなものにする必要があります。バッハのコンチェルト、モーツァルトのソナタ、サン＝サーンスの変奏曲と《(オンファールの) 糸車》、そして貴君が仕上げたいと考えている曲で如何でしょう。でも、警告しておかなければなりませんが、偉大なるごろつきさん、後で楽譜を私に送らなければ、私が面目を失ってしまうことは確実ですよ。

〈ナバラ〉に関しては、《イベリア》4 巻に入れないと貴君に告げるのは辛いです。あと少しで完成しますが、スタイルがためらいもなく通俗的であり、この作品を否定はしませんが、私は残りの 11 曲との釣り合いを考えると新しい作品を作曲する方が相応しく思えます。したがって、〈ヘレス〉を作曲し終えました。ゴンサレス・ビアス * でなくても、貴君が気に入ってくれると良いです。準備が出来しだい、スポンジケーキと一緒に明日 8 時に、ボトル入りの状態でお送りします。

真心のある可愛い人、正直な人々の2つの国（フランスとスペイン）で結んだ親しげで特殊な契約と、古代ローマ遺跡について話します。もう私は行くよ。さようなら。

　すべての抱擁を送ります。デブより

　フォーレは貴君に会えることを喜ぶでしょう。パリに着く前に、そのことを貴君に伝えるように頼まれました。

*ゴンサレス・ビアスはアンダルシア州カディスのシェリーである。ヘレスはアンダルシア州のヘレス・デ・ラ・フロンテーラ（カディス県の自治体）のことであり、同時にシェリー酒を指す。酒の話に変えたユーモアである。

ジョアキンからの手紙　1907年12月2日　パリ

　まさか！　すべての神に感謝します！

　ついに貴兄からの便りが届きました。生きていましたね！　もちろん、ニースでのコンサートに3月9日、11日、14日は良いと思います。2台ピアノの作品を貴兄に送るためにメルセデスに手紙を書いています。

　モーツァルトのソナタ、サン＝サーンスの《ベートーヴェンの主題による変奏曲》、《オンファールの糸車》、《スケルツォ》です。バッハの協奏曲については、どれにするか教えてください。他の作品を急いで送りますので、出来るだけ早く知らせてください。

　モンテカルロについては申し訳ありません。しかし、もし何か他の方法でアレンジできれば良いと思います。そうでなければ、何が出来るでしょうか!!

　ロンドンに関しては何も言われておらず、貴兄たちを驚かすことは何もありません。この件は、全く何もアレンジしていないので、4月のために少し世話してもらえたら、ベルリンの件と同様にとてもありがたいです。これとニースでのリサイタルのために準備を始めました。

　カンヌで何かアレンジしてもらえたら、嬉しいです。ニースのコンサートの休憩の間、何か上手くいく方法があるなら、「・・・」、まあ、貴兄、これは無茶なことです。

　アストリュクの家に行きましたが、彼に会えなかったので、ホテルの住所と名刺を置いてきました。そして、2日前には、フォーレは競馬場での《プロメテウス》

の演奏でとても忙しく、会えなかったので、音楽院に名刺を置いてきました。

〈ナバラ〉について貴兄の話で心配していました。でも〈ヘレス〉のことを話してくれたので、その作品を心から崇拝しますよ。それを味わい、真髄まで享受したいと思います。

バルセロナから貴君に送った2台ピアノ用の楽譜を受け取れましたか、それに体調の具合も細かく教えてくれますか。

私のすべてにたくさんの抱擁を与えてください。そして常に不変の最も深い愛情を受け取ってください。

ジョアキン・マラッツ

ホテル・ラ・アバナ　トレヴィル通り

T.106〈ナバラ〉、228 小節目で止まっている　　T.105K《イベリア》第 4 巻〈ヘレス〉

 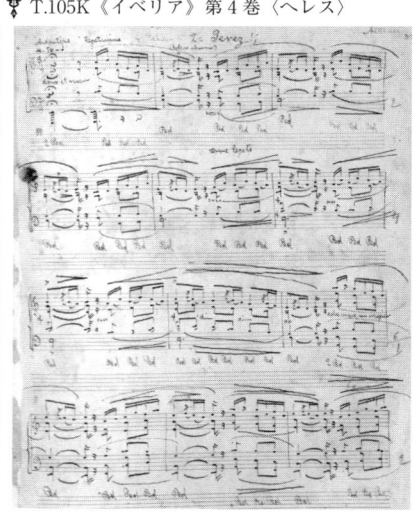

ラウラ・アルベニスからジョアキンへの手紙　*1907 年 12 月 16 日　ニース*

親愛なる先生、そして友であるマラッツ、パパは貴方と隠れん坊をしているようです。

貴方を疲れさせる話を 1 つします。今、パパはパリにいます。

彼は昨日、協力者から電報を受け取り、すぐにパリに移動しなければならなかったのですが、そこで貴方に会うことができなかったことに腹を立てています。彼はリッツ・プラス・ホテルにいます。

　パパは貴方がニースのプログラムを私たちに送らなければならないと言っています。出来るだけ早く、貴方が弾きたいバッハの協奏曲を選んで、パパに送らなければなりません。パパは 8 ～ 10 日以内に戻ってしまうでしょう。

　今、貴方にちょっとお願いがあります。スミス Smith* 氏に私たちがニースにいて待ちくたびれていること、そして私たちは支払わないのでそれを支払うだけで充分です、と伝えてくれませんか？

　バルセロナの人々はとても貴方を頼りにしています。親愛なる先生、出来るだけ早くスミスさんからこれらのお金を受け取ってください。

　友人グラナドスにしばしば会うと思いますので、彼と行動力のあるスミス氏にすべてを伝えてください。

　メルセデスととても可愛い親愛なるマリエタにたくさんの愛情を。私の母、アルベニス夫人、私の妹のエンリケータ・アルベニス、そして私ラウラ・アルベニスからの思い出をお受け取りください。

*スミス氏について詳細不明であるが、イスマエル・スミス Ismael Smith（1886-1972）ではないかと思われる。この人はバルセロナでモダニズムの彫刻家・イラストレーターであったが、50 代に癌治療の研究のために創作活動を諦めている。芸術に理解があり経済的な支援も可能な立場の人物であろう。何か、コンサートの経費を彼が負担することになっていたのだろうと推測できる。

ジョアキンからの手紙　1907 年 12 月 20 日

　親愛なるイサーク、16 日のラウラの手紙を受け取り、彼女は貴兄がパリに数日いると言っていますが、この手紙はニースに送ります。貴兄の手に届かないように思うので。この手紙を受け取って、よく把握することがとても重要だからです。

　イサーク、今のところ、そして長い間、私は全くピアノを弾くのを諦めなければならなくなりました。

　何日も臥せるとても厄介な気管支炎を 1 年半前から患っていたことを知っているでしょう。その気管支炎は一種の後遺症があり、咳と熱が酷くなりベッドに横にならねばならず、体温がいつもより高くなりました。

今は良くなりましたが、夏に《イベリア》を練習した過労のためかは判りません。または、弱くなった体調でこの仕事を取り掛かったせいかもしれません。

　先日パリで、酷く体調が悪くなったことが問題です。先週の木曜日と金曜日には熱と酷い咳に襲われました。これは明らかな病気の始まりでした。実は怖くなり、すぐにバルセロナに戻る決心をしました。少し歩くとすぐに酷く再び疲れ、また虚脱状態が再発し、病院に行こうと決めました。

　友人フランシスコ・ファブレガス（彼は友人であり医師なのであろう）は用心をとって、気管の専門家であるフレイハス博士に見てもらうようにアドバイスしてくれました。

　彼は昨日注意深く診察してくれ、「貴方の病気は軽くはなく、治療法は、状態が悪くても難しい食事療法を行い、ピアノを完全に辞めて絶対安静を取ることです。何よりもまず、胃を治すことに努め、その後、空気がきれいな場所に転居してください。貴方を治すにはこれしかありません。もし、この食餌療法に従い、完全に必要な期間体養すれば治りますが、そうでなければ、保証できません。肺結核の痛みはなくなることはありません。」と言いました。

　それで終了しました。これを考慮すると、イサーク、貴兄はすでにお判りと思いますが、私は医者の言葉に従わなければならず、今年は公の場で演奏することを諦めなければなりません。

　悲しいことです。とても悲しい。しかし、医師の真剣な助言にもかかわらず、仕事に固執して、医師に宣告された致命的な結果に至ったら、もっと悲惨になるでしょう。もし、痩せた私を見たら、体を維持できるとは思えないでしょう。失われた力を取り戻すことを真剣に考えなければならない時が来ました。

　だから、親愛なるイサーク、何をすべきか教えてください。ベルリンでのコンサートのために貴兄と結んだ約束はもう無かったことにしてください。

　残念ですが、可能な限り翼を広げて飛んでいきたいのに、体の不具合はその翼をしまい、そして多くの人が望むように私が元気になることを神が望むまで、静かにしていなければなりません。

　この手紙を受け取ったら出来るだけ早く返事をください。

　貴兄と貴兄の全ての愛情と友と崇拝者を受け取ってください。

ジョアキン・マラッツ

イサークからの手紙　1907年12月23日　ニース

　私の親愛なる素敵な友、今パリから到着して、爆弾が落ちてきたような手紙を見つけ、悲しみでいっぱいになりました。

　貴君のような強い人が、どのように体の不調に屈さなければならなかったかを想像することが出来ません。それは貴君の翼に乗せてもらう乗客として考えたくありません。とにかくお大事にしてください。

　厄介な肺をやっつけるだけではなく、別のことを考えましょう。良い食事療法を信じています。

　しばらくの間、ピアノとアルベニスの厄介な楽譜さえ、貴君の眼差しから姿を消し、すぐに貴君はフランスの人々や外国人を驚かしに帰ってくるでしょう。貴君のパリでの成功を賞賛する手紙を、人々が私に送ってくれることを想像出来るでしょうか。特に、カステーラからの手紙やフランスの音楽界の友人たちの言葉も、とても重要です。

　この家は完全に貴君が自由に使えます。もしこの気候で数ヶ月過ごすことが適すると医師が考えるなら、貴君に3等の旅行代金を郵便で送るつもりです。

　そして、2等車の場合のために数レアル（貨幣）を追加しますが、これは、君が右手を動かして、ジャケットの最も深く最も奥の部分にしまい込んでいる有名なもの *célebre*（財布のことであろう）を探さなくてすむように、です。

　キニート、タモラ*にならないでください。そして私たちのところに来て3、4、5カ月過ごしてください。そして貴君が欲しいもの、メニューにもう1つ「・・・」を加えます。そして毎朝、貴君にコップ1杯のミルクをあげましょう。どうですか？

　ベルリンに関しては医師の証明書とバルセロナのドイツ領事館でのビザを私に送ってくれれば大丈夫です。ロンドンで着手した仕事は破棄しましょう。そして、モンテカルロとニースに関しては、デジョユー（作曲家、前出）とボンフィリオ *Bonfiglio*（イタリアの代理商、コンサートのメセナの可能性がある）さんへの2通の手紙を送ってくれればよいでしょう。

　来年のためにコンサートの日程を延期できるように頼んでみましょう。ベートーヴェン協会から受け取ったばかりの連絡事項を貴君に送ります。

　親愛なる友、身体を大事にして、処方箋によく従ってください。

　頑丈な性質と貴君の天使のような妻と良い義父の世話を信じてください。芸術

と貴君を崇拝している友人たちが満足するように、家族には何もないでしょうし、病気はすぐに治るでしょうから、私はそんな中で今まで通りにしていようと思います。

貴君のイサーク

*タモラとはシェークスピアの最も残忍と言われる悲劇『タイタス・アンドロニカス』の登場人物の女王の名前で、タモラは敵を討とうとして自分も悲惨な最期を迎える。イサークは読書も好きで、シェークスピアも愛読していたため、この名前が出てきたのかもしれない。

ジョアキンからの手紙　1908年1月3日　バルセロナ

　最愛のイサーク、思うようには書けなかったのですが、ボンフィリオさんに手紙を書いて、とても疲れてしまいました。12月23日に貴兄がくださった肉親のような思いやりに感謝します。

　手紙を受け取ってから数日後に送りましたから、貴兄へのメルセデスからの返事はすでに届いていると思います。

　イサークは良い人だと確信できますとも。もし、ニースの気候が健康に悪いはずはないと医師たちが言ったら、優しい仲間と一緒に過ごすのはとても嬉しいでしょう。

　まず、貴兄達と一緒にいられる喜び、そして次に、素晴らしいアルベニスと一緒にいられることは、自分を大切に思う芸術家にとって常に最大の喜びでしょう。

　医師のファブレガス博士からの証明書を同封します。ドイツ領事官はサインすることに難色を示したのでビザは手に入らず、これに関して義父は、だれが領事館に行ったのか？　と言っていました。とにかく貴兄に証明書を送ります。書類が充分かどうか、返事を待っています。

　今日から起きているので、健康状態は少し良くなっているように思えます。今のところ全く悪くはありませんが、それでもファブレガス氏は、忍耐がとても必要で、あえて少し外に出るよりも良い天気を待とう、と言っています。

　昨日、友人のスミス氏がラウラに頼まれて私に会いに来ました。そして、出来るだけ早く「・・・」するようにと、すでに貴兄に送ったと言いました。

　とても疲れてしまったので、もうペンを置きます。私の暖かい抱擁をすべての人に、そして愛情のある貴君達への賞賛を受け取ってください。

ジョアキンからの手紙　1908年3月21日　バルセロナ

　親愛なるイサーク、先週の火曜日にアンパロ・グラナドス *Amparo Granados*〔グラナドスの妻〕は、家で大げさにラウラからの手紙で私の状態がとても悪いと知ったと妻に言い、酷くならなければよいがと、心配していたそうです。

　さて、愛するイサーク、まず世話をしてくれたことに大変感謝しています。運良く何もなく、1ヶ月半私は新しい治療を受けていて、もちろん天気が良くなったら、あと数日で外に出られるようです。

　田舎に移って上手くやれるならば、すぐにというのが本当ですが、完全に回復するためには、前に話したように充分に病の経過を見なければならず、世の中を駆け巡るニュースや新聞に注意を払っていられません。

　誰が貴兄達に、私の具合が悪いというニュースを伝えたのか知りたいです。私たちは皆、エンリケータがとても元気になることを望んでいます（私達は彼女の病気のことを知りませんでした）。

　そして、すぐに手紙をください。2ヶ月近く前に貴兄に送った手紙の返事をください。2、3日前にボンフィリオ氏から丁寧な手紙を受け取ったので、彼に返事をお願いします。

　返事を待っています。皆のために最も愛情深い抱擁を受け取ってください。

　　　　　　　　　　　　いつも貴君の友達、ジョアキン・マラッツ

　書簡はここで約7ヶ月間が空いているが、その間にイサークは体調を崩したと推察される。

ジョアキンからの手紙　1908年10月28日　バルセロナ

　親愛なるイサーク、何日も前に貴兄に手紙を書きたかったのですが、「明日書こう」と思いながら何日もこのように日々を過ごしてしまいました。

　私と同じようにメルセデスも、先日のラウラの手紙の知らせを悲しく感じていました。それを貴兄に伝えずに、このままにしておきたくありません。

　今、貴兄の容態が快方に向かっていることを願っています。すっかり諦めてしまわないように、貴兄は努力することを考えなければなりません。最近は働きす

ぎて、今、衰弱してしまったのは自然なことですが、そのために元気になるのを諦めてはいけません。私達が貴兄に願っているように、全ての人が強く望んでいます。

私はすでに完全に元気になりました。少し大変な時期を乗り越えたので、今年の冬には演奏しようと決心しています。私らしくなく過ごした *10* ヶ月は無駄ではなく、今、先ほど述べたようにいつもの自分に戻っています。

メルセデスと私はロジーナと貴兄が、これからどのようにしていくか知らせてくれることを願っています。今、パリに滞在するつもりがあるのか、またはニースにすぐに行く計画があるのか、教えてください。

私達すべてのために最も愛情深い思い出を送ります。そして、いつも変わらない友達がどれだけ貴君を愛しているか判っていますね。

ジョアキン・マラッツ

以上で、イサークとジョアキンの書簡は終わる。ジョアキンは1年以上ブランクを空け、1909年5月2日、バルセロナのノベダス劇場で復帰した。

その12日後の5月18日にイサークは亡くなり、ジョアキンは11月29日、12月2日にマラガでイサークの追悼として《イベリア》から〈エボカシオン〉〈エル・プエルト〉〈トリアーナ〉〈エル・アルバイシン〉〈マラガ〉〈ヘレス〉を弾き、翌1910年10月3日にバルセロナのカタルーニャ音楽堂で、これに加えて〈エリターニャ〉を演奏した。この演奏は『la Revista Musical de Bilbao』誌で V.M.de Gibert に「マラッツは《イベリア》を完璧に演奏した」と評された。その後、ジョアキンは《イベリア》の全曲演奏を試みたが、目標は達成できなかった。そして、ジョアキンは1912年10月22日に亡くなる。後年、ガルシア・マルティネスによると、『la Publieidad』誌の「Hojas Musicales 1917」に「マラッツは病気だったが少数の参加者の前で《イベリア》全曲を弾いた」というカステッリャ伯爵夫人の証言が掲載された。

21 《イベリア》とセルヴァ

20世紀初めになって、やっとアーティストたちはコンサート・エージェントや一般の人々からの正当な評価を受け、その価値は認められるようになったが、19世紀以来、演奏会の収益金は作曲家に独占されていた（この独占は、アーティストの権利の一部の再配分に繋がるディスクやラジオが登場する20世紀の半ばまで続いた）。

フランス学士院や大きなメセナでも、演奏家や楽器製作者ではなく、作曲家に権利が優先され、コンサートでの演奏家の採用は作曲家がその権限をもっていた。作曲家に認められることが奏者や歌手の評価基準になっていた。

先に述べたように、セルヴァはイサークと1904年末から親交を結び、1905年1月18日には、〈ラ・ベガ〉、《スペインの歌》から〈セギディージャ〉、〈プレリュード〉、〈オリエンタル〉そして《スペイン組曲（第1集）》の〈アラゴン〉をポリニャック大公妃のサロンで、また4月15日は国民音楽協会で《スペインの歌》を演奏した。ポリニャック大公妃宅のコンサートの翌日には、次のような手紙をセルヴァはカステーラに送っている。

「昨日、ポリニャック大公妃のサロンでディナーを頂き、演奏しました。彼女のためにアルベニス作品を弾きましたら、彼女は彼の作品をとても好み、私が弾いた作品と《ペピータ》の楽譜も欲しいと言っていました。どこで楽譜を手に入れることが出来るか判らないので、彼女に送ってください。」（1905年1月19日　セルヴァからカステーラへの手紙）

そして、セルヴァはポリニャック大公妃が希望する作品すべてのリストを渡した。

この1905年の10月19日、すでにイサークはスコラでピアノ科助手を辞めていたが、セルヴァはカステーラに次のような手紙を書いている。

「私たちは、スコラに有能な先生がいないことを嘆いています。もし、イサークがパリに滞在するなら、世界中の誰よりも彼が教えるべきです。」

セルヴァはイサークの音楽に心酔していたのだった。そしてセルヴァは、1906年にベルギーとパリで《イベリア》第1巻の初演を成功させた。

《イベリア》第1巻の楽譜はこの年、1906年にスコラ・カントルム所属

の Mutuelle 出版から出版されることになった。

　アルベニス作品を献身的に演奏するセルヴァをマスコミは熱心に扱ったが、彼女は弾くことだけでは満足できず、じきにイサークの《イベリア》自筆譜に自ら手を加え始めた。カステーラのたくさんの手紙がその事実を語っており、その加筆修正はバルセロナに保管されている一部の自筆譜に確認することができる（自筆譜ファクシミリは EMEC-EDEMS より出版されている）。

　もちろん、イサーク本人はセルヴァの加筆を喜んでいなかった。

イサークからカステーラへの手紙　1906 年 9 月 19 日（ケスニー p.93 では 11 月になっている）

　「演奏しやすさのために、私の手書き譜の表記を変更するのは慎むように、ブランシュに言ってくれたまえ。

　他の書き方では私が期待している響きは得られない。私の書法でのフレーズを、彼女は習得しなければならない。

　セナール（Maurice Senart。Mutuelle 出版の編集者）がゲラ刷りを送ってくれたばかりだが、その中に 3 ヶ所全く変えられてしまった所を見つけた。すべて元の通りに戻すように、セナールは 2 つか 3 つの版を使うべき。（セルヴァの意見とイサークの元の書き方、その両方を表わす版を作るべきだということであろうか？）

　ゲラ刷りの校正をやってくれた彼女を、賞賛しているし感謝もしている。しかし、彼女は私自身が充分に良いピアニストだったことを想い出して、ピアノ書法に関して私を信頼してほしい。」

　イサークは、弾きにくさを解消するために、同一の手で弾くべき声部を、手を入れ替えて演奏することを嫌っていた。次のような手紙がある。

イサークからカステーラへの手紙　1906 年 11 月 30 日

　「親愛なる素敵ないたずらっ子さん、貴君をからかい、貧しいアルベニスをからかうためのシンジケートである親愛なる素敵ないたずらっ子のブランシュ・セルヴァと手を組んだのかい？　無意味な小さなオクターブのために大騒ぎだね。

　私が極端に気難しいと思っちゃいけない。しかし誰も、左手または右手の音の響きの違い、それぞれの 2 つの手が持っている強さの違いを気にしない。

同じ音で作曲されていながら、パッセージは書き方が違えば、オーケストラの
楽器の違いに匹敵するように音色が異なることは明らかだ。」

　セルヴァの校訂の中から少し例を挙げると、第1巻の3曲〈セビージャ
の聖体祭〉は、セルヴァが変更した箇所を元に戻させたはずであるが、ま
だ Mutuelle 版でイサークの自筆譜とは異なる部分が見受けられる。
　例えば下記である。印刷されている楽譜は初版の Mutuelle 版であるが、
弾きやすさのために 3-4 小節目は右手と左手の声部が区別されていない。

🎼 イサーク自筆譜〈セビージャの聖体祭〉247-8 小節目

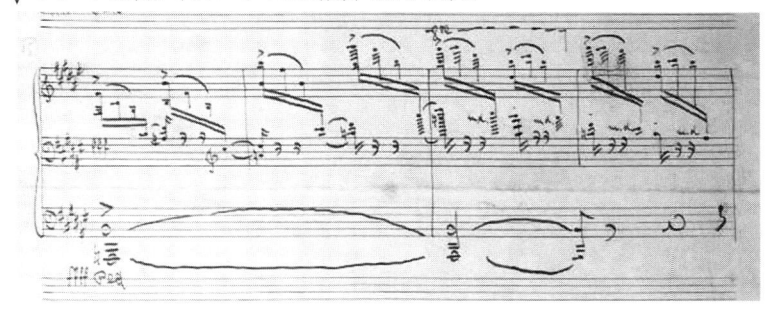

🎼 Mutuelle 版〈セビージャの聖体祭〉同

　また以下は 1907 年に Casa Dotésio（のちにウニオン・ムシカル・エスパニョーラ
U.M.E. に継承された）から出版されている楽譜で、印をつけたところは自筆譜
と Mutuelle 版では左手で弾くようになっていた。

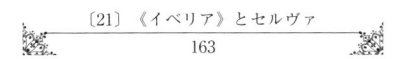

Mutuelle 版ではイサークの希望通りに戻したものの、Casa Dotésio では左手の音というイサークの考えが尊重されなかった。

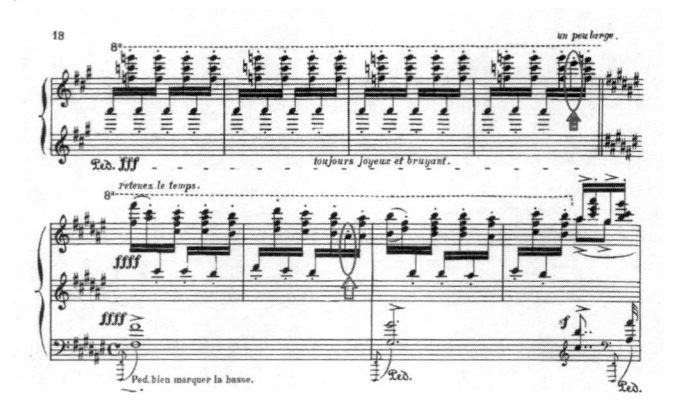

U.M.E. 版

　1906 年 12 月 18 日、イサークはカステーラに《イベリア》第 3 巻を書き終えたことを手紙に書いた。

　「この 3 曲の作品のなかに［・・・］スペイン人気質と本質を、極限の難易度に歌い込めました。最も難しく、うんざりするようですが、最も素晴らしいコレクションと考えています。
　この〈ラバピエス〉は、特に完全に前代未聞で、セルヴァが献身的に尽くさなければ、正義の眠りをしないのではないかと懸念している。」

《イベリア》第 2 巻 1 曲目 T.105D〈ロンデーニャ〉（197-216 小節目）楽譜の下に、「ムッシュー、セナール、これらはセルヴァ嬢の直しで示したものです。アルベニス」と書かれている

正義の眠りとはヴィクトル・ユゴーの『レ・ミゼラブル』でミリエル司教（正義）が寝ている間に、ジャン・バルジャンに銀食器を盗まれることを指しているのではないだろうか。司教は怒らずに、警官に捕まったバルジャンに最上の品である銀の燭台を「友よ。持っていくのを忘れましたね。」と言って彼に渡す。銀の品々は正直な人間になるために使いなさいと言われたバルジャンは改心する。すなわち、セルヴァが献身的に尽くせば、正義の眠りが出来て、うまくいくだろうという意味であろう。

　カステーラに手紙を送った同日12月18日、イサークはセルヴァとカステーラに「セナールに送るため貴方たちの言葉を待っています」と同意を求めた。第1巻のセルヴァによる楽譜修正は元に戻すように求めていたイサークであったが、第3巻がとても難解であるため、セルヴァしか弾くことができないと思い、意見を求めたと考えられる。そしてセルヴァは、積極的に作品の完成に協力した。このため自筆譜とは異なった譜面になっている。

　しかし、このコラボレーションは舞台裏で行われ、Mutuelle 版にセルヴァの名前は出ていない。残念なことに、第3巻でもアーティキュレーションのカットや左右の手の入れ替えは行われた。

　第3巻1曲目の〈エル・アルバイシン〉の最後のページではペダリングが違っている。

　次頁上の譜例の2小節目の1拍目に使うペダルは Mutuelle 版では長くペダルを使ったままになっているが、下の自筆譜では、短くすぐに外すように書かれている。

　また第3巻2曲目の〈エル・ポロ〉では自筆譜13小節目には特にイサークが senza pedal（ペダルなし）と指示しているが、Mutuelle 版では書かれておらず、U.M.E. 版に反映されるようになってしまった。

22 暴君

セルヴァは曲順についての意見をカステーラに寄せていた。

セルヴァからカステーラへの手紙　1906年11月20日
「私はアルベニスの3つ目の作品をセナールに送りますが、校丁の前に曲順を考えるのに、もちろんまだ時間がかかります。でもこのままにして、たんに弾くときに順番を逆にしようと思います。」

　ジョアキンが療養生活に入ったころ、セルヴァはスコラの仲間、特にセヴラックなどの作品を演奏していた。そしてイサーク作品の崇拝者であり、父親がカタルーニャ出身ということも心にあったのであろう、彼女はこのカタルーニャの作曲家へ奉仕する気持ちでイサークの作品を演奏するようになった。彼の作品を演奏することは彼女にとって大きな喜びであり、イサークを賞賛していた。

セルヴァからカステーラへの手紙　1907年7月28日
「私にとってピアノを弾くことは喜びではありません。白状しますが、退屈なショパンやリストを無理やりやらされているから。時々我慢できず、アルベニスの小品を弾くことで気力を奮い起こしています。」

　イベリアの手書き譜の初見演奏はとても大変であったが、本当に献身的にイサークの音楽を演奏した。
　譜面は読みにくく、ピアニスティックな書法は濃密であり、ポリフォニーが重要であった。このような前代未聞の難しさを持つ作品を演奏できるテクニックを持っているピアニストは少なかった。
　イサークと共にその作品を練習している時、セルヴァはしばしば難しいパッセージを前に失望し、イサークに抗議すると、イサークは「貴女は弾くよ！ Tu vas le jouer!」と確信して答えた。この話はアルベニス一家に伝えられており、イサークの娘エンリケータは、自身の子アルフォンソにしばしば語っていた。

セルヴァは難関を乗り越えながら、イサークから託された4巻からなる《12曲の新しい印象　イベリア》を1曲ずつ仕上げたが、イサークの作品の演奏に真心を尽くすセルヴァに、彼は充分な感謝を言ったことはなかった。

　セルヴァは自身で作曲したメロディにイサークへの詩のような献辞を書いている。

　「これは、ピアニストたちの暴君、シンプルな音楽のいくつかのページ、おぉ、はい、シンプル、シンプル、シンプレット、そして〈ラバピエス〉と〈トリアーナ〉の恐怖が私を襲うけれど、これはブランシュ・セルヴァからのアルベニスのための温かい友情です。」

　「ピアニストたちの暴君」とは、イサークが愛情深く、ユーモアに満ちた人間だからこそ、セルヴァが使った言葉であろう。セルヴァは〈ラバピエス〉と〈トリアーナ〉を弾くのは無理だと抗議しながらも彼女は粘り強くイサークに従った。「ピアニストたち」と複数になっているのは、彼女だけでなく、ジョアキンもイサークを暴君作曲家と思っているだろうと想像しての言葉であろう。

　しかし「ピアニストの暴君」でありながらも、イサークはセルヴァが献身的に偉業を成し遂げようとしていることにとても敏感であった。

　イサークは自分の作品の難しさを判っていたので、ジョアキンが病気になってしまった状況で、これを演奏できる唯一のピアニストがセルヴァであると考えていた。

　《イベリア》T.105I を除く初演はセルヴァによって行われたが、ジョアキンとの書簡で判るように、〈トリアーナ〉は前もって演奏された。

　下記はトーレスによるデータである。

　1906年3月20日〈エボカシオン〉〈エル・プエルト〉〈セビージャの聖体祭〉：ブリュッセルのラ・サロン・リブレ・エステティックにてセルヴァが演奏

　1906年5月9日　第1巻：パリ、サル・プレイエルにてセルヴァが演奏

　1906年11月5日〈トリアーナ〉：バルセロナ　テアトロ・プリンチパ

ルでジョアキンが初演

1906 年 12 月 14 日 〈トリアーナ〉：テアトロ・デ・コメディアでジョア
キンが再演

1907 年 9 月 11 日　第 2 巻全曲。しかし実際には第 2 巻の〈トリアーナ〉
〈アルメリア〉と第 3 巻の〈エル・ポロ〉：サン・ジャン・ド・ルスでセ
ルヴァが初演

1907 年 9 月 14 日　2 巻の〈ロンデーニャ〉と 3 巻の〈エル・アルバイ
シン〉：サン・ジャン・ド・ルスでセルヴァが初演（この頃にはセルヴァはス
コラでイサークの作品を生徒に教えるようになった）

1908 年 1 月 2 日　第 3 巻：パリのポリニャック大公妃のサロンでセルヴァ
が初演。実際にはシルビア・カーン Sylvia Kahan の著書掲載のポリ
ニャック邸の印刷プログラムに〈トリアナ〉〈セビージャの聖体祭〉〈エ
ル・アイバイシン〉〈エル・ポロ〉が記載されていた。

　この 1 月 2 日のポリニャック家でのプログラムは曖昧で、第 3 巻の〈ラ
バピエス〉は演奏しなかったようであるとジャン・マーク・ワルスザウス
キ Jean-Marc Warszawski は述べている。セルヴァにとって、《イベリア》
の何曲かの演奏は本当に大変だったようだ。

　1908 年 1 月 13 日、セルヴァはイサークに「〈ラバピエス〉と〈トリアー
ナ〉は恐怖です」と打ち明ける。確かに、この 2 曲は複合リズムで、特に
〈ラバピエス〉には不協和音が多く、初見をするだけでも大変難しく、アー
ティキュレーションも同様に難しく、機敏さが必要で、ピアニスティック
に演奏することにおいてもまた大変難しい。セルヴァは 1914 年になって
も、この苦しみから逃れられずに次のように苦しみを語った。

　「はい！ 私は〈ラバピエス〉を服従 dompter させたと思います！ 今の
ところは、この作品と毅然たる態度で喧嘩していますが、それでも少しず
つ 1 つ 1 つの音に身を任せられるようになりました。これが結果です。ア
ルベニス作品を 1、2 年で本当に上手く弾けるようになるだろうと思いま
す。」

　1908 年 2 月 9 日、第 4 巻は国民音楽協会でセルヴァによって初演された。

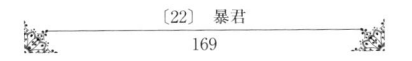

イサーク、1905 年

23 故郷へ

 イサーク、最期の年

　1908 年 1 月に〈ヘレス〉の作曲を終え、イサークは春にイタリアのフィレンツェへ旅に出た。その時、娘ラウラは父親が 47 歳にもかかわらず 80 歳の老人のようにとても疲れていることに気づいていた。

　彼の豊かな髪と明るい栗色の髭は白髪も混じっていなかったし、小さな黒い瞳は生き生きと輝いていたが、博物館や教会を訪れては疲労困憊し、そのたびに老人のように息を切らした。

　イサークは自らブリュッセルで〈アルメリア〉と〈トリアーナ〉を演奏した。ついに《イベリア》で、彼の音楽は明らかな独創性を発揮した。しかし、これは彼の「白鳥の歌」ともなってしまった。バニャル・ド・ロルヌ（フランスの温泉地）で過ごしたその夏、生涯彼を苦しめていた動悸が、今までになく強く彼を襲った。

医者たちには、肥満を指摘され、運動を勧められた。

　秋になって、パリへ帰ると心臓に障害が出て、彼はいよいよ自分の身体が危険な域にあることを感じた。これは誰も想像していなかったことだった。

　デュカとフォーレに付き添われてワーグナーのオペラを聴きに出かけたときには、食事をしてからオペラを観劇したのだが、気分が悪くなり途中で帰宅し、この日以来、外出できなくなった。

　しばらく悪い容態が続いたが、そうするうちにイサークは起き上がり、毎日午後になると友人たちの家を訪問できるほどの小康状態を取り戻した。

　ブーランヴィリエ 55 番地にある彼の家は、来客が絶えることがなかった。デュカは 1 日も欠かさず彼を見舞い、病気が悪くなってからは 1 日に 2 度も 3 度も繰り返し訪ねた。

　フォーレ、セヴラック、ショーソン夫人、マルリアーヴ夫妻（妻はピアニストのマルグリット・ロン）も見舞いにきて、娘ラウラによると最期の 6 ヶ月間、毎日 12 人から 14 人の訪問者を迎えたという。

　1909 年 3 月、彼は少し良くなり「田舎で過ごしたい」と望んだので、家族は医師の指示に従いカンボ・レ・バン Cambo-les-Bains に住宅を探し、4 月に「シャレ・サン・マルタン」を借りた。そこは懐かしいスペインの国境から数キロしか離れておらず、戦争中ホテルとして使われ、その後サナトリウムになっていたところだ。

　イサークはカンボをとても好み、近所の親しい友スロアガやダリオ・デ・レゴジョスのおかげで、さみしさを感じることはなかった。聖週間の間、ショーソン夫人らはイサークをサン・ジャン・ピエ・デュ・ポール Saint-Jean-Pied-de-Port（南東約 30 キロ）等へドライブに連れ出すと、彼は「運命とはなんと不思議なものなのだろう。なぜ私はカンボに死にに来たのだろうか？」と友人に語った。

　4 月、尿毒症が進み、姉クレメンティーナの息子のルイス（医師）はイサークの枕元を離れないようにしたが、容体はますます悪くなっていった。そ

のようななかで、グラナドスの訪問は彼を元気づけた。

　イサークにとってグラナドスは弟のような存在で、イサークのためにグラナドスは彼の《ゴジェスカス》やイサークの《マジョルカ》を演奏し、これを聴いたイサークは涙ぐんだ。またグラナドスはドビュッシーからの手紙を読み、ドビュッシーやフォーレ、デュカ、ダンディの推薦によりフランス政府からレジョン・ドヌール十字勲章が彼に授与されたことを告げた。その知らせに、彼は喜びと悲しみの涙を流した。

　ティボーもコルトーとカザルスを連れて見舞いにきて、彼らのおかげでイサークは小康を得ることができた。コルトーにラウラが様子をたずねると「彼のこんなに美しい姿は見たことがない。彼の肖像画を描かせることができないのは残念だ。」と答えた。

　彼が亡くなる少し前、ジョゼフ・ド・マルリアーヴ Joseph de Marliave（ロンの夫で文人・音楽評論家）はイサークに手紙を送っていた。

　1909年4月（日付無し）「今のところ、貴方の不吉な予言にもかかわらず、貴方はある人のために予定した有名な付録を完成させることができるでしょう。私は、そのある人の嫉妬深い夫です。」

「ある人」とは、妻のマルグリットであり、彼女がイサークから《ナバラ》を献呈されていることを指して、親愛の情を込めて自分が嫉妬していると仄めかしている。まだこの時点では〈ラ・ベガ〉の見直しや、《イベリア》の続きとして〈ガロティン Garrotín〉という曲を作曲する意図も想像されたであろう。

　1909 年 5 月 9 日、グラナドスはバルセロナのマスコミに電報を送り、フォーレとパリ音楽院の気持ちを伝えた。「私たちは彼がアーティストとしても人間としても非常に偉大であると考えています。彼の 1 日も早い回復を心から願っています。」

　スイカズラとバラが近くに植えられた部屋に横になり、毎日家族に「バラは、もう咲いたかい？」と彼は訊ねていた。その年の春は寒く、例年より花々の開花は遅れていたが、5 月 16 日に太陽は光輝き、魔法にかかったように、すべての清らかな淡い紅色のバラが花開いた。1909 年 5 月 18 日、イサークの意識はしっかりしていたが、苦しみで話すことができないほどになっていた。

　最期には妻の名前を呼び、夜の 8 時数分前に亡くなった。

　デュカはファリャに「サンチョの風貌をしたドン・キホーテ」とアルベニスを諷して語った。騎士道を貫く、痩せ細ったキホーテの姿が、彼の家来である太ったサンチョのようだったというのである。

　「恩知らずな人を許し、憎しみも気にしない。いつも何かの考えや誰かに身を捧げようとする。献身的に奉仕し、思いやりがある、という言葉は彼のためにあるに違いない。試練のときだろうと理が通らないときであろうと、ユーモアを忘れず、陰鬱な日々でも常に楽天的で微笑んでいる。人生も戦争も彼を気落ちさせるものは何もない。とても思いやりのある彼を、誰もが愛さずにはいられない。このような性格は、19 世紀を飾る芸術家たちの中でも際立っていて、ちょうどリストを思い出させるようだ。」

　これは、マルリアーヴによって 1912 年に書かれた文章である。

イサークは息を引き取ってから懐かしいスペインに戻ることになる。グラナドスらは葬儀の準備を綿密に進め、マラッツは葬儀委員長を務めた。彼の亡骸は暫定的にカンボに埋葬され、6月5日午後6時15分、列車でピレネーを越えてバルセロナのフランシア駅に到着した。

　この日のために礼拝堂に改装された同駅にはオルフェオ・カタラン合唱団、アカデミア・グラナドス音楽院、王立マドリッド音楽院、カンプロドンやトリアーナ市議会、バルセロナ市協会、その他多くの人々から花が届き、周辺には花の香りが溢れていた。

　一晩中、一般市民が行列をなして彼に別れを告げている間、彼の友人やファンは亡骸を見守った。翌日の空は晴れたり曇ったりで、海に近いその地域は、暑く蒸していたが、地中海から清々しい風が吹いていた。

　9時15分、作家、画家、彫刻家、建築家、科学者、経済学者の多くの団体の代表者や音楽家、旗を持った警察官、たくさんの群衆が礼拝堂前に集まった。15分後には、喪を表す黒い喪章を身に着けた騎兵が町の旗を高く掲げ到着した。

　9時45分にはその他の高官、市長、市議会、県行政機関のメンバーも到着し、10時15分に、礼拝堂から馬車まで棺を運び出す間、市の楽団がワーグナーの《神々の黄昏》の〈ジークフリートの葬送行進曲〉を奏でた。悲しみの中、棺の運搬人が馬車に棺を納め花々で覆う間には、フォーレの《レクイエム》が響いた。

　2頭の馬は、たいまつを持った6人の侍者に囲まれながら、警察と報道関係者を伴って棺を引いた。葬列はバルセロナの市街地を、ゆっくりとモンジュイックの丘に向かって動き出した。

　建物のバルコニーには黒い喪章とカタルーニャの旗が掲げられ、数千人の一般市民が歩道を埋め尽くし、ショパンの〈葬送行進曲〉が響く悲しみの沈黙のなか、行列は進んだ。

　道に面したバルコニーからはバラ、スミレ、カーネーション、あらゆる色の花々が、イサークへの最後の敬意を表すためにシャワーのように注がれた。

途中、葬列にはリセウ大劇場とワーグナー協会の代表者が加わり、たくさんの大学生たちや他学部のメンバーが花を手に葬列に集まった。市立音楽院の前で、学生たちが馬車に花を手向けることが出来るように10分留まった。砲兵隊の駐屯地では、兵士たちが故人に敬礼するために整列した。

　午後1時15分には市内での葬儀は終わり、棺は地中海に面したモンジュイックの丘の東斜面にある墓地へ向かい、家族と役人によって無数のカーネーションやバラの花々が飾られて墓の中に納められた。

♣ イサークの棺がフランシア駅に到着し、葬列が始まった

♣ バルセロナのランブラス通りでの葬列

♣ 花輪を添えたイサークの棺をひく馬車

イサーク一家が故国スペインに帰らず、パリに拠点を移した理由について トーレスは次のように述べている。

　「それは政治的なことではなく、美意識や経済、まずは第1にスペインのオーケストラの趣味と展望の狭さ、さらに慣習に対してアルベニスは息の詰まりそうな思いを感じていた。

　結局、1898年の悲惨な出来事（米西戦争）の衝撃だけに原因を押し付け、ボーっとしている国民の状態こそが問題であった。第2に芸術的でクリエイティブな活動が認められ報酬を得られる、という合理的な欲求がその理由であった。」（Isaac Albéniz en su Centenario）

　劇音楽を作曲したいと望んでいたイサークの希望は、スペインの芸術的潮流に乗って現れたのではなかった。

　姉ブランカが歌好きだったように、おそらくイサークも子供のころから歌が好きだったに違いない。それは彼のピアノ作品にいつも歌が溢れていることからよく判る。そして22歳の時にガスタンビデの作品に触れ、劇音楽作曲への夢を持ち、サルスエラに対して親しみを覚えた。娘が生まれた時には、サルスエラ歌手志望で若く命を絶った姉ブランカの名前を命名していたほど、歌好きな姉とサルスエラには特別な思い出があっただろう。

　民族的なエッセンスを感じさせる作品を作曲すべきと考えるのは、彼にとって故国はいつも特別なものであったということだ。15歳でスペインを離れるまで、子供のころからスペイン各地で演奏し、作曲家となってからはマドリッドのロメロ出版が彼の作品を次々と世に出すことで彼を支え、作曲家イサーク・アルベニスを育てた。

　中南米からベルギーを経て、スペインに戻ったもののロンドンからパリへと生活の基盤を移していったイサークであったが、スペインもサルスエラも彼にとって大切なものであったろう。晩年まで、《ペピータ・ヒメネス》を改作し続けたことが、その証と思われる。

　しかし、スペインでは〈マーリン〉の初演が中止になり、《ペピータ・ヒメネス》も国外に比べ反応は大変鈍く、イサークが母国に落胆したことは理解できる。劇音楽は興味深い原作との出会いも大事であり、私はその

運と彼の才能がシナジーを生まなかったと感じる。

　彼の目指すものは民族的な素材を意識しながらも、他国の音楽と音楽家に接し感性と技術を磨いたことで、独自の世界となっていった。そしてそれはピアノ作品において花開いていった。彼のピアノ作品は、近代ピアノ作品の中に大きな金字塔を打ち立てたのである。

　イサークはパリに拠点を置きながら、スペインとフランスで活動していたわけであるが、「休みなく往復するのは、絶え間ない戦い」であった。

　スペイン社会は近代化に向かい、芸術文化も生産性の高い娯楽の傾向に向かっていた時期であった。ムデルニズマとワーグナー旋風が襲来し、徐々に人々の芸術に対する関心が高まっていった。イサークがもう少し長く生きて、色々な脚本に出会い、色々な発表のチャンスに出会っていくことで彼自身も才能を磨くことができたら、ピアノだけでなく舞台音楽にも傑作を残すことが出来たであろう。

　スペインを愛しながらも、スペインに帰らず国境に近いフランスで生涯を終えたイサークであったが、花を携え亡骸に会いに行こうと集まったたくさんのスペインの人々の写真を見ると、彼が作品の中で綴ったスペインへの愛は、人々に伝わっていたと感じる。

♣ モンジュイックのイサークの墓 ©Yukine Uehara

　イサークはフランスで音楽の分野だけでなく画家などの芸術家たちとも交流して、コラボレーションの機会を作り、フランスとスペインの両国の文化交流に大きく尽力した。特にスコラとカタローニャの交流に一役買って文化の発展に大きく貢献し、仲間や後進の芸術家を助けた。

　イサークの音楽に対する評価を、アラルコン、コレ、トーレス、クラークなどの言葉で述べてきたが、紹介しきれなかったので、改めてここでまとめてみたい。全て引用文となる。

　彼はフランク族、サクソン族、ゲルマン族のような重厚な芸術家が彼らの作品を繰り返さなければならないと感じる必要性を、《モーロ様式Mauresque》の芸術と、気品あふれる巧みさで補っている。芸術やスペイン文学の比類ない異なった個性に明らかなような、独学による強力な個人主義で、新鮮な才能によってラテンと東洋を一気に融合させ、それを象徴した。例えば、セルバンテスやグレコのように。(コレ　1948 p.15)

　アルベニスの伝記で決して語られない1つのことがある。それは、とても幅広い領域において完全に独学だった。彼は師を持たず、レッスンや、さらに語学では基礎的な文法も全く受けたことが無かった。彼のコンサートを告げるチラシに大きな文字で書かれた彼の名を見ながら読み方を学んだと聞いたことを想い出す。とラウラは述べた。(同)

　「晩年のドビュッシーは《イベリア》とリストの《エステ荘の噴水》を常に弾いていた。」(コレ p.59)

　16世紀以来、欧州で初めてスペインの音楽が認められるようになったのはアルベニスの業績である。それまでは、黄金時代の宗教的ポリフォニーの音楽が、古代都市バビロンのように存在しており、ビクトリアが本格的な音楽家として登場するには、依然としてイタリア語綴りで「ダ・ヴィットリア」と呼ばれなければならなかった。そして、スペインのスカルラッ

ティ楽派も、民謡トナディージャの作曲家も、19世紀のエスラバやアリエタも近隣諸国の音楽家から注目されることはなかった。アルベニスが登場する前は、フランス、ドイツ、イタリアの楽派以外はほとんど知られておらず、グリンカ、リムスキー＝コルサコフ、バラキレフ、キュイ、ムソルグスキー、ボロディンを加え1861-62年に結成された5人組などロシア楽派もひっそりと現れただけであった。（コレ pp.104-105）

　ドビュッシーは1913年12月1日『S.I.M（la Société Internationale de Musique）』9/12の冊子の評論で次のように述べた。

　「《イベリア》3巻の〈エル・アルバイシン〉ほど価値のある作品はほとんど無い。カーネーションと焼酎の香りがするスペインの夜の雰囲気が感じられる。それは、突然神経が震えて目が覚めてしまう、夜に泣いているギターのかすかな音のようだ。民族音楽は正確には再現されていないが、それはそれらを吸収し、境界線の痕跡を残さずに浸透するまでそれらを聴き続けた人の作品である。《イベリア》第4巻の〈エリターニャ〉は、朝の喜び、フレッシュなワインを飲める宿での幸運な出会いである。群衆は、大笑いしながら絶えず通り過ぎ、バスク太鼓の鈴の音が響く。音楽はこれほど多様で多彩な印象をもたらしたことはない。あまりにも豊かなイメージに眩しくて目を閉じる。これら《イベリア》にはアルベニスが全力を尽くし「音楽を窓から投げ捨てるほど惜しみない欲求で誇張する「書法」を意識したものが他にも多くある」（コレ p.157）

　これについてゴーティエ（ゴーティエ p.122）や、クラーク（クラーク p.279）もおおよそ同じ内容を述べている。

　オリヴィエ・メシアンは《イベリア》の大ファンであり、「これは驚異である。この作品はピアノ作品の最高傑作であり、楽器界の王の1等星の中でおそらく最高の地位を占めている」と述べた。（ゴーティエ p.99）

　ドビュッシーとアルベニスは互いに影響し合っていた。まず、カンプロドンの作曲家（アルベニスのこと）をとても崇拝しているドビュッシーは、自ら《イベリア》4巻を常に弾いていて、その中に感じ取れる驚くべき素晴

らしいピアニスティックな思いもよらない音階を利用している。感性が鋭い。」（ゴーティエ　1987 pp.100-101）

　《アスレホス》を完成させたグラナドスは、アルベニスの音楽を「細部まで注意の行き届いた、優雅でスラリとした穏やかな緊張感で、悲しく微笑みながらグラデーションを経てゴヤのマハの支配的で穏やかな帝国にたどり着く優雅さである。イベリアは我々の黄金世紀の記憶を呼び起こす」と述べた。（クラーク p.293）

　「舞台の多様さ、雰囲気と気分の数知れぬ多様さ。《イベリア》のそれぞれの曲は、この固有の表情と、一目で他のものから区別される視覚的ともいうべきその個性とによって、私たちのもとへ飛び込んでくる。・・（略）・・
　こうした表情の多様性は、それ自体、舞台の多様性に対応している。たしかにアルベニスの音楽性は、何よりもまず「純粋」音楽から成る。にもかかわらず、この音楽家は常に風景を求め、そこに彼の夢想と詩情のきっかけを位置させようと欲する。具体的な恩寵である詩情は、不確定なもののうちに生ずるのではなく、フジの香りや一陣の風、あるいは街のブラスバンドを契機として生じるのである。」（ジャンケレヴィッチ p.24-25）

　ドビュッシーは、《現代音楽への感謝 Une appréciation sur la musique contemporaine》でのミシェル・ディミトリー Michel Dimitri Calvocoressi によるインタビュー『練習曲』（1914年4月）で、「おそらく、今日のスペインの音楽家で最も典型的なものはアルベニスだ。彼は民族音楽のスタイルと真の精神を完全に沁み込ませるために、その源になる音楽を充分に聴きこんだ。彼の想像力の豊かさは、本当に驚異的であり、雰囲気を作り出す能力を超えている。」と語った。（ケスニー　2022 p.5）

　イサークは若いときに悪知恵を使うこともあったが、のちに作曲家として成功してからは、持ち前のおおらかさで、垣根を作らずにフランスの音

楽家たちと交流した。その交流による真の美の追求はスペイン、フランス両国の芸術の発展に役立ち、フランスで活動するスペイン人として大変重要な役割を担ったのである。

1935年12月14日、バルセロナのモンジュイック墓地のイサークの墓にフロレンシオ・クイラン Florencio Cuirán の彫像を配置する際に、詩人・劇作家フェデリコ・ガルシア・ロルカ Federico García Lorca（1898-1936）は、イサークのためにソネットを読んだ。

「目の前に聳え立つこの石は　朽ちた葉と暗い泥の上で
亡霊の竪琴　熟した太陽　こぼれ落ちた歌の骨壺を　守り続ける
カディスの海から　川辺に永久の城壁を築いたグラナダまで
硬い蹄の音を響かせるアンダルシア馬に乗って
貴君の影は金色の光の中でうめく
あぁ、可哀相なちっぽけな死人よ！
ああ、音楽と絡み合う心地よさ！
鷹の瞳、健やかな心！
終わりのない空が眠り、雪が横たわる
火の冬、灰色の夏を夢見よ
昔の生活を忘れて眠れ！」

ガルシア・ロルカ

"Esta piedra que vemos levantada
sobre hierbas de muerte y barro oscuro guarda lira de sombra,
sol maduro, urna de canto sola y derramada.
Desde la sal de Cádiz a Granada,
que erige en agua su perpetuo muro,
en caballo andaluz de acento duro

tu sombra gime por la luz dorada.

¡Oh dulce muerto de pequeña mano!

¡Oh música y bondad entretejida!

¡Oh pupila de azor, corazón sano!

Duerme cielo sin fin, nieve tendida.

Sueña invierno de lumbre, gris verano.

¡Duerme en olvido de tu vieja vida!"

García Lorca

　「硬い蹄の音を響かせるアンダルシア馬に乗って」と筆者が訳した文は、直訳では「硬いアクセントのアンダルシア馬にのって」であり、そこにアクセント acento という言葉を使っている。イサークは「スペイン人の作曲家は、世界的なアクセント acento を持ったスペイン音楽を作曲すべきである música española con acento universal」と理想を語ったが、イサークはカタルーニャ出身であり、そしてガリシアやアラゴンの民謡にもインスパイアされ作曲していたにもかかわらず、とくにアンダルシアのアクセントをスペイン音楽として伝えたとロルカは感じていたと筆者は考える。確かにピアノ作品として最後の作品〈ヘレス〉ではアンダルシアで生まれた「ソレアレス」を思わせるテーマが登場し、全体が「ミの旋法」で書かれている。彼が少年期に旅をしたアンダルシアの文化はイサークの身体に涵養されていったことを感じさせる。

　そして、筆者はイサークが、1908 年に筆をおいてからその後も第 4 巻の〈エリターニャ〉を最終曲として配置を変えていないことにも関心を持つ。20 歳の時に自分が死ぬかと思うほど体調を崩したが、「おそらく皆は私を埋葬して、これでおしまい、めでたし、めでたし！」と日記に書いている。〈エリターニャ〉のセビジャーナスの楽しい踊りのリズムで《イベリア》を締めくくった気持ちが、この日記と筆者には重なって感じる。ロルカが詠ったように、イサークは光の中でうめく可哀相な人だったろうか。迎えにきた天使と、カスタネットの響きに乗って、帽子をかぶり、軽やか

にセビジャーナスを踊りながら旅立っていったように筆者には感じる。

記念碑の落成式の日、イサークの孫たち

〔24〕　アルベニスへのオマージュ

【第2部】

作品編

CD『アルベニス：ピアノ作品集 Vol.1 〜 4』
（著者の演奏録音）

・第 2 部作品解説にて CD 1 〜 CD 4 と記した楽曲は、CD『アルベニス：ピアノ作品集 Vol.1 〜 4』において、著者の演奏録音を聴取可能なものです。

・以下の QR コードは Apple Music の、CD Vol.1 〜 4 へのリンクです。本書刊行時の 2025 年 3 月現在、リンク先で各曲の一部抜粋の音源が聴取可能です。その他、各種オンラインのサイト等でも同様です。

・本リンク先は、変更になる可能性もあります。出版社へのお問合せは受け付けておりませんので、読者の方にてご確認頂けますようお願い致します。

Vol.1　Vol.2

Vol.3　Vol.4

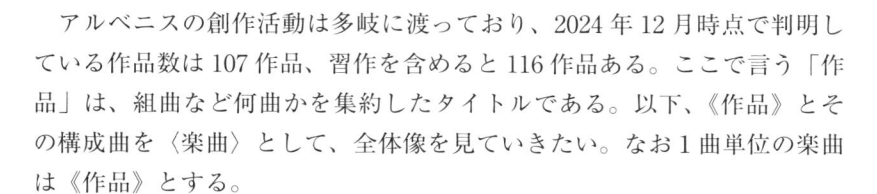

1 作品概観

　アルベニスの創作活動は多岐に渡っており、2024 年 12 月時点で判明している作品数は 107 作品、習作を含めると 116 作品ある。ここで言う「作品」は、組曲など何曲かを集約したタイトルである。以下、《作品》とその構成曲を〈楽曲〉として、全体像を見ていきたい。なお 1 曲単位の楽曲は《作品》とする。

■舞台作品（17 作品。14 作品と 3 部作が 1 作品）：現存するのは 7 作品。1 作品は曲名だけで存在せず、2 作品は当時存在したが楽譜は失われ、2 作品は未完、あとの 4 作品は断片のみ、1 作品はメモだけである。作品のなかの序曲やアリアのような「楽曲」単位でみると、76 曲が現存している。

■オーケストラ作品（未完のものを含めて 11 作品）：以下、楽章を含め「楽曲」単位でみると、現存するのは 17 曲のみ。あとは、2 作品は当時存在したが楽譜は失われ、曲名だけで実在しないものが 3 曲、未完または断片のみのものが 3 曲。他の作品の可能性がある曖昧な作品が 2 曲。その他《秋のワルツ》はピアノ作品を他者にオーケストレーションを依頼したものである。

■室内楽曲（5 作品）：現存する作品は《子守歌》と《愛の歌》（小品 12 の楽曲からなる）のみである。しかし《愛の歌》の直筆譜の内容には混乱した部分があり、出版の情報もない。

■声楽曲（13 作品）：細かく見ていくと、楽曲名はあるものの存在していないものが 3 曲、それと別に当時作品があったが後に楽譜は失われたものが 1 曲、途中までのものが 3 曲あり、現存している楽曲は 31 曲である。

■ピアノ独奏曲（63 作品）：圧倒的に楽曲数が多いジャンルである。例えば《イベリア》という作品は〈エボカシオン〉〈エル・プエルト〉などの楽曲 12 曲から成っている。このように楽曲単位で数えると、144 曲が現存する。アルベニスの作品の中心がピアノ曲であり、この分野の重要性が際立っていることは論を待たない。

　この第 2 部では、筆者がピアニストとして半世紀携わってきた分野であるピアノ作品をくわしく紹介する。他のジャンルについては、後半にデー

タをまとめることに留めた。

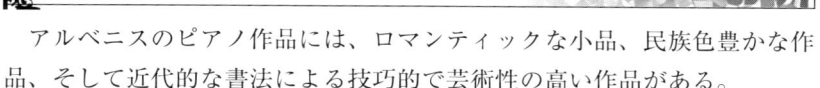

2 ピアノ作品とその特徴

　アルベニスのピアノ作品には、ロマンティックな小品、民族色豊かな作品、そして近代的な書法による技巧的で芸術性の高い作品がある。

　ロマン派の薫りに満ちたサロン風小品は、民俗的な作品が書かれている時期にも多数作曲され、28歳（1888年）でロンドンに拠点を移すまで続いている。これらにアルベニスの個性は見いだしにくいが、どれも美しい作品である。

　民俗的な素材はすでに2曲目（21歳）に作曲したT.46《ラプソディア・クバーナ》で使われ始め、1883年に作曲したT.61C〈セビージャ〉を含むT.61《スペイン組曲》で、その魅力が発揮された。活気あるスペイン舞踊のリズムやイスラム文化を思わせる東洋的なメリスマのメロディが使われた作品には、自国の民族に対する熱い想い、民族の誇りが感じられる。

　この〈セビージャ〉等を発表した1886年のコンサートで、アルベニスはピアニストとしてだけでなく作曲家としても注目を集めた。このコンサートをきっかけに人気作曲家となった彼には、学習者やピアノ愛好家も楽しめる小品のオーダーは多かったであろうと推測する。これらの小品は書きあがるとすぐに出版されていった。

　1889年ロンドン滞在以降は、スペイン民俗音楽のエッセンスを含んだ作品が増え、1893年末に拠点をパリに移すと、フランスの音楽家との関わりから作風が徐々に変わっていく。過渡期である1896〜7年作曲のT.102A〈ラ・ベガ（沃野）〉は、のちのT.105《イベリア》にみられる反復の手法がとられているが、コレが「ペテネーラ」のリズムを使っていると指摘しているものの、それほど民俗的な雰囲気は感じられない。

　1905年以降の作品T.105《イベリア》では、フラメンコ音楽で多く使われる「ミの旋法」（以下の「特徴」参照）や、民俗的なリズムだけでなく、スコラ・カントルムの音楽家の影響を得て、教会旋法や思い切った不協和音、借用和音を使用した。これらのハーモニーを含んだ複雑なポリフォニーは、色々な色調を織りなし、機微を捉えた表情を連綿と綴り、作品に深い精神性を持たせた。絵葉書が伝えるようなスペインの固定したイメージではなく、多彩な旋法の使用によって祖国の歴史や自身の追憶をも感じさせる多

層的なニュアンスをもった作品となっている。最期のこの大作はアルベニスの真骨頂といえる。（なお、1905 年に T.104《イヴォンヌの訪問》という小品を書いているが、これはブリュッセルの国立モネ劇場共同監督であるギデ Guidé の家に行ったときに娘のイヴォンヌに会い、彼女のために書いたと考えられ、この曲だけ作風が異なっている）。

●特徴

・テーマは簡潔で、メロディは声で歌うまたは笛で奏でるような滑らかな旋律線が多い。これはアルベニスが歌好きであった可能性があることと、カタルーニャの民俗音楽との関連が強いと思われる。
・テーマは展開するというよりも、同じテーマが繰り返されることが多い。
・曲の中央にコプラ（歌）が置かれることが多いが、コプラ以外にも全体が ABA 形式をとる作品が多い。
・スペインの舞曲のリズムを使った作品では、民俗的な素材を想像させる和音やリズムを多く使用し、効果的な強弱やアーティキュレーションも加えている。後述するが、例えばギターのかき鳴らしや爪弾き、カスタネット、タンバリンの乾いた音、ガイタ（バグパイプ）、細かい 3 連符または 16 分音符によるフラメンコでの靴の踵の音、手拍子を想像させる音、また東洋的なメリスマを含んだメロディ、イスラムやフラメンコを思わせる「ミの旋法」の使用が行われる。

　1897 年以降の作品、特に《イベリア》、《ナバラ Navarra》、《アスレホス Azulejos》などは、上記の特徴に加えて、下記があげられる。
・テーマの繰り返しは、連綿とつながりクライマックスを迎える。時には迷想、恍惚、高揚をもたらす。それはアラベスク模様に見られるような東洋的な装飾を思わせる。
・調性を超えた思い切った不協和音の使い方が多くなるが、大胆な和声を使いながらも、根底は調性音楽である。《イベリア》でフランスの 6 度の響きは重要であるが、研究者ポール・ブック・マスト Paul Buck Mast は、そのフランスの 6 度とドイツの 6 度、イタリアの 6 度を合わせた不協和音

を「イベリアの6度」と命名した。しかしマストが提示した例では和音の位置付けに無理があり、それらの和音を「イベリアの6度」と呼ぶのではなく、音の修飾的な使い方であると考える方が妥当であろう。クラークは上原への書簡で、この不協和音は色彩的な効果を表しており、ハーモニーを機能的な効果ではなく色として使うのは印象派の特徴であると述べた（クラーク　2024）。

・強弱の幅を広く使うようになる。それまでの小品の多くは、ごく短時間で作曲され、記譜ミスや強弱が書かれないことも多い。これに対し、《イベリア》には、細かく執拗にアーティキュレーションを書き込み、強弱は *ppppp* から *fffff* まで幅広く使用している。

・アルベニスは、スペイン人の作曲家は「世界的なアクセントを持ったスペイン音楽を作曲すべきである música española con acento universal」（Albéniz p.102）と語っていたが、実在のスペイン民謡の使用は希少である。アルベニスの遺志を継いだトゥリーナは、アルベニスの作品の民俗的な要素をとりあげて、ある特定の地域の民俗音楽であると示すのは意味がないと指摘している。

　なお全ピアノ作品をみると、スペイン舞曲のリズムまたはスペイン民謡から楽想を得ているものと、そうでないものの比率は、約3対2である。

3 アルベニスにおけるスペイン民謡

　トゥリーナは、アルベニスの作品について、伝承のレシピを通してアプローチするのは危険であると述べている。なぜなら、例えばアルベニスは《イベリア》第1巻3曲目〈セビージャの聖体祭〉に民謡「ラ・タララ」のメロディを使っているが、ラ・タララはアンダルシアではなくソリア州の民謡であり、セビージャの聖体祭はアンダルシア州でのキリスト教の祭りであるので、アルベニスは本物の聖体祭について未知であったとトゥリーナは考えている。このようにアルベニスは客観的に聖体祭を描いているのではなく、個人的な理想を作曲していることを指摘している。(Escritos de Joaquín Turina p.201)

　またフランシス・プーランクは、この〈聖体祭〉について、ラプラーヌの著書の序文でリムスキー＝コルサコフと比較し、「ロシアの大復活祭の序曲にみられるように、そのとおりの典礼ではない。」と述べている。(Laplane 1958 p .9)

　このようにアルベニスは、採取した民族音楽の素材で作曲するのではなく、芸術的観念をもち、涵養された民族音楽を彼の創造性により独特な美的領域まで高めたのである。

　トゥリーナは、真の作曲家がどのように民族音楽と対峙するのかを、自身の講演の要旨を綴った著書『Escritos de Joaquín Turina（ホアキン・トゥリーナの著作）』で表している。

　「民俗音楽の宝は、ガリシア州の先端からカディスまで（スペインの北から南までを指す）非常に豊かであり、そのリズムや定型を活用することは容易いが、これは作曲家の作品ではなく、人気のあるテーマをそれらしく表現することは国家的な作品でも愛国的な作品でもない。素材、インスピレーションとなったスペイン地域の魂をより深く掘り下げ、浸透させる必要がある。それは作曲家さえ気づいていないほど自然な形で、自然発生的に絶え間なく芽吹く感情である。そしてコプラ（歌）やダンスを必要としなくてもスペインの魂は振動する。したがって、それぞれの作品に民族音楽のレッテルを貼り、それがスペインのものであり、特定の地域に属するものであることを示すことは無意味である。」(Escritos de Joaquín Turina p.200)

本書第1部で述べたが、1878年、第3回目のパリ万国博覧会講演で、音楽学者ブールゴー・デュクドレーは、音楽的表現の領域の拡大には、異国の音楽語法に多く触れ、様々な国の民謡にまだ残っていた旋法の使用が表現上の目的に役立つことを述べた。

　アルベニスの史料発見がまだ充分でない現在、彼がイベリア半島の民謡を採取したというエビデンスは見つかっていない。その一方、彼は1897年にネウマに関してのメモを残しており、勤務先のパリのスコラ・カントルムでグレゴリオ聖歌やパレストリーナの《教皇マルチェルスのミサ曲》を学んだと思われる。この経験はアルベニスの音楽に大きな変化をもたらし、彼は《イベリア》の中でスペインの民謡に多く使われる「ミの旋法」以外に、色々な教会旋法を使用した。

　トゥリーナは「スペイン音楽印象派」という講座で、アルベニスを「印象派」と述べている。

　「これ（スペイン音楽印象主義）はドビュッシーの影響下で生まれ、新しいハーモニー、美しい響き、個性的なオーケストレーションにより、すべてはワーグナーの美学と理想の対極に位置している。しかし我々の最初の偉大な印象派イサーク・アルベニスは、スペインの歌と踊りに基づいて、非常に輝かしい自分の道を辿った。」

　「アルベニスのあとに、スペインの作曲家の大きなグループが印象派音楽の枠組みを拡大し、ソナタ、交響曲、室内楽という基本的な形式が我々の国に浸透した。」

　「フランス印象派とアルベニス作品との明らかなつながりは、セビリアの巨匠（ファリャを指すであろう）の注目を集め特別な研究対象になった。」（同p.209）

　気分や色調の重視という意味で、まさに《イベリア》の楽譜を手にとれば、「スペイン音楽印象派」という言葉は言い得て妙である。初版が出るとき、《4巻からなる新しい12の「印象」12 nouvelles 'impressions' en quatre cahiers》というサブタイトルが加えられたことも見逃してはならない。

4 民俗音楽に使われる主な用語

　前述のようにアルベニスは民俗音楽からその印象だけを捉えているため、細部では異なっているが、念のため下記に解説する。

「ミの旋法 Modo de Mi」について

　フラメンコ音楽やイスラムの歌に使われる音列であり、教会旋法のフリギアと同じ。ラーソーファーミーと終止することが多い。

「ミの旋法」

　T.93《カディス（ガディタナ）》、T.95A〈前奏曲〉、T.95C〈マラゲーニャ〉、T.105G〈エル・アルバイシン〉、T.105K〈ヘレス〉などが「ミの旋法」で書かれている。

歌・踊り・リズムの形式名

○ソルツィコ Zortzico（Zorcico）…バスクの踊りで、付点のリズムを含んだ独特な5拍子のリズムによる。

○セビジャーナス Sevillanas…7音節で4行、または7行詩で1行と3行は自由リズム、2行と4行は5音節で母音韻を踏む。2人で踊る比較的優雅な舞踏を伴う。スペインで馴染みのある3拍子の踊りである。

○ホタ Jota…郷土舞曲「ホタ」は、1700年前後スペイン北東部の山岳地帯アラゴン地方を起源とする。19世紀前半、ナポレオンの侵入に対し頑固な抵抗を見せたアラゴン人が戦意を鼓舞する歌詞をホタに乗せて歌い、それがスペイン全土に広まった。伴奏はバンドゥーリア Bandurria（撥弦楽器）やラウード Laúd（リュート）、ギターなどの弦楽器の楽団により、長調で演奏されることが多く、常に速い3拍子で奇数小節が属和音、偶数

小節が主和音となる。中間部にはコプラが置かれる。これはもともと8音節4行の詩のことをいう。歌は、音域の高い澄んだ声で歌われ、アルパルガータという麻の靴をはいて、女性はエプロンにショール、男性は半ズボンに頭に布といういでたちで、ジャンプしながら踊る。

○ファンダンゴ Fandango…マラガ起源とされ、3拍子が細分化され、ミの旋法で終止する。ファンダンギーリョ、マラゲーニャ、ロンデーニャがこれに属す。

○マラゲーニャ Malagueña…マラゲーニャとは南スペイン太陽海岸（コスタ・デル・ソル）の大きな港町マラガに伝わる民謡のことで、アンダルシアのファンダンゴの一種である。もともと舞踊の曲ではなく、韻を踏み、8音節4行詩、または8音節5行詩で、通常1行と3行が反復され6行となるコプラを待つ。独特な和声進行を持っているが、クラシック音楽にない民謡らしい流れが魅力的である。

○タンゴとハバネラ…スペインのタンゴはハバネラのことで、最初イギリスで生まれたダンスである。

　イギリスで流行っていた農民のダンス「コントル・ダンス」は宮廷の豪華な生活に飽き、農民生活や踊りに憧れたマリー・アントワネットによってフランスに取り入れられた。その踊りはフランス植民地のハイチでも流行るようになり、その後フランス革命の影響で、ハイチでも黒人革命が起こり、難民となった人々は対岸のスペイン領キューバに渡った。

　こうして「コントル・ダンス」がキューバに伝わり、そこに住むアフリカ人によりアフリカのリズム感が加えられ、揺れるような魅力的な「コントラ・ダンサ」（スペイン語）へと変化したのだ。この踊りはキューバ人によって再びヨーロッパへ持ち込まれ、今度は「ダンサ・アバネーラ」（アバネーラはハバナ風のという意味。Habana はキューバの首都で、Hは発音しない）を経て、ハバネラという名で親しまれるようになった。そしてこのリズムが「タンゴ・コンゴ（アフリカ系タンゴ）」または「タンゴ」として流行したのだ。例えば、ビゼー（1838-75）の作曲した《カルメン》（1874）の〈ハバネラ〉は、「ハバナ風タンゴ」と呼ばれた。なお、彼はそのメロディを民謡と勘違いして、《ラ・パロマ》で有名なセバスティアン・イラディエルの作曲

だということを知らなかったので、結果的に盗作することになってしまった。

　ホタ、ファンダンゴ、マラゲーニャは3拍子であるが、キューバの揺れるようなリズムが混じったタンゴ、ハバネラを演奏する場合は、拍子の表でなく裏拍を感じて演奏することがポイントとなる。筆者は師である作曲家・ピアニストのアントニオ・ルイス＝ピポ Antonio Ruiz ＝ Pipó（1934-97）よりこれを伝授された。

　次は T.94B〈タンゴ〉である。2小節目のリズムはメロディが3連音符になっており、この時にその下に表示したリズム系のように下のリズムの裏拍のアクセントを感じて演奏する必要がある。

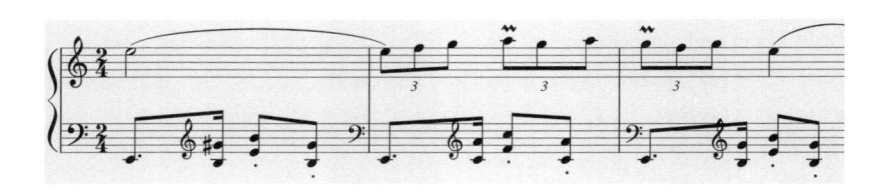

　下記は上のパートが演奏リズムであり、下のパートが感じるリズム系である。

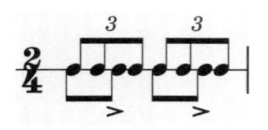

これは T.105B〈エル・プエルト〉であるが、キューバ由来のリズムであり、下記の下のパートが身体で感じるリズムで、それに乗って上のパートを演奏する必要がある。

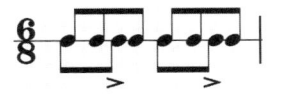

リズム 6/8 と 3/4 の交差による形式名

　フラメンコの音楽では 1 小節ずつ 8 分の 6 拍子と 4 分の 3 拍子が交代に現れるリズムが多い。

　リズム（コンパスと呼ぶ）を「1 2 ③ 4 5 ⑥ 7 ⑧ 9 ⑩ 11 ⑫」（丸印がアクセント）と数え、開始の番号、また長調、短調、ミの旋法、速度などによって形式名が異なる。

　アルベニスは無意識に身体に涵養された民俗音楽を芸術作品に高めたということを考慮したうえで、代表的なフラメンコの形式を下記に記す。彼のインスピレーションの基になった民俗音楽に触れてみることも良いであろう。

○アレグリアス Alegrías…1 から始まる明るく喜びを表す活発な曲。

○グアヒーラ Guajira…キューバ起源の明るい曲。

○ブレリアス Bulerías…1 から始まる速い曲。長調・短調・ミの旋法がある。

○ペテネーラ Petenera…⑫から始まりミの旋法によりセンティメンタルでゆっくりした曲。

○ソレア Soleá…1 から始まりミの旋法による。孤独を表す暗い曲で悲哀を歌い、荘重な雰囲気を持つ。

○ポロ Polo…ソレアと同じリズムとミの旋法であるが軽快である。歌に母音歌唱のリフレインが入り和声進行も異なる。

○シギリーヤ Siguiriya…⑧から始まるが、古い伝統をうけつぐアーティストとは異なり、複雑である。死、悲しみ、嘆きを表わす。

《イベリア》に〈ポロ〉というタイトルがあるが、本来、ポロは1から始まる6/8と3/4の交差リズムで、母音歌唱（い〜〜〜等）が入るが、アルベニスの作品では交差リズムはなく、母音歌唱の部分があり、それがフラメンコのポロと似ている。

　〈エル・アルバイシン〉はアルベニス自身ブレリア（ス）と言い、マストは〈ヘレス〉のテーマはソレア（レス）を思わせると指摘している。

　また、《イベリア》の第2巻1曲目は⑫から始まるリズムになっており、アルベニスは〈ロンデーニャ〉と命名している。本来の「ロンデーニャ」はミの旋法により細分化された3拍子（ファンダンゴ系）で、6/8と3/4の交替ではない。

　以下はその他、音楽の中で登場する色々な音。

○サパテアード…靴音で様々なリズムを打ち鳴らす妙技
○タコネオ…踵を鳴らす音
○プンテアード…ギターの爪弾き
○ラスゲアード…ギターをかき鳴らす弾き方
○ミの音…フラメンコギターで倍音として響く
○バンドゥーリア…マンドリンの一種
○パリーリョ（カスタネット）…スペインのカスタネットは指を5本使うことが出来るため5連符も可能
○パルマ…手拍子
○ガイタ…ガリシア地方のバグパイプ
○チストゥ…バスク地方の縦笛。片手で演奏できるため、1人で打楽器とチストゥの両方を奏することが出来る
○パンデレータ…タンバリン　　　　　　　他

　現在スペインは裕福な国であるが、かつて人々は土地に恵まれず過酷な状況下に生き、長く貧しく常に死を意識せざるを得ない環境にあった。

　その状況を、アルベニスと同世代の哲学者ミゲル・デ・ウナムーノ Miguel de Unamuno（1864-1936）が語っている。彼は、灼熱の夏と氷のような冬を繰り返す石だらけの恵まれない台地に生きる人々を「天に向

かって声を張り上げて慈悲を乞い、デ・プロフンディス（死者への哀悼歌）やミゼレーレ（聖書の詩編）を唱える傷心の人々」と述べ、その人々は兄弟のようだとも述べている。

　しかしこのような状況に、打ちひしがれるだけでなく、そこから這い上がり苦しみを跳ねつける力強さを持ち合わせていることを、「気まぐれにも陽気にもなれること」、そして「美味しいワインと、口当たりの良いオリーブ油と美味しい牡蠣によって考える力を失ってしまうのがスペイン人」だとウナムーノは皮肉っている。

　ここには、スペイン人特有の苦しみ、悲しみの奥深さ、そこから逃げるための楽天性が描かれている。

　死と隣り合わせのような過酷な運命と、その不運を跳ね飛ばす歌と踊りがあり、その悲しみと歓喜の感情の起伏は激しい。強い太陽の下で鮮やかな色彩の花が咲くように、音楽表現の色合いは目を見張るような鮮やかさが必要となる。一方、深い悲しみの感情は時に絶望的な世界となる。筆者は、師アリシア・デ・ラローチャから、これ以上は奏することができないほどの微弱音の奏法と、フランスでは使ったことのない強音の奏法を伝授されたが、幅広い感情の振幅を表現するには大切なことであったと感じる。これらの音色の上に、先ほど述べたスペインならではの音をピアノで表現していくことで、より変化に富んだ情景と感情を表すことができる。これは、ピアニストにとってまさにアルベニス作品の演奏の魅力と言えよう。

以降、作品解説の整理番号は、2001 年発表のハシント・トーレス教授がT. を付して整理したカタログ『Catálogo Sistemático Descriptivo de Las Obras Musicales de Isaac Albéniz 2001』に従う。

> ［記号・略記について］
> ◆＝現存する完成作品　　◆＝現存する未完の作品　　◇＝現存しない作品
> （組曲にマークがあるものは、各曲についても同様）
> 作＝作曲年　初＝初演　版＝出版　テ＝テキスト　構＝構成　献＝献呈
> 編＝編成　登＝登場人物
> ・作品番号＝ 6 ページの第 1 部注ご参照。
> ・時間表記＝上記のカタログに記載。小節数とテンポ表記により算出された演奏時間と思われる。
> ・ CD 1 〜 4 ＝著者演奏の CD『アルベニス：ピアノ作品集 Vol.1 〜 4』に収録されている楽曲
> ・構成は Antonio Iglecias 教授の Isaac Albéniz su dora para piano 1、2 を参考にした。

5　ピアノ作品解説

◆ T.45 ピアノのための軍隊行進曲 Marcha Militar para piano

> 作 1869 年　初 1869 年自費出版　構 ABA　献 ブルック子爵 Vizconde del Bruch
> ヘ長調　4/4　2'15"　自筆譜なし

　アルベニス 9 歳の時の作曲で、初めて出版された作品である。父は熱心なフリーメーソンで、息子が演奏するときには組織の服で組織の挨拶をさせていた。この作品は父親の負担による自費出版で、献呈者はブルックBruch 子爵（フォアン・プリム・イ・プラッツ・プリム将軍のこと）である。まさに幼いアルベニスは父親にその才能を利用されていたことが判る。父親が『演劇通信 El Correo de Teatros』（Barcelona 1869 年 7 月 28 日）紙に売り込んだとみられる「芸術家と戦士 Un artista y un guerrero」という記事の中に、アルベニスがプリム将軍の息子に会い、マーチを献呈したことが書かれている。実際には当時 11 か 12 歳の息子でなくプリム将軍宛に献じていたことになる。この 1869 年、進歩派と海軍はクーデターを起こし、イサベル 2 世はフランスに亡命する。プリム将軍はこの時に活躍

した時の人であった。

　左手は常に8分音符で規則正しい歩みを刻み、そのリズムに乗って4つの楽しいテーマが登場する。20小節から変ロ長調に転調する。

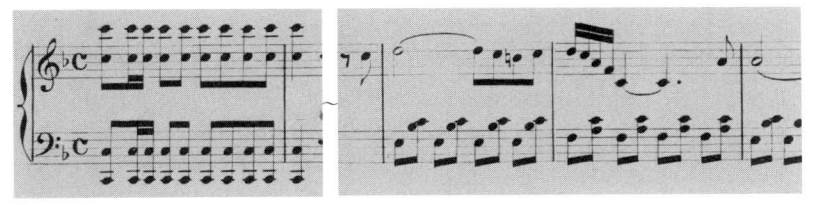

❧ 1小節目／4-5小節目〜　　©Museu de la Música de Barcelona

❖ T.46 ラプソディア・クバーナ（キューバ狂詩曲）
Rapsodia cubana

> 作 1881年頃　初 1881年1月16日ハバナ　アベジャネダ劇場 Teatro Avellaneda
> 版 1886年 A.Romero　構 A-B-A-Coda　献 スルエタ・デ・ロメロ・ルブレド
> Zulueta de Romero Rubledo（A.Romero 出版の夫人と思われる）作品66　ト長調
> 6/8　Allegro　5'10"　自筆譜なし

　表紙には作品66と書かれているが、別の作品 T.68《6つのサロンのマズルカ Seis Mazurcas de Salón》にも、作品66と明記されている。ラプラーヌによればこれは作曲者自身の不注意であるとしているが、編集者の活版印刷での誤りでもあり、作品69とするところを66としてしまった。このような経緯からも、この作品の出版は T.68 と同じ頃であることが判る。

　1492年にコロンブスはバハマのサン・サルバドール島、キューバ島、エスパニョール島に到達し、キューバは1902年までスペイン領であった。アルベニスの父は1875年キューバの国庫会計2課局長の職務に就き、アルベニスも共に滞在していたと考えられる。キューバにはアフリカから労働力として多くの人々が渡り、アフリカの揺れるようなリズムの音楽が流入し、独特なリズム感を持つ音楽が生まれた。クバーナとは「キューバの」という意味である。

　作曲年月日の詳細は不明だが、ブリュッセルで学んだあと、キューバに再び渡り、1881年1月16日ハバナのアベジャネダ劇場でアルベニス自身

が初演した。1886 年 7 月 16 日金曜日、アルベニスはサン・セバスチャンで開いたリサイタルでキューバ協奏曲 Concierto Cubano を演奏した（バルセロナ音楽博物館保管の無署名の記事）と報道された。この作品は室内楽用に T.29《6 重奏のための演奏会用組曲 Suite de Concierto para sexteto》の第 3 曲 T.29C〈キューバ奇想曲 Capricho Cubano〉、オーケストラ用に T.18《性格的組曲》の第 3 曲 T.18C〈キューバ狂詩曲 Rapsodia Cubana〉に編曲されたと考えられ、無署名であるが次の記事も書かれた。「コメディア劇場 Teatro de Comedia で、スケルツォ、アランブラにて、ラプソディア・クバーナで構成された、とても性格のはっきりしたオーケストラのための作品《性格的組曲 la Suite Característica》から演奏が始まり、おおいに喝采を受けた」。実際は 1889 年のことであったが、1886 年と間違った日付が示された。

　1890 年 11 月 10 日『モーニング・ポスト The Morning Post』誌では、7 日セント・ジェームス・ホールでのブレトン指揮によるオーケストラ公演について次の記事を掲載している。「その時のプログラムはモーツァルト、シューマン、ブレトン、チャピ、リスト、アルベニスで、そこで、アルベニスのいくつかの作品、第 1 シンフォニー（おそらくソナタ第 1 番と取り違えている）からのスケルツァンドと、ラプソディア・クバーナが初演された。」

　6/8 の伴奏に、2/4 のメロディが奏されるポリリズムによる揺れるような動きは、キューバ音楽の特徴を表し、キューバの暖かなそよ風が感じられる。ニ長調 Presto では、6/8 と 3/4 のリズムが交替し、Bruyant（騒がしい）と明記され、にぎやかな踊りが目に浮かぶ。ABA 形式で、再び揺れるリズムに乗ってなだらかなメロディが登場し、最後はゆっくりと静まって終わる。

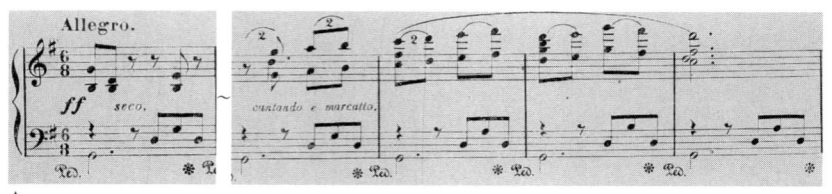

🎼 1 小節目 / 5-8 小節目 ©Museu de la Música de Barcelona

❖ T.47 6つの小さなワルツ Seis Pequeños valses

作 1882 年　版 1884 年 R. Guardia　Barcelona　作品 7／25　献 モルフィ Morphy 嬢　出版譜では友人ビディエリャ Vidiella　自筆譜なし

　スペイン語ではワルツを Vals と綴るが、出版物に書かれたワルツ Walses の「W」の文字はアルベニス自身が書いたものである。初版のほかマドリッド 1886 年 Zozaya、1889 年ロンドン C.Ducci（3 番、5 番）から出版され需要の多さが判る。ショパンのようなロマンティックな初期の頃の作品である。記譜ミスが多い。

♪ T.47A ワルツ 1 番 Vals n.1
　変イ長調　3/4　Allegretto　3'15"　構 A-B-A-C-A

❖©Museu de la Música de Barcelona

　セクション A の冒頭 *legero* は、*leggiero* または *leggero* のことである。A の半音階の下行を伴った、ゆったりとしたメロディは印象に残るものの、変ホ長調に転調した B ではメロディらしいものはなく簡単なエチュードを思わせる。C では 4 声になってテノールにメロディ、ソプラノにオブリガートが登場する。テノールのモチーフは 2 小節 2 回ずつ繰り返すので、メロディに大きな展開はない。

T.47B ワルツ2番 Vals n.2
構 A-B-A　変ホ長調　3/4　1'50"

✶ ©Museu de la Música de Barcelona

　セクション A は *Melancolico* でゆったりとした美しいワルツ。B では実質的な変ロ長調になり *p ma sonore* ではあるものの少しリズミカルで、一瞬現れる短調の響きは前のフレーズの美しいエコーを作る。エレガントで美しい。

T.47C ワルツ3番 Vals n.3
構 A-B-A　イ長調　3/4　Allegro　3'30"

✶ ©Museu de la Música de Barcelona

　1888年夏、万国博覧会（バルセロナ）フランス・セクション、サラ・エラールでのアルベニスによる20回の連続コンサートのプログラムに含まれ、作品7と記載された。

　Ben ritmado（とてもリズミカルに）と書かれ、可愛らしいワルツである。強弱については提示部と再現部とで一致しておらず、全体的にもあまり指示がない。同じフレーズの繰り返しが多いが、イ長調、嬰ヘ短調、ヘ長調と表情を変えていくので楽しい。内声に和音がある3声で書かれており、ヘ調ではテーマはテノールに登場し、ソプラノに美しい対旋律が現れる。

T.47D ワルツ4番 Vals n.4
[構] A-B-A-C-A　変ホ長調　3/4　Allegretto　4'20"

　ゆったりしたテーマに重音でさざ波のようなトレモロが続く。この音型によって練習曲の様相を見せ、ショパン作品25-8を思わせる。全体はA-B-A-C-Aの構成になっており、Bでは相変わらずフラット3つの調号になっているが、おそらくB durの誤りであろう。ここからは3連符による柔らかいさざ波状の音型の連続で大きな波が作られる。セクションCでは柔らかいさざ波はテノールでの伴奏となり、ソプラノで美しいメロディが始まる。美しい作品である。

T.47E ワルツ5番 Vals n.5
[構] A-B-A　ヘ長調　3/4　Con brio e ritmo　4'00"

　ワルツというよりはスペインの民俗舞踊といった印象の曲で、スペイン北部の景色が目に浮かぶ。バスク地方のガイタ（バグパイプ）のような低温の響きや小太鼓の音が登場し、2オクターブの幅で歌われる旋律もアンダルシアの歌というよりはバスクの雰囲気がする。全体はA-B-Aの構成となる。全体に誤植が多くAに戻ってもフラットの数がそのままになっている。

T.47F ワルツ 6 番 Vals n.6
構 A-B-A　変イ長調　3/4　Allegro molto　4'20"

　誤植が多く難解である。全体は A-B-A の構成になっており、A はその中で a-b-a の作りになっている。トーレスはこの作品を変ホ長調としているが、私は変イ長調と考える。流れるようなロマンティックな歌は変化に富んでいる。8 小節目からは曲調を考えると変ホ長調への転調の可能性があり、メロディの 2 拍目の音はナチュラルであろう。レナ・キリアコウ等のピアニストが 2 拍目は ♮ で弾いている。セクション B では変ニ長調に転調し、ガイタ（バグパイプ）や小太鼓のような音が聞こえ、民俗的な雰囲気が漂う。曲集の中で一番短く、アンコールのような作品である。

❖ T.48 パバーナ・カプリーチョ Pavana（Capricho）

作 1882 年　版 1884 年 Valentín de Haas、Barcelona　構 A-B-A　献 Victor Balaguer（Haas 版）、イサベル皇女 Isabel de Borbón（Zozaya 版）
作品 12　ホ短調　2/4　Allegretto a piacere（piacer と記されている）　4'10"　自筆譜なし　CD 3

　パバーナとは諸説あるが、16 世紀にスペイン起源のイタリア宮廷の踊りとも言われている。くじゃくを pavo real と言うが、男女のペアの踊る様子が、くじゃくが羽を広げてゆっくり歩く様から pavana と名付けられたという説がある。

　1882 年のポンテベドラとビーゴの新聞に、この作品について言及した記事が残されているが、この新聞は切り抜きのため詳細は判らない。1882 年 4 月 19 日の別の記事では《パバーナ 2 番》、1883 年『ビトリア通信

Anunciador Vitoriano』誌では《パバーナ1番＆2番》について言及されており、これら3曲のパバーナは混乱している。

　1884年に T.55《舟歌 Barcarola》作品23と共に出版されたが、1886年1月24日マドリッドの Salón Romero で《スペイン組曲》の1曲としてアルベニス自身によって演奏されたことは確かである。

©Museu de la Música de Barcelona

　ハバネラの小粋なリズムがロンドのように繰り返され、映画の回想シーンを見ているような独特なノスタルジーが漂う。高音域で繰り返されるテーマがオルゴールのような雰囲気を醸し出している。ホ長調ではハバネラのような表情が印象的である。アルベニスは、ラガルティホという名の闘牛の大スターが出場するのを見たくて、1ページにつき5ペセタで作曲した。

　London Carlo Ducci &Co 版でのタイトルは《パバーナ・エスパニョル Pavane Espagnole》。T.86H 参照。

◇ T.49 2つの演奏会用大練習曲
Dos Grandes Estudios de Concierto

作 1882〜1883年頃

　1886年初めに公にされたパンフレットに掲載されていた情報のみで、アルベニスの作品の中に、これにあたる曲は無い。作曲年、名称、スタイルから判断すると、T.51《演奏会用大練習曲 Gran Estudio de Concierto》と T.53《演奏会用練習曲 Estudio de Concierto》の可能性が高い。

❖ T.50 即興的練習曲 Estudio Impromptu

> 作 1882 〜 1883 年頃　初 1887 年 3 月 20 日 Salón Romero マドリッド　版 1882 年 Lit. de Albora y Laporta社（作品16）　作品 16/30/56　ロ短調　6/8　Vivace　8'00"
> 構 A-B-A　献 友、師 José Espí Ulrich（Albora y Laporta 版）、Solms 伯爵（Romero 版）

　初演はルイサ・チェバリエル Luisa Chevalier が行い、その時は作品 30 とされたが、後に頻繁に作品 56 として記された。初版の他、マドリッド の Antonio Romero から 1886 年出版。1888 年 10 月 30 日バルセロナの演 奏会での作品 6 は誤植であろう。提示部は、*Vivace* で練習曲風なつくり である。中間部はロ長調に転調し少し遅い愛らしいメロディが登場し、分 散和音による即興的なフレーズと技巧的なフレーズを経て再現部となる。

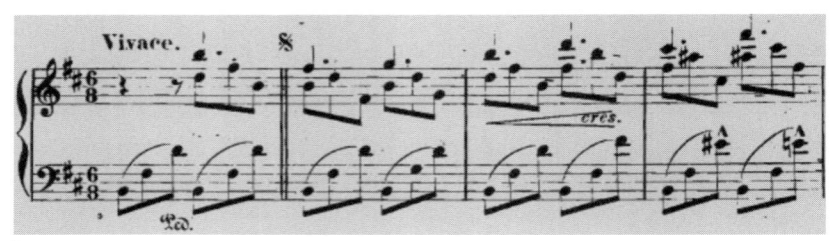

❧ ©imslp

◇ T.51 演奏会用大練習曲 Gran Estudio de Concierto

　Zozaya のカタログに Z.3828Z として掲載されたが、自筆譜は確認でき ない。

◇ T.52　ホタのモチーフによる幻想曲
Fantasía sobre motivos de jota

> 作 1883 年

　当時の新聞記事によると 1883 年にカルタヘナで演奏されたが、その後

のコンサートで弾かれていない。即興演奏として扱われたか、T.61《スペイン組曲第1集1e Suite Espagnole》の〈アラゴン Aragón〉の初期段階として演奏されたかもしれない。のちに T.94《2つの性格的小品 Deux Morceaux Caractéristiques》の第1番となったと考えられる。

◆ T.53 演奏会用練習曲 Estudio de Concierto

> 作 1883年4月バルセロナ　版 1886年 A.Romero（《希望 Deseo》として出版された）
> 作品21　ホ短調　4/4　Andante　8'10"　構 A-B-A　献 パコ・ロジェ Paco Roget
> 同曲の《希望 Deseo》作品40では夫人に献呈。自筆譜あり

　8分を超える大曲で、同じ曲に《希望》という名前も付けられているように、力強く困難から光に満ちた将来を手に入れようとする希望が垣間見られる。全体は A-B-A となり、A の冒頭、低音部から始まるモチーフが闇夜に走る閃光を描いているような衝撃的なイメージを作っている。A の中は a-c-a となり、不安な気持ちを煽るように和音を連打し（a）、ロ長調でテノールに明るいテーマが登場し（c）再び a に戻る。セクション B ではホ長調で分散和音の伴奏に乗って和音でのゆったりした歌が続き、再びセクション A に戻り、劇的にトレモロで終わる。

♣ 1-2小節目 / 7-8小節目　©Museu de la Música de Barcelona

◇ T.54 結婚行進曲 Marcha Nupcial

> 作 1883年頃　自筆譜なし

　1885年にアラルコンによって公表されたパンフレットに掲載されてい

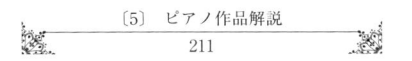

たが、その後にコンサートで演奏された記録はない。1883 年 6 月 23 日の
自分自身の挙式のために作曲した可能性がある。

❖ T.55 舟歌 Barcarola

> 作 1883 年　版 1884 年 Haas　作品 16 ／ 23　構 A-B-A　献 フェルナンド・アルボ
> ス Fernández Arbós　変ニ長調　6/8　Allegretto　5'10"　自筆譜なし

©Museu de la Música de Barcelona

　作曲した 1883 年はロジーナ・ジョルダーナと出会い結婚した時期であ
る。この曲は長調による柔らかで幸せな響きから始まる A-B-A の構成で、
小舟で愛する人と共に幸せな時間を過ごしているような気持ちにさせる作
品である。
　1884 年にバルセロナの Valentín de Haas 社、1885 年に Zozaya 社の『La
Correspondencia Musical』誌付録、その他、Carlo Ducci、Santamaría か
らも出版され人気のほどが判る。アルベニスは作品番号に対して無責任で、
色々な番号で表記した。

◇ T.56 2 つのカプリーチョ Dos Caprichos

> 作 1883 年頃　自筆譜なし

　1886 年に出版した伝記のパンフレットにアラルコンが加えたアルベニ
スの作品リストに、《2 つのカプリーチョ》と《2 つのアンダルシア》の〈カ
プリーチョ〉が書かれているが、アルベニスの作品の中で、タイトル、ま

たはサブタイトルが〈カプリーチョ〉とされているものは多く、その中の作品と重複しているか、それとも新しい曲があるのか判らない。

❖ T.57 ソナタ第1番 Sonata n.1 作品 28/37

　アルベニスは生涯に7曲のソナタを書いたが、転居している間に楽譜を紛失、または自分で内容に満足できず破棄した。

　1885年末にアラルコン編の作品リストに「4楽章からなる第1大ソナタ」(第1ソナタのスケルツォ)とだけ明記された。1884年 R.Guardia 版〈スケルツォ〉の楽譜の表紙には「Sonata en La♭」と間違って書かれた。1886年 Zozaya の La Correspondencia Musical カタログでは《ソナタハ長調のスケルツォ Scherzo de la sonata en Do》と書かれた。1889年3月7日のマドリッドでのコンサートでは《第1ソナタ作品37》からの〈スケルツォ〉と表記された。

♪ T.57A スケルツォ Scherzo

作 1884年頃　版 1884年 R.Guardia, 1886年 Zozaya（Scherzo のみ）作品 28/37	
構 A-B-A-Coda　献 モルフィ伯爵　Conde de Morphy　変ニ長調　3/4　Allegro con brio　5'00"　自筆譜なし	

　低音部でオクターブ *ff* での勇ましく堂々としたテーマが始まり、続いて高音部がそれに答え、変ロ長調、変ホ長調と力強く転調していく。中間部イ長調では una corda で、8分音符の柔らかな分散和音による内声をともなって2分音符が含まれたなだらかなメロディが現れ、3拍子の揺れるような表情が前半ととても対照的である。*leggiero* での和音の間奏を経て

再現部が現れ、調子のよいリズムで晴れやかに終わる。

◇ T.58 3つのマズルカ Tres mazurkas

作 1884〜5年頃

情報は 1886 年に公表されたアラルコンによるパンフレットのみ。

◇ T.59 モーロ組曲 Suite Morisca

作 1884〜5年頃

情報は 1886 年に公表されたアラルコンによるパンフレットのみで、〈キャラバン行進曲 Marcha de Caravana〉〈夜 La noche〉〈奴隷女たちの踊り Danza de las Esclavas〉〈サンブラ Zambra〉の4曲が並んでいた。アルベニス没後、1909 年 6 月 15 日『La vanguardia』に、また同年 5 月 6 日に『la Revista Musical Catalana』に故人の略歴の中で〈Suite Morisca〉という作品名が書かれていた。A. イグレシアスは、この組曲の〈サンブラ〉は T.97《サンブラ・グラナディーナ Zambra granadina》、または《12 の性格的作品集 Las Doce Piezas Características》の第 7 番 T.86G〈Zambra〉の両方の可能性があると述べている。

✤ T.60 アラブのセレナード Serenata Árabe

作 1884 ～ 5 年　版 1886 年 A.Romero　5'30"　構 A-B-A-Coda　献 エウラリア皇女 Eulalia de Borbón　イ短調　3/4　Allegretto ma non troppo　自筆譜なし

✤ 1-2 小節 / 21-22 小節

　オペラコミック T.5《魔法のオパール The Magic Opal》の 13 番〈イン テルメッツォ Intermezzo〉と同曲。イントロで繰り返される和音は嗚咽 のような印象を持つ。21 小節からテノールに歌が登場するが、哀愁を感 じさせるものの、テーマは同じリズムでの繰り返しが多い。再び登場する イントロの和音は、空虚 5 度の響きによって寂寥感が増す。イ長調に転調 して明るくなるがまた同じテーマが使われている。最後は再びイ短調で テーマが登場し最後はピカルディ終止のアルペジオで終わる。

✤ T.61 スペイン組曲第 1 集 1e Suite Espagnole

作 1883 ～ 1889 年　初 1886 年 1 月 24 日マドリッド　サロン・ロメロ Salón Romero　版 1886 年 Zozaya　作品 20/22/47　CD 1

　初演はアルベニス自身により行われた。このコンサートではアルベニス は全部で 34 曲を演奏し、その中で《スペイン組曲》としてソロ 3 曲〈セ レナータ〉〈セビージャ〉（出版後もセビジャーナスという名称で知られて いた）《パバーナ・カプリーチョ》を発表した。この 3 曲の独特な作風は 高く評価され、なかでも〈セビージャ〉の軽やかさと魅力は特に賛美され た。この成功によりマドリッドの出版社 Zozaya からの出版が決まったが、

その折に、アルベニスは、《スペイン組曲》は 8 曲で構成できるだろうと伝えた。《パバーナ・カプリーチョ》はすでに 1884 年に出版されていたため除かれ、アルベニスは〈カタルーニャ〉と〈クーバ〉を新しく作曲したが、出版社がタイトルをすでに印刷したことを知らなかったために、組曲の完成に至らなかった。

1886 年 Zozaya 版では 1:Granada（Serenata）、2:Cataluña（Curranda）、3:Sevilla（Sevillana）（原文ママ）、4:Cádiz（Saeta）、5:Asturias（Leyenda）、6:Aragón（Fantasía）、7:Castilla（Seguidillas）、8:Cuba（Capricho）と 8 曲が表紙に載せられたが、中身は 4 曲だけだった。タイトルは《Espangnole》と誤植であり（フランス語で正しくは Espagnole）、大見出しに〈Granada〉と書かれた。

その後のカサ・ドテシオ Casa Dotésio 版（のちに Unión Musical Española）では〈Cádiz〉と〈Asturias〉が書かれた。1888 年 8 月 2 日万国博覧会フランス・セクション第 1 回では〈セビジャーナス〉として作品番号なく登場し、9 月 22 日パリ商工業友好協会のコンサートでは〈グラナダ（セレナータ）〉と〈セビジャーナス〉作品 22 として演奏された。10 月 30 日バルセロナのテアトロ・エスパニョール Teatro Español でのコンサートでは、《スペイン組曲》作品 20 として〈グラナダ〉〈セビージャ〉〈カディス〉が演奏された。翌 1889 年 3 月 24 日アテネオ・デ・マドリッドでは〈セビジャーナス〉が含まれていた。このように、タイトル表記も作品番号も、曖昧なものであった。

その後、すでに J. B. Pujol y Cía. 社や Carlo Ducci & Co. 社、Breitkopf & Härtel 社と契約していた 4 曲に、アルベニスは異なったタイトルとサブタイトルを付け、別の日付で Zozaya 社と譲渡契約を結んだ。最終的に残りの 4 曲が楽譜に登場するのは、1901 年マドリッドの Dotésio 版からである。どうして、このようなことが起きたのか。彼は 37 歳の誕生日に「いつの日か自分自身の立場を確立するためには、度重なる苦労とたくさんの悪知恵が必要で、ばかげた生計をたてるために私は男らしい闘争をやってこなければならなかった。」と日記に綴っている。

T.61 A グラナダ Granada

作 1885 年頃　初 1886 年マドリッド　版 1886 年ソサヤ版、ヘ長調　3/8、Allegretto 5'10"
構 A-B-A　献 グラシア・フェルナンデス・パラシオス・デ・レクール Gracia Fernandez Palacios de Recur 夫人　自筆譜なし　CD 1

　1886 年 1 月 24 日マドリッドの Salón Romero にてアルベニス自身により初演。同年 2 月 11 日に Zozaya 社の『La Correspondencia Musical』誌の付録に発表された後に、Zozaya 社から正式に出版される。「激しく沸き上がり、絶望に到る悲しみのセレナータです。それは、小夜曲という言葉にふさわしくない、何よりも強く胸を引き裂くような嘆きです。私は〈グラナダ〉に「セレナータ」という副題を付けました」とアルベニスは語っている。「セレナータ」という名は 1885 ～ 88 年の間に付けられたと考えられ、4 年の間に演奏会のプログラムでは〈Serenata〉〈Granada-Serenata〉〈Serenata-Granada〉〈Granada（Serenata）〉〈Granada　Sérénade〉と曖昧に表記された。

　グラナダは南スペインのアンダルシア地方に位置し、アランブラ宮殿では中世の華麗なイスラムの文化が花開く。美しい庭には花々が咲き乱れ、糸杉の木々の間にジャスミンの薫りが漂い、いたるところに噴水が涼しい音をたてている。アルベニスは友人に「私はモーロ人だ Soy moro」と語っていた。彼は、キリスト教徒によって追われていったモーロの人々の悲しみを、自分の祖先のことのように考えていたのだろう。

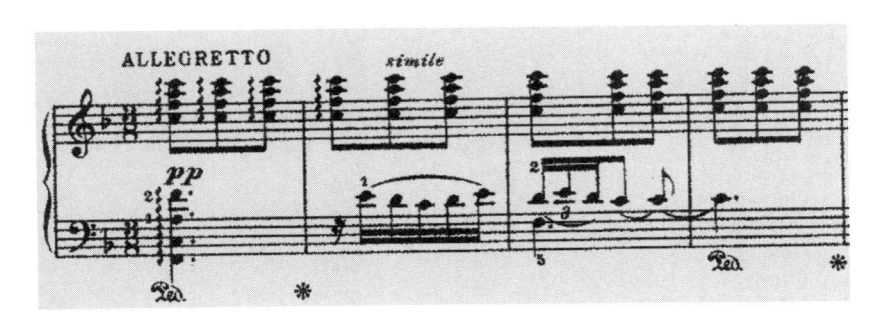

高音のアルペジオは月光を浴びてきらめく噴水を思わせ、なだらかな美しい旋律は、イスラムの甘美な歌を思わせる。21 小節目からのフレーズは p と書かれている版もあるが、初版には書かれていない。中間部 *meno mosso* では、美女たちの吐息が聞こえそうなほどせつないメロディが登場し、それは転調しながら繰り返されていく。

　この曲は 86 年の初演後、88 年 9 月アルベニスによって作品 22 として〈セビージャ〉と共に演奏され、同年 10 月バルセロナのスペイン劇場で《スペイン組曲》作品 20 として〈セビージャ〉や〈クーバ〉と共に発表された。

　なお、50 小節目の 3 拍目は♮が付いたままミなのだが、版によってミ♭になっているものがある。この作品の自筆譜は現在見つかっていないが、初版 1886 年の Zozaya 社では E になっている。1901 年手書きで♭が書かれている Casa Dotésio の楽譜があるが、この手書きが誰によるものかは判らない。

T.61B カタルーニャ Cataluña

[作] 1886 年 6 月マドリッド　[版] 1886 年『La Correspondencia Musical』」誌の付録
[構] A-B-C-Coda　[献] 母　ト短調　6/8　Allegro　3'30"　自筆譜あり　[CD] 1

　王立マドリッド音楽院蔵書の自筆譜でタイトルは〈クランダ Courranda〉と書かれているのが確認できる。〈クーバ〉と共に、1886 年 10 月に『La Correspondencia Musical』誌の付録として発表された。1886 年 Zozaya 版の時から 1 小節目のド♯がラ♯になっているが、自筆譜ではド♯である。この前奏はコブラ（サルダーナを演奏する楽団）のフラビオル（小笛）を思わせるなだらかなメロディラインであり、この誤植はカタルーニャ地方らしさを損なってしまう。フォアン・サルバ Juan Salvat による 1918 年の UME 版では、ラ♯がシ♭に代わっていて、これも間違いである。

　サブタイトルの「クランダ」はフランスの「クーラント」、イタリアの「コレンテ」の流れを汲むカタルーニャの伝統的な舞曲。アルベニスは自分の出身地の舞曲に霊感を受けて作曲したこの作品を母親に捧げた。

T.61C セビージャ Sevilla

作 1883 年頃　版 1886 年 Zozaya　構 A-B-A　献 モルフィ伯爵夫人 Condesa de Morphy　ト長調　3/4　速度表示なし　4'45"　自筆譜なし　CD 1

　1883 年頃に作曲し、出版されるまでは、〈セビジャーナス Sevillanas〉という名で知られていた。1886 年 1 月 24 日サロン・ロメロのコンサートで、セレナータ（グラナダ）、パバーナ・カプリーチョと共に演奏し、「軽やかで素晴らしい作品」と評され、これにより、世の中にスペイン民俗楽派として名前を知らしめた。同年、『La Correspondencia Musical』誌の付録として発表され、1888 年にはアルベニス自身によって〈グラナダ〉と共に作品 22 として演奏された。1887 年 8 月 11 日と 21 日にはブレトンによるオーケストレーションと指揮で〈グラナダ〉と共にサンタンデールで演奏され、これは 1888 年 2 月 19 日にも再演された。1886 年初版ではタイトル〈Sevilla〉に並んで（Sevillana）と書かれた。1889 年には Carlo Ducci 社が〈パバーヌ・エスパニョール〉、〈バルカロール・カタラン〉、〈コティジョン・ワルツ〉と共に〈セビジャーナス　スパニッシュダンス Sevillanas. Spanish danse〉のタイトルで出版し Stanley,Lucas,Weber&Co では 1890 年頃に〈セビージャ/ピアノのためのキャプリス Sevilla/Caprice pour piano〉のタイトルで出版された。

1 小節目 / 3-5 小節目

🎼 76-78 小節目

　3拍子の軽やかで優美なセビジャーナスのリズムと、中間部の哀愁漂う
コプラ（歌）が印象に残る。2オクターブでのユニゾンの書法はアルベニ
スの作品の中でしばしば使われ、空間の広がりを感じさせる。インターナ
ショナル版では音が異なる。強弱について初版では127小節目が f 、128
小節目が p と書かれ、そこから最後まで何も書かれていない。最後を強く
終わるか、弱くするか意見は分かれているようだ。なお、この作品と《ス
ペイン組曲》第2集の〈セビージャ〉T.90B は別の曲である。

🎼 T.61D カディス（カンシオン）Cádiz
🎼 → T.98《セレナータ・エスパニョーラ》を参照

作 1889 年頃　版 1901 年 Zozaya　構 A-B-A- 短い Coda　変ニ長調　3/4　Allegro ma
non trop　4'55"　自筆譜 T.69 を参照　CD 1

　1886 年の組曲4曲が出版された時に曲がないままタイトルの印刷がさ
れてしまった。サブタイトルには〈サエタ Saeta〉と書かれていた。その
第4番の穴埋めにこの曲を補充したが、内容的には全く宗教民謡である「サ
エタ」の雰囲気はなかった。1890 年に《ピアノのための2つの作品》（作
品 108 - 3）の T.98〈セレナータ・エスパニョーラ Serenata Española〉
として Pujol 社と譲渡契約をしたが、1894 年の Zozaya 社との契約書では
サブタイトル「サエタ」と記された。このサブタイトルはそのまま長い間
使われていたが、フアン・サルバ Juan Salvat 監修の 1918 年 U.M.E. 版か
らは、「サエタ」ではなく、一般的な意味で曖昧な「カンシオン（歌）
Canción」になった。《スペイン組曲》としては 1901 年に出版されている。

カディスとはエル・プエルト・デ・サンタ・マリア El Puerto de Sta María を指しており、ギターの爪弾きを思わせる伴奏に南国調の甘い歌が響く。

♯ 1 小節目

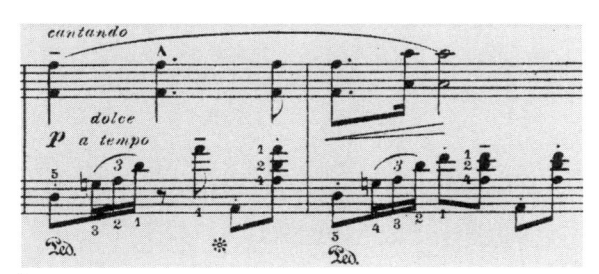

♯ 5-6 小節目

T.61E アストゥリアス Asturias
→ T.101A《スペインの歌》第1番〈プレリュード〉を参照　CD 2

　もとは《スペインの歌》の第1番〈プレリュード〉である。〈カディス〉と同様に空番であったがこの組曲を完成させるために《スペインの歌》から転用されたため、曲の内容はアストゥリア地方の音楽の性格とは関係ない。また、「レジェンダ（伝説）」というサブタイトルも、曲想には関係ない。ちなみにアストゥリアスとは、スペインの北部カンタブリア海に面した州の名前で、緑豊かな地方である。

T.61F アラゴン Aragón
→ T.94A《2つの性格的小品》第1番ホタ・アラゴネーサを参照
作 1889 年頃　CD 1

1-2 小節目

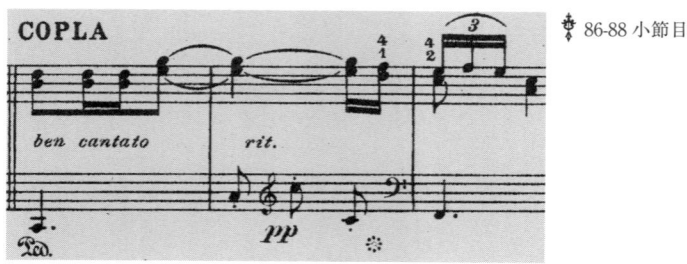

86-88 小節目

　《スペイン組曲》を完成させるために転用されたもの。アラゴンとはスペイン北東部に位置し、北部にピレネー山脈を頂く。1拍目にアクセントがある3拍子の舞踏ホタが有名で、この作品の内容はアラゴンに相応しい。

T.61G カスティージャ Castilla
→ T.101E《スペインの歌》第5番〈セギディージャス〉を参照

　T.61F 同様、《スペイン組曲》を完成させるために転用されたもの。カスティージャとはスペイン内陸部の地方名。

T.61H クーバ Cuba
→ T.46《ラプソディア・クバーナ》を参照

作 1886年　変ホ長調　拍子記号なし（自筆譜）　Allegro（自筆譜・初版）Allegretto（第2版）　5'35"　構 A-B-A　献 ペニャルベール Peñalver 伯爵夫人（自筆譜）、ラモン・ロドリゲス・コレア閣下 Ramón Rodríguez Correa（出版譜）自筆譜あり　CD 1

　クーバとはキューバのこと。自筆譜はマドリッド音楽院にあり、確認できるが Suite Espagnole No.8 カプリーチョ・クバーノ Capricho Cubano と書かれる。〈カタルーニャ〉と一緒に『La Correspondencia Musical』誌（1886年、マドリッド）の付録で発表された。Carlo Ducci のカタログでは Cuba（カプリス・クレオル Caprice Créole）となっている。クレオルとは西インド諸島、ギアナなどの植民地で生まれた生粋の白人、およびその子孫を指す。

 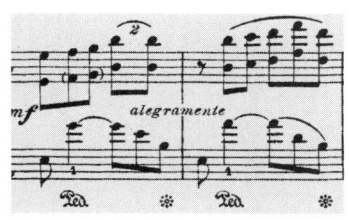

♯ 自筆譜では拍子記号は書かれていない。

♯ 1-2 小節目、5-6 小節目、62-63 小節目

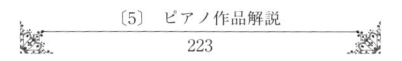

自筆譜で拍子の表記はないが、出版譜では 6/8 拍子と書かれている。前奏でメロディとベースのラインが 3/4 拍子で、内声は 6/8 拍子のポリリズム、またテーマの 2 拍目では 2 連符が使われているため、自筆譜のように拍子記号を明記しないほうがよいと思われる。テンポは自筆譜では書かれず、初版では *Allegro* であるのに対して《スペイン組曲》全曲が納められた 1918 年ライプツィヒの Hofmeister 版では *Allegretto* で、サブタイトルもノクターン *Notturno* となっている。キューバは植民地時代にアフリカの人々が多く渡り、そのため音楽はアフリカのリズムが混ざり合い揺れるような魅力を持っている。ポリリズムの曲であるが、テンポとサブタイトルによって、雰囲気が異なる。

❖ T.62 いにしえの組曲第 1 巻 ［1 e］Suite Ancienne

> 作 1885 年　初 1886 年 2 月 20 日マドリッド　版 1886 年 A.Romero　作品 54　構
> トリニダ・ショルツ・ドゥ・エルメンサドルフ Trinidad Scholtz de Hermensdorff
> （生徒）　自筆譜なし

　マドリッドの商工会サークルにてアルベニス自身により初演された。

T.62A ガボット Gavota
構 A-B-A　ト短調　2/4　Moderato ma non troppo　4'25"

　アルベニスは 3 曲のガボットを書いており、これは第 1 曲目である。ガボット独特の跳躍の加わった踊りを連想させ、17 世紀に貴族たちの好んだ牧歌的な雰囲気に包まれている。A-B-A の構成になっており、A の中間部では前打音を伴った悪戯っぽい上行形のパッセージが挿入され、面白さが増す。フレーズの終わりは Brusco（ぶっきらぼうに）、と書かれている。B のセクションでは 16 分音符が優雅な雰囲気で動く。

T.62B メヌエット Minuetto

[構] A-B-A　[献] カルロ・アルバネシ Carlo Albanesi（Carlo Ducci 版）　変イ長調
3/4　Tempo di minuetto　3'25"　自筆譜なし

　曲は Trio を挟んで A-B-A の構成になっている。A では、ユニゾンによるドミナント→トニックの *risoluto* のアウフタクトがとても印象的で、この作品を特徴づけている。メロディは跳躍進行が多く、躍動的である。Trio は変ニ長調に変わり、メロディは左手から柔らかく上行する。曲はメリハリがあり楽しい作品である。

❖ T.63 かけがえのない歌姫 Diva sin par

作 1886 年マドリッド　版 1886 年 A.Romero　献 Patti　変イ長調　3/4　4'40"　自筆譜なし

　初版でのタイトルは《かけがえのない歌姫　Diva sin par サロンのマズルカ - カプリーチョ Diva sin par Mazurka-Capricho de salón》、作曲者名は白い鳥王子 Principe Weisse Vogel というペンネームで書かれている。

　静かなアルペジオによるイントロダクションは華麗である。全体はA-B-A の構成になっており、マズルカのリズムは感じられるものの、「カプリーチョ」と加えられているように、ラテン的な粋で自由な雰囲気が漂う。A の最後に変ホ長調に転調し、気まぐれな表情を見せ、ここまでが1 つの纏まりになる。セクション B の部分は変ニ長調でポリリズム、全体は una corda で密やかであるが、とても饒舌で、魅力的である。

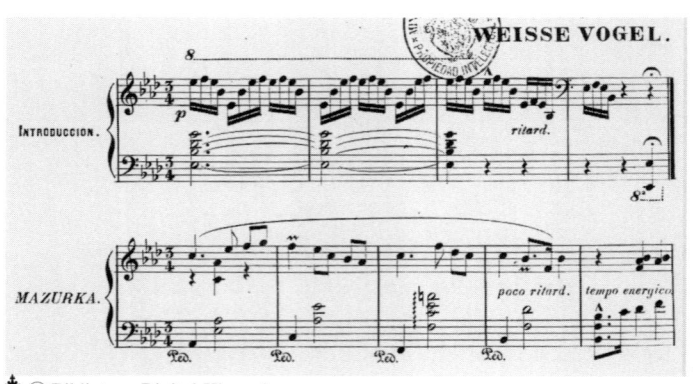

© Biblioteca Digital Hispanica

❖ T.64 バルビナ・バルベルデ　Balbina Valverde

作 1886 年マドリッド　版 1886 年 A.Romero　ハ長調　2/4　3'40"　自筆譜なし

　初版でのタイトルは《バルビナ・バルベルデ　華麗でユーモラスなポルカ》、ペンネーム Principe Weisse Vogel が書かれている。バルビナ・バルベルデ（1840-1910）は女優の名前。諧謔的な雰囲気の全打音を使った前奏で始まる。セクション A のモチーフは軽快な和音の連打による。繰り返しが多いが、楽しく聴くことができる。ハ長調 からセクション B でヘ長調に変わり、流れるような下行と上行の鮮やかなアルペジオがメロディとなっている。小品であるが技巧的に書かれている。

❖ 1-3 小節目

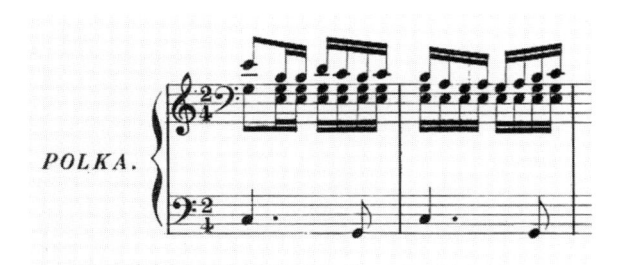

❖ ポルカ 10-11 小節目

◇ T.65 ソナタ第 2 番 Sonata no.2

> 作 1886 年頃

　The New Grove Dictionary of Musicians, 2nd.ed（London,2000）　に Frances Barlich がアルベニス作品に加えたものであるが、この作品についての資料、情報はない。

✿ T.66 いにしえの組曲第 2 巻　2e Suite Ancienne

T.66A サラバンド Sarabande

作 1886 年　初 1887 年 3 月 20 日 Salón Romero　版 1886 年 A.Romero　作品 62/64
構 A-B-A　献 リスボンのイザベル Isabel de Lisboa 皇女　ト短調　3/4　Andante
3'30"　自筆譜なし

　アルベニス自身により初演、Sarabande だけの出版時には作品 64 と表紙に書かれたが、1887 年 3 月初演の時の報道記事では作品 62 となった。*grave*（威厳のある）歩調を思わせるトニック第 5 音が響く。ゆっくりとした連打がテーマのモチーフとなり、曲全体が荘厳で、哀愁が漂う。A-B-A の構成で、B の部分は変ロ長調で、A での歩くようなメロディは、同じリズムを残しながら柔らかく展開する。プラルトリラーも加わり装飾的で美しく静かである。最後は *ff* で堂々と終わる。

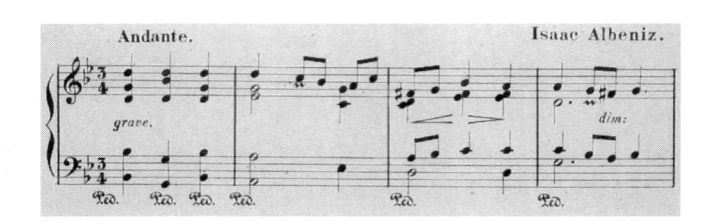

T.66B チャコーナ Chacone

作 1886 年　初 1887 年 3 月 20 日 Salón Romero　版 1886 年 A.Romero　構 A-B-A
献 Isabel de Lisboa 皇女　ハ短調　2/4　Allegretto　2'30"　自筆譜なし

　チャコーナ（シャコンヌ）は新大陸を起源とする快活な踊りであり、ス
ペインではエロティックな曲であるとされて 17 世紀に教会から禁じられ
た。この作品では、スタッカートで始まるアウフタクトの 8 分音符とター
ンの音型を描く流暢な 16 分音符の流れがテーマとなり、愛らしい雰囲気
である。A-B-A の構成になっており、次の B セクションの最初はハ長調
のトニック C 音が静かに響くことで、民俗的な印象を感じる。分散和音
の装飾的な動きをとりながら滑らかな山を作り、再び A に戻る。最後は
リタルダンド、*f* で終わる。

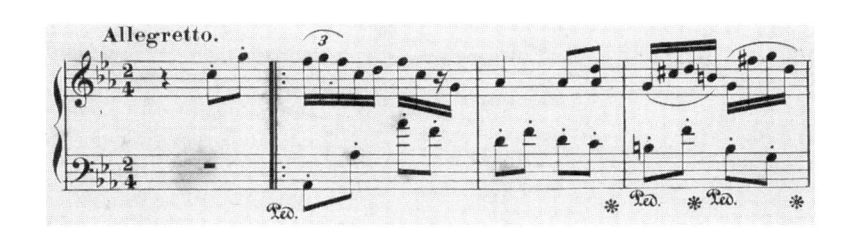

❖ T.67 7 つの長調によるエチュード Siete estudios en los tonos naturales mayores

作 1886 年　版 1886 年 A.Romero　作品 65　自筆譜なし

　アラルコンが 1886 年 1 月に出版した『Isaac Albéniz Notas crítico-
biográficas de tan eminente pianista（イサーク・アルベニス透逸なピア
ニストの評伝のノート）』の中に《6 曲のエチュード》と記載されており、
その 6 曲に 1 曲加え、この練習曲集になった可能性がある。5 度圏による
調性で書かれ、表紙に《第 1 集》と明記してあることからアルベニスは《第
2 集》を考えていたと思われる。内容は 1886 年以前の主要エチュードに
使われていない音型やリズムを取り上げた様子がみえる（セシル・シャミ
ナード Cécile　Chaminade の《6 曲のエチュード》にはアルベニスの内容

と似通った音型が使われているが、これは 1886 年 11 月出版である）。それぞれの長さは 4 〜 9 ページで、難易度は中級程度で美しいロマン派のエチュードである。第 1 版では誤植が多く、音部記号の書き忘れや、派生音についても記入漏れが多い。指使いは一切書かれていない。機敏な跳躍が要求されるエチュードが多いが、そのテクニック習得が彼の作品の演奏には必要と考えたのだろう。

T.67A エチュード 1 番 Estudio n.1

構 A-B-A　献 ホセ・トラゴ　ハ長調　2/4　Allegro　2'00"

　手首のばねを使う軽やかな連打の練習、重心移動での滑らかさの練習、派生音を含む動きにおける指の回転練習である。難易度は高い。中間部は翻るような美しさを見せるロマンティックなセクションである。後半に 32 分音符のトレモロでの変奏があり、内声を伴うため難しい。献呈されたトラゴはトゥリーナやファリャの師であり、アルベニスとは同僚の関係である。

T.67B エチュード 2 番 Estudio n.2

構 A-B-A　献 生徒のフアニータ・アカプルコ Juanita Acapulco　ト長調　6/8
Allegretto　4'10"

　8分の6拍子の揺れるようなリズムに、右手は明るい響きの和音が続く。移動する3和音を、弱く軽く連打する練習、ソプラノのメロディにニュアンスを作る練習、左手のテノールと右手の和音による美しいポリフォニーの実現、柔らかいアルペジオの練習を行う。中間部はロマンティックでシューマン風に a la Schumann と書かれ、指の動きに留まらず、音楽的な表現のための技術が要求される。A-B-A の構成で、最後にスタッカートを *p* で奏しリタルダンドしていく美しい終結がある。音程が10度ほど広いところがある。

T.67C エチュード 3 番 Estudio n.3

構 A-B-A-Coda　献 生徒のアリス・ゴスリング Alice Gosling　ニ長調　2/4
Allegretto　2'45"

　1889年ロンドンで出版された C.Ducci 版の《言葉のないロマンス Romance sans paroles》と同じ曲。

　軽やかなシンコペーションのリズムに乗って、甘いメロディを歌う雰囲

気は T.99C〈愛の歌〉に似ている。左手の和音の音程は広いところでは17度にも渡る。シンコペーションのリズムが揺れるような南米のリズムを思わせる。速度を求める練習曲ではないが、歌の表現や伸びやかなリズム感覚、声部の音色の弾き分けを学ぶ作品である。

T.67D エチュード 4 番 Estudio n.4
構 A-B-A-Coda　献 親友ルイサ・チェバリエル Luisa Chevallier　イ長調　3/4　テンポ指示なし　4'30"

　6度または5度の重音で上行下行しながら山を作り進むメロディは、右手第4指の使用が多く、指を鍛える訓練になる。また左手は8度の和音で始まるが、次に9度となり、その次には5度の音も加え、指を広げる訓練となる。A-B-A の構成で、Bセクションではヘ長調に転調し、メロディはオクターブのユニゾンによるおおらかな歌となる。8分音符での刺繍音がアルベニスらしい明るさを感じさせ、その印象的なフレーズを繰り返す。この作品は9ページに渡る。献呈されたピアニスト、チェバリエルは T.50をすでに初演しているが、この後もアルベニス作品の初演を行った。

T.67E エチュード 5 番 Estudio n.5

構 A-B-A- 短い Coda　献 親友ペピータ・ムニョス Pepita Muñoz　ホ長調　3/4 2'10"

トニックの響きの中で、切れの良い左手の主音に乗って、右手のソ♯から 10 度上まで駆け上るメロディの躍動感がとても印象的である。ホ短調へと表情に変化をつけながら活発に動き回るさまはとても鮮やかである。セクション B はホ長調で Cantando、左手の伴奏は 3 連符のうねりを持ち、右手にオクターブの美しいロマンティックなメロディが高らかに登場し、再び冒頭のテーマに戻る。活発で颯爽としたセクション A とロマンティックな B セクションによる魅力的な作品である。

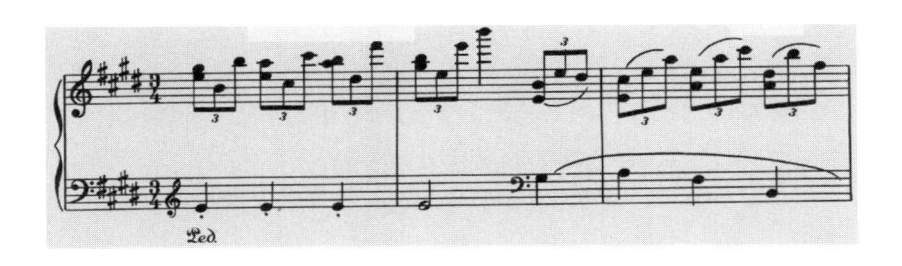

T.67F エチュード 6 番 Estudio n.6

構 A-B-A-C-A　献 ヘスス・デ・モナステリオ（vn）Jesus de Monasterio　ロ長調 6/8　2'30"

左手の 16 分音符で駆け回る伴奏に、右手オクターブのアコードによるテーマが晴々しく始まる。Con brio と書かれているが強弱は書かれていない。構成は A（32 小節)-B（8)-A（16)-C（15)-A（17）のように小節数にばらつきがあり、A の明るい無窮動のセクションが強く印象に残るが、非和声音を含む音列の使用や、鋸型を組み合わせた不規則な音型が多く、のちの《イベリア》での難解なテクニックを予感させる。B は短く、オクターブユニゾンの流れるような甘いモチーフが顔をのぞかせる。C では一瞬《ドリー》の〈子守歌〉が始まったのかと思うような音型がソプラノから聴こえる。ヴァイオリニストのヘスス・デ・モナステリオに献呈。

T.67G エチュード7番 Estudio n.7

構 A-B-A-Coda 献 親友で師のアントニオ・アルマグロ Antonio Almagro　ヘ長調
4/4　Allegro 2'20"

6番まで♯系の5度圏が続いたが、この7番で♭系が始まる。そのため、おそらく、この曲集はまだ続くはずであったろう。シンコペーションにアクセントのついた和音を弾く手首や腕の使い方、裏拍打ちの伴奏の音量のバランス、そしてアルベニス作品に珍しいトリルの課題が盛り込まれた練習曲である。ただしそのトリルの記譜法は間違っており、書かれた2つの2分音符がトリルとして反復する実音を意味していると考えられる。

A-B-A の構成であるが、終始シンコペーションのリズムを貫く。同じリズムではあるが B ではロマンティックな雰囲気、密やかな想いが表現される。再び A では凛々しさが奏でられ、とても気持ちの良い最終曲である。

❖ T.68 6つのサロンのマズルカ Seis Mazurcas de Salón

> 作 1886 年　版 1886 年 A.Romero　作品 66　自筆譜なし

　アラルコンが 1886 年にアルベニス作品の一覧に《6 つのマズルカ Seiz mazurkas》として加えた作品と同一の可能性がある。6 曲とも A-B-A の構成をとり、T.67《7 つの長調によるエチュード》と同年の作曲で、同様にロマン派の香り漂う作品集である。

T.68A イサベル Isabel
構 A-B-A　献 ベナビス Benhavis 伯爵夫人　変イ長調　3/4　Tempo energico　3'45"

　ベナビス伯爵夫人に献呈と書かれているが、この作品集の中で、この曲だけファーストネームが記載されておらず、おそらくタイトルのイサベルがその名であろう。A の部分はエネルギッシュに energico と指示され、冒頭より付点のリズムやアクセントでマズルカらしさが強調されている。象徴的なこのテーマの後、即興的に駆け回るような美しいフィオリチューラと、その後柔らかなフレーズが登場する。たった 8 小節（繰り返しあり）の Trio は下属調の II の和音で始まり、柔らかな雰囲気を醸し出し、A に戻る。

T.68B カシルダ Casilda

初 1887 年 3 月 21 日 Salón Romero　pf: ルイサ・チェバリエル　構 A-B-A　献 カシル
ダ・アロンソ・マルティネス Casilda Alonso-Martínez（アーティスト）　ヘ短調　3/4
Allegro　3'10"

　1888 年夏のバルセロナ万国博覧会のフランス・セクションのエラー
ル・ホールで開催された 20 回のコンサートシリーズのプログラムに加え
られる作品だったと思われる。リベラル派のロマノーネス伯爵の夫人で
アーティストのカシルダ・アロンソ・マルティネスに献呈。この曲集で唯
一の短調である。憂いに満ちたロマンティックな曲調にもかかわらず
Allegro と指示されているのは、いささか不似合いな感じがする。A-B-A
形式のBでは 8 分の 6 拍子と 4 分の 3 拍子の交差の登場と、4 度音程の複
前打音使用が、将来のアルベニスを感じさせている。

T.68C アウロラ Aurora

構 A-B-A　献 友人アウロラ・ベナメヒス Aurora Benamejís　イ長調　3/4　Non
troppo　2'15"

　3 連音符による柔らかな流れにプラルトリラーの使用が眩さを増す。セ
クションBからも 3 連音符は続き、ニ長調に転調するが、調は短いフレー

ズでさえ変化していき、ポピュラー音楽のような表情を見せる。セクション A に戻るが 16 小節のみの再現でリタルダンドして終わる。流麗な美しい作品である。

♪ T.68D ソフィア Sofía
[構] A-B-A　[献] 生徒ソフィア・パティヤ Sofia Patilla　変イ長調　3/4　3'30"

　テーマの最初 4 小節は哀愁のあるヘ短調で、すぐに明るい変イ長調に続く。鮮やかなフィオリチューラと付点 8 分音符の弾んだリズムである。セクション B ではホ長調となり、現れるのはセクション A のテーマの甘美な変奏とも思えるフレーズである。全体的に即興的で甘く華麗な作品である。

♪ T.68E クリスタ Christa
[初] 1887 年 3 月 21 日 Salón Romero　pf：ルイサ・チェバリエル　[構] A-B-A-C-A
[献] クリスタ・モルフィ Christa Morphi　ホ長調　3/4　Presto　2'25"

　1886 年 Romero から出版後、Stanley Lucas より 1890 年に《ピアノのためのマズルカ 2 番》として出版した。

　ロンドのように最初のテーマが繰り返し登場する。このテーマは 8 小節間続く主和音の 3 拍子が特徴で、牧歌的なマズルカを感じる。テノールに歌が登場する短いセクション B、2 拍目に伸びやかさを感じるセクション C を、セクション A が取り囲み、その素朴な繰り返しが魅力である。

T.68F マリア María

〔版〕1886 年 Romero　〔構〕A-B-A　〔献〕生徒のマリア・デ・ビダ María de Vida　ト長調
3/4　2'45"

　Christa では 4 小節のモチーフだったが、María では 1 小節のモチーフ
の繰り返しによって 1 つのフレーズが作られ、それが 4 回繰り返され、セ
クション A が作られる。A-B-A の構成になっており変ホ長調のセクショ
ン B は *meno mosso* から *energico* へと表情に大きな変化が出る。セクショ
ン A は、反復が重なるごとに面白さが増してくる。

❖ T.69 ソナタ第 3 番 Sonata n.3

> 〔作〕1886 年　〔初〕1887 年 3 月 21 日 Salón Romero　pf：マヌエル・ゲルボス Manuel
> Guervós　〔版〕1886 年 A.Romero　作品 68　〔献〕友人でピアニストのゲルボス　第 3
> 楽章のみ自筆譜あり

第 1 楽章
〔構〕A-B-A-Coda　変イ長調　3/4　Allegretto　5'20"

　ソナタ形式。他のアルベニス作品にも多く使われるヘミオラのリズムや、
ラ♭-シ♭-ド-ミ♭-ド-ラ♭のようなアーチ型のメロディも登場し、ソナタ形
式という彼の作品の中で希少な古典スタイルであるが、細部に彼の性格が
垣間見られる。第 1 テーマは *gracioso* で、第 2 テーマは *cantando* と指示
され伸びやかな心地よいメロディである。展開部は短く、印象的なスタッ
カートによる 8 分音符でのテーマの後、再現部に入る。全体に幸福感に満
ちた明るい雰囲気が感じられる。

第2楽章

[構] A-B-C-Coda　変ニ長調　4/4　Andante　5'00"

　ゆったりとしたイントロダクションは変ロ短調ドミナントから変ニ長調トニックに落ち着く。テーマはなだらかな下降で始まる前半と、8分音符の歩みで上行する後半が対をなす。この高音域から下降し、中音域から再び上る音の運びは意外性があるが、ゆったりしたメロディは、音の高低を伸びやかに行き来し、さわやかでロマンティックである。イ長調へ転調し、すぐ再び変ニ長調に戻るがシンコペーションのリズムにのって1つの山を作り、冒頭のテーマに戻る。美しい作品である。

第3楽章

構 A-B-A-B-A（変ホ短調）-B（変イ長調）　変イ長調　4/4　Allegro Assai　5'15"

　耳慣れたモチーフの反復は安心感をもたらす。変イ長調トニックの和音を *f* で鳴らし、無窮動のように走り回る楽章である。A のテーマは Z 字状のラインで分散和音が駆け回る。B のテーマはまずはテノールで弱く始まり、そして次には高音部で和音のなだらかな下行形の美しい歌が登場する。

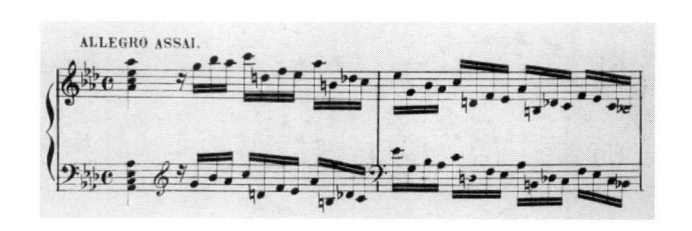

✤ T.70 苦悩 Angustia

作 1886 年 頃　版 1886 年 A.Romero　構 A-A'-A"-A-Coda　献 摂 政 女 王 Reina Regente　ホ短調　3/4　Agitato　2'40"　自筆譜なし

　初版では《苦悩／ピアノのための言葉のないロマンス Angustia/ Romanza sin palabras para piano》と書かれ、女王陛下に献呈された。楽譜には *Agitato* と書かれているが、最後の 7 小節に *pp* の強弱が書かれている以外、強弱の指示が何もない。裏拍打ちの和音の伴奏は煽られているようなリズムであるが、順次進行で綴られていくメロディはとても甘くロマンティックであり、おそらくこの作品は強く激しい表現ではなく、込み上げる想いを静かに狂おしく歌い上げているように思える。美しい作品である。

❖ T.71 ピアノとオーケストラのためのスペイン狂詩曲 Rapsodia Española para piano y orquesta

⟨作⟩1886 年　⟨初⟩1887 年 3 月 21 日 Salón Romero　pf：アルベニス　指揮：トマス・ブレトン、コンサート協会オーケストラ　⟨版⟩1887 年 A.Romero（オーケストラ・パートはピアノバージョン）　作品 70　⟨構⟩A-B-A-C-D-A-E-Coda　オーケストラの自筆譜あり　14'00"　⟨CD⟩2

1886 年 7 月 30 日、アルベニスは A. Romero 出版と「ピアノとオーケストラのための、そして 2 台のピアノのための」という 2 種類のバージョンを契約した。「2 台のための」というのは、「ピアノソロとセカンドピアノによる伴奏」という意味である。

しかし、ロメロが亡くなり、1886 年 9 月 1 日の別の契約書がロメロ未亡人に譲渡され、《2 台のピアノのための協奏曲第 1 番》という間違ったタイトルを付けられてしまい、実際にはオーケストラ譜は無視され、楽譜は失われたと考えられていた。

アルベニスはピアノ版の Rapsodie を作曲した後に、ブレトンにオーケストレーションを依頼し、1887 年 3 月 21 日に演奏会を計画した。

ブレトンはこのことを次のように日記に書いている。1887 年 1 月 23 日「アルベニスがピアノ協奏曲とスペイン狂詩曲のオーケストレーションを頼みにやってきた」　1 月 29 日「彼の狂詩曲を書き終えた」　3 月 21 日「アルベニスのコンサートは大成功だった。オーケストラの作品は好評だった。王女様方がご臨席だった。」

1889 年 Carlo Ducci & Co のカタログではオーケストラ付きバージョン《スペイン狂詩曲 No.71》、4 手への編曲《スペイン狂詩曲 No.72》Spanish Rapsodie No.71,72 と記載されている。ただしこれらは印刷されず、単なる広告だった可能性がある。

1889 年サン・セバスチャンで 8 月 21 日に、アルベニスがブレトン・オーケストラと共演し《スペイン狂詩曲》を指揮しており、バルセロナ音楽博物館に保管されているものがその楽譜であろうと考えられている。

バルセロナ音楽博物館に保管された資料から再構成されたバージョンは

1994 年 8 月 26 日コルーニャでアントニオ・ルイス＝ピポ Antonio Ruiz=Pipó（1934-97）（筆者をスペイン音楽の世界に導いた作曲家、ピアニスト）とガリシア交響楽団によって再演された。

　現在、その他にオーケストラ・パートは、ジョルジュ・エネスコ、アルフレッド・カセーラ、クリストバル・ハルフテル等によるものがある。

　《ピアノとオーケストラのためのスペイン狂詩曲》と書かれた 2 台ピアノ用バージョンのピアノプリモ（第 1 ピアノ）はソロピアノ用のバージョンとは異なり、より華麗な装飾が加えられている。

　作品は 5 つの部分から構成されており、続けて演奏する。5 つの部分はそれぞれ、スペインらしい魅力を多彩に表現している。

　ピアノソロの楽譜は残っており、アルベニス自身のアレンジであることは明らかであるが、それに関して楽譜には何も書かれていない。

　以下の譜例は 2 台ピアノ用バージョンを記す。

イントロダクシオン　Introducción
ニ短調　3/4　Allegretto

　静かな 3 拍子にスペインの「陰」の雰囲気が感じられる。ラからのミの旋法によるこぶし回しの利いたカンテが歌われる。コーダに登場するファンダンゴのリズムが切れ味良く刻まれる。

♫ 1-2 小節 / 5-8 小節

ペテネーラ・デ・マリアニ　Petenera de Mariani
ニ短調　3/8　Allegretto non troppo

　「ペテネーラ・デ・マリアニ」は有名なアンダルシアの歌である。テーマは弱く始まるが、キリリと勇壮なイメージである。メロディが左手に移ると、右手での伴奏は華やかな分散和音に変わる。ピアニスティックな飾りに負けることなく、テーマを貫いて弾いていかなければならない。

♫ 73-75 小節目

ホタ・オリジナル　Jota original
イ長調　3/8　Allegro

　かすかに遠くから楽しいホタの音楽が聞こえてくる。徐々に楽しく元気に力強くホタ独特のコプラが続く。ギターの爪弾きのようなスタッカートのついた 16 分音符が聞こえ、再び賑やかな踊りが始まる。目まぐるしく活気のある踊りが目に浮かぶ。

♱ 185-189 小節目

マラゲーニャ・デ・ファン・ブレバ　Malagueña de Juan Breva
変ホ長調　3/8　Andantino ma non troppo

　「マラゲーニャ・デ・ファン・ブレバ」は名歌手ファン・ブレバのスタイルによるアンダルシアの歌と踊りである。トレモロの誘いから始まるのは、自由リズムによる抒情的なマラゲーニャのカンテである。これはファンダンゴの一種で、登場するメロディは 20 年後に作曲する《イベリア》組曲の〈マラゲーニャ〉を暗示している。内声にトリルを伴った朗々と響く歌が登場する。この曲は T.93《カディス - ガディタナ Cádiz-Gaditana》の 62 小節目から登場している。

エストゥディアンティーナ　Estudiantina
ニ長調　3/8　Allegro

　エストゥディアンティーナとは学生の楽隊のことで、トゥナともいわれる。フィナーレを飾るように力強く、陽気な踊りが現われる。右手のアルペジオによるテクニックの見せ場もあり、とても明るく弾んだ調子で、最後のプレストで晴れやかに終わる。

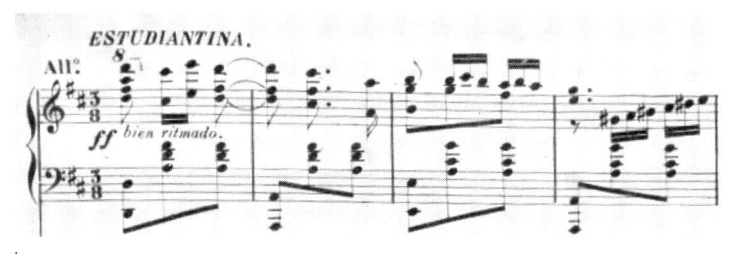

♣ 385-388 小節目

✤ T.72 旅の思い出 Recuerdos de viaje

> 作 1886-7 年　作品 57/58/67/71　自筆譜なし

　7 曲からなり、例えば U.M.E. のように、版によって《旅の思い出》作品 71 と明記されているものがあるが、実際には次に述べるように、作品番号の異なった作品を集めた曲集で、1 つの組曲として作曲したのではない。1886 年のコンサートの折にアルベニス自身がまとめたのは、最初の 4 曲だけであった。第 3 曲まではロマン派または印象派を思わせる作風である。

T.72A 海にて（舟歌）En el mar（Barcarola）

> 作 1886 年　初 1887 年 Salón Romero　pf：マリア・ルイサ・チェバリエル　版 1886 年 A.Romero　作品 57/58　構 A-B-A　献 サントベニア Santovenia 伯爵夫人　変イ長調　6/8　Con Motto　4'30"

　作曲の翌年に作品 58、1888 年に作品 57 として発表され、同年出版された Romero 版の表紙には、Recuerdos de Viaje No.1 En el Mar、段を替え Barcarola と書かれた。

　リストの手法を真似ているが、静かな曲想で印象派の雰囲気を持っている。「水」のイメージが、16 分音符による小波とテーマの歌によるゆったりした大波となって現われる。中間部では伴奏がシンプルな 8 分音符に変

わり、静かなゆったりとした美しい歌が聞こえる。

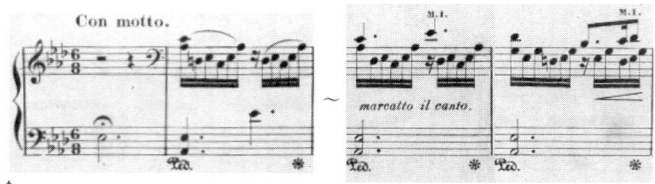

🎼 1-2 小節目 ／ 4-5 小節目

T.72B 伝説（舟歌）Leyenda -Barcarola
[作] 1886 年　[版] 1887 年 A.Romero　作品 67　[構] A-B-A-Coda　[献] 友人のプラシド・ゴメス・デ・カディス Plácido Gómez de Cádiz　変ホ長調　3/4　Andantino　4'00"

　献呈したゴメスは港町カディスの友人であることから、おそらくこの曲は、カディスの海に伝わる伝説から霊感を受けていると想像される。たった 2 小節の間に 2 オクターブ下がるテーマは、まるで好奇心がそそられる昔話のようである。変ホ短調 6/8 の *sombrio*（陰気な）では、空が陰り次第に海が荒れていくようなイメージである。

T.72C アルボラダ（朝の歌）Alborada
[作] 1886 年　[版] 1886 年 A.Romero　作品 71　[構] A-B-A-Coda　[献] 生徒のラファエラ・デ・リョレンス Rafaela de Llorens　イ長調　3/4　Andantino　non troppo　4'15"

　曲のほとんどが *p* から *pp* で書かれ、印象派の作品を思わせる。暗闇から徐々に空が白み、霧の中に夜明けの光が差していくようだ。

T.72D アランブラ宮殿にて En la Alhambra

作 1886 年　版 1887 年 A.Romero　構 A-B-A　献 ベレン・ガストン・デ・モヤ Belén Gastón de Moya 夫人　作品 67　イ短調　3/4　Allegretto non troppo　3'45"　CD 4

　マドリッドに住んでいた時の作品。1888 年夏、アルベニスはバルセロナ万国博覧会フランス・セクションのサラ・エラールで 20 回のコンサートを行った。彼が演奏したとき「カプリーチョ」というサブタイトルがついていた。アランブラ宮殿はグラナダにあるイスラムの域である。この曲は昔話を聞いているような面白さがある。語りのように始まり、続くアルペジオを伴ったテーマは哀愁を漂わせる。中間部では、こぶしの効いたイスラム風の美しい歌が聞こえる。

バルセロナ万国博覧会フランス・セクションでのコンサートはサラ・エラールで 20 回行われた。

T.72E ティエラの門 Puerta de Tierra
作 1887 年 版 1887 年 A.Romero 構 A-B-A 献 生徒のイサベル・デ・パルラド Isabel de Parlade 二長調 3/4 Allegro non troppo 3'15" CD 4

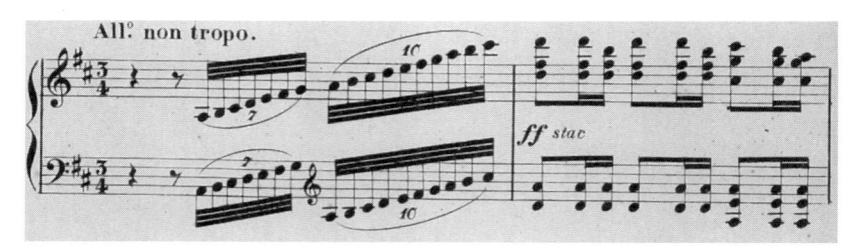

　初版ではサブタイトルにボレロと書かれ、Carlo Ducci 版では「アンダルシア（ボレロ）」となっていた。ティエラは「土地」の意味で、「ティエラの門」とは南スペイン最南端、港町カディスに入る城門のことである。冒頭の上行スケールは一気に明るいアンダルシアの碧い空が広がるようだ。馴染みのボレロのリズムは凛々しく爽快である。中間部にはこぶし回しのある粋で軽やかな歌が登場する。

5-6 小節目

T.72F 入り江のざわめき（マラゲーニャ）Rumores de la Caleta

作 1887 年　版 1887 年　A.Romero　ラから始まる「ミの旋法」　3/4・3/8
構 A-B-A　献 General López Domínguez 閣下　Allegro　3'30　CD 4

1-2 小節目

26-27 小節目

タイトル〈ルモレス・デ・ラ・カレータ〉のカレータとは入り江を指すが、海辺の村の荷積み人組合の意味もある。表情豊かな歌、ギターの爪弾き、スタッカートで表された手拍子やタコネオ（靴音）等、次から次へと町の喧騒が聞こえる。中間部でのメリスマ唱法によるコプラ（叙情的な自由リズムの歌）は、自慢の喉をたっぷりと聞かせる歌い手が目に浮かぶ。

♪ T.72G 浜辺にて En la playa

作 1887 年　版 1887 年 A.Romero　構 A-B-A-Coda　献 生徒のパウリナ・デ・バウエル Paulina de Baüer 嬢　変イ長調　3/4　Andantino　3'30"　CD 4

melancolicamente（悲しげに）で始まるロマンティックな曲で、フォーレのノクターンを思わせる。静かな 8 分音符のギターの爪弾きにゆったりとした歌が響く。変イ短調（♭ 7 つ）に転調する。メロディは覚えやすく爽やかで美しい。

❖ T.73 メヌエット Menuet

作 1886 年頃　版 1894 年 Vve.E.Girod　構 A-B-A　献 リカルド・ビニェス Ricardo Viñes 自筆譜なし　ト短調　3/4　Allegretto grazioso　4'30"

ほとんどが高音部譜表で 8 分音符のリズムで書かれた優雅なメヌエットである。Trio はト長調でスタッカートでの 3 連符がヘミオラのリズムを作り印象的である。左手の伴奏型は T.86《12 の性格的小品集 Doce piezas características》第 2 番〈シルビアのためのメヌエット Minuetto a Sylvia〉と類似している。《アルベニスの 10 の作品 Diez oeuvres pour Albéniz》に含まれ、パリの出版社 Vve.E.Girod より出版された。他に 4 曲からなる《四季 La saison》、3 曲からなる《夢 Rêve》、〈アラゴネーズ

Aragonaise〉、〈タンゴ Tango〉等が含まれている。この曲集は E.Girod 未亡人没後、息子の Paul によって出版され、のちに Alphonse Leduc に引き継がれた。

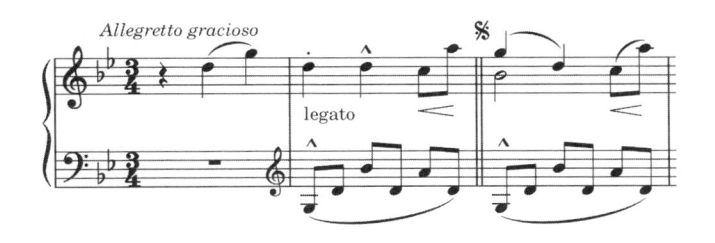

❧ T.74 メヌエット第3番 3er Minuetto

| 作 1886 年頃 | 版 1886 年 A.Romero | 構 A-B-A | 献 マドロン Madron 伯爵夫人 |
| 変イ長調 3/4 Tiempo di minuetto 6'15" 自筆譜なし |

　3曲目のメヌエットというタイトルから、ほかの2曲のメヌエットの存在を推測できるが、おそらく1曲は《いにしえの組曲 Suite Ancienne》第1集の2曲目 T.62B〈メヌエット〉、もう1つは T.73《メヌエット》かと想像できるが、T.75《ソナタ第4番》の第3楽章の可能性も否定できない。曲全体は A-B-A となっている。A では「メヌエットのテンポで」と指示され、全体に付点のリズムが多く、リズミカルな曲調である。強弱記号の指示はほとんどないが、メゾフォルテまたはフォルテが相応しいであろう。中間部 B は変ニ長調でさざ波のように動く伴奏にメロディが徐々に大きな山を作り、とてもロマンティックでワルツのようである。

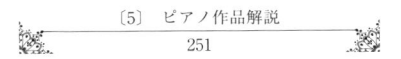

❖ T.75 ソナタ第4番 Sonata n.4

作 1886年　初 1887年3月21日 Salón Romero　pf：ルイサ・チェバリエル Luisa
Chevalier　版 1887年 A.Romero　作品72　献 モルフィ Morphi 伯爵　イ長調　自
筆譜なし

第1楽章
構 A-B-A-Coda イ長調　12/8　Allegro　6'10"

　ダイナミックでロマンティックな美しい作品である。緊張感のある和音
連打の伴奏に合わせて登場する第1テーマは活き活きとしており、
cantando と指示される第2テーマホ長調はこの上もなくロマンティック
で、*grandioso* の指示で高揚する。

第2楽章
ニ長調　3/4　Allegro（Scherzino）　2'25"

　構成は細かく見ると A-B-A'-C-A-B-A' となっているが、Cの前後にダブ
ルバーもあり、Cを中間部とする3部形式で Scherzo の性格を持つ。
leggiero e ben marcato と書かれ、ニ長調で始まる楽しく快活な4小節の
Dux は、属調 Comes として現れる。Bのセクションはアルトとテノール

でAのテーマによく似た音列とリズムが2小節の短いモチーフを作り、イ長調のトニック上の技巧的なパッセージが華やかさを添える。中間部となるCのセクションはト長調で揺れるような柔らかいワルツを思わせ、その甘美さにうっとりする。Tramanteという謎の文字が書かれていて、イグレシアスは「織る。織り交ぜる（tramar）だろうか？」と述べているが、音楽的に必要な指示とも思えない。全体で120小節の短いスケルツィーノで、それぞれのセクションの個性がはっきり分かれていて楽しく弾くことができる。イグレシアスは♪＝132のAllegroが必要不可欠であると述べている。

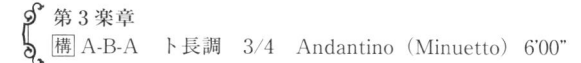

第3楽章
構 A-B-A　ト長調　3/4　Andantino（Minuetto）6'00"

　この作品だけ独立した作品《有名なメヌエットCelebre Minuet（原文ママ）》として1892年にロンドンでChappell & Coから出版された。ト長調のAのセクションは *con calma*（静かに）と指示され、宮廷舞踏会での優雅な情景が目に浮かぶようだ。エレガントなシンコペーションや軽い小太鼓を思わせる音型が印象的である。セクションBは変ホ長調でメロディは即興的で伸びやかに膨らむ。左手に登場するトリルが実際には5連音符による装飾になり、華麗さを増している。

第4楽章
イ長調　6/8　Allegro（Rondó）4'15"

スペイン語で Rondó と書かれていて、全体は終曲に相応しいリストを思わせる輝かしさを持つ。3つのモチーフからなり、A はファンファーレのような厚みのある和音とアルペジオの伴奏を伴うテノールの歌からなる。セクション B はアルペジオを含んだ滑らかに流れるようなメロディである。16 小節だけのセクション C は *elegantemente*（優雅に）と指示され、*pp* でのアルペジオが柔らかな風のように現れる。この時代の作品には珍しく、最後は *ffff* と4つのフォルテによって強弱が示されている。

❖ T.76 いにしえの組曲第3番 3er Suite Ancienne

T.76A メヌエット Minuetto

作 1886 年マドリッド　初 国立音楽院 Escuela Nacional de Música　版 1887 年 A. Romero　構 A-B-A　献 ホセ・デ・カルデナス José de Cárdenas　ト短調　3/4 Tempo di minuetto　2'30"　自筆譜あり

　この作品は T.113《初見用の作品 Pieza para ser ejecutada a primera vista》と同曲。このタイトルの自筆譜あり。A セクションのテーマは dolce で伸びやかに始まり、1拍目の伴奏の6連音符とメロディ3拍目のプラルトリラーの装飾が美しく、ほとんどが高音部で奏され、優雅である。B セクションはト長調でリズムに動きがあり *mf* で始まるが、曲全体としては、エレガントな雰囲気である。

作 1886 年マドリッド　版 1887 年 A.Romero　構 A-B-A　献 ラファエル・フェラス Rafael Ferraz 閣下　ニ短調　2/4　Allegretto　2'30"　自筆譜なし　表紙は Gabota、1 ページ目は Gavotta と表記された。

愁いを帯び落ち着いたテンポでのガボットであるが、伴奏の左手の 16 分音符の歩みが幅広い音域に渡り、メロディは 2 回目の反復で連続オクターブとなる。第 2 テーマにも両手共に連続で重音が使われ、曲調はピアノ学習者または愛好者のために作曲したように思えるが、決して簡単に弾けるようには思えない。セクション B は Musetto でニ長調に代わり、狭い音域での素朴なメロディが繰り返され、バスで D の音がタイで繋がれ響いている。

❖ T.77 ピアノ協奏曲　第 1 番
1 er Concierto para piano y orquesta

作 1886 ～ 87 年　初 1887 年 3 月 21 日（オーケストラバージョン）Salón Romero pf：アルベニス　指揮：トマス・ブレトン　版 1887 年 A.Romero　作品 78　献 友人ホセ・トラゴ José Tragó　24'00"　自筆譜なし

アルベニス存命中には、オーケストラと何回も演奏されたが、2 台のピアノへの編曲のみが出版された。ここでは、2 台ピアノの作品として取り上げる。

ロマン派の書法で書かれ《幻想協奏曲 Concierto fantástico》の名でも知られる。ペドレイは「スペイン音楽史上前例のない作品」として称賛した。

第1楽章
イ短調　12/8　Allegro ma non troppo、12'00"

　荘重に始まり、中間部には《スペイン組曲》の〈クーバ〉を思わせるようなテーマが現われる。ホ長調に転調する73小節目からのテーマは、77小節目では*ff*になりとても情熱的な表情となる。

🎼 73-74 小節目

第2楽章
ニ短調　6/8　Andante（夢とスケルツォ）　6'00"

　冒頭は4分の4、レから始まるミの旋法で、話しかけるようにロマンティックに始まる。8分の3、ニ長調に転調するプレストでは、対照的に技巧的なスケルツォが*ff*で現れる。ト長調に転調する126小節目からのテーマは *grazioso* で、ソプラノとバスのユニゾンの響きと内声のリズミカルな合いの手によって、アルベニスらしいラテンの明るい幸福感を表現している。

🎼 6-8 小節目

🎼 58-63 小節目

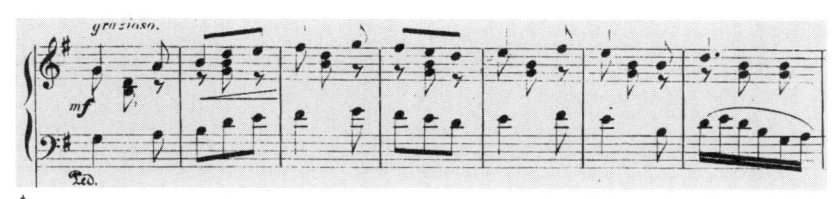

🎼 126-132 小節目

第3楽章
ロ短調　6/8　Allegro　6"00"

　1楽章の冒頭のテーマがロ短調で現れ勇壮な世界が続く。4分の3拍子、イ長調に転調すると軽やかで馴染みのある明るいテーマが登場し、発展する。91 小節目 *poco meno* で、*cantando*（歌って）と表示されるテーマは、ロマンティックでアルベニスらしい弧を描く旋律線となる。そのテーマは 120 小節目ではオクターブのユニゾンで高らかに歌い始める。ショパンを思わせるアルペジオなどの華麗な書法も現れ、最後はプレスト、ヴィヴァーチェで強弱は *fff* まで昇り詰め大変華麗である。現在のオーケストラバージョンは J・トライテル J.Trayter（ホセ・デ・フアン・アギーラ José de Juan del Águila のペンネーム）による。

🎼 119-122 小節目

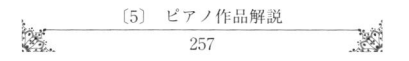

❖ T.78 6つのスペイン舞曲 Seis Danzas españolas

作 1887年　版 1887年 A.Romero　自筆譜なし

　1887年に短期間に作曲されたと思われる。6曲とも2/4でキューバ起源のタンゴ・ハバネラのリズムによる。アルベニスは少年時代にキューバに滞在し、アフリカ文化とヨーロッパ文化の混交による揺れるような魅力的なリズムに慣れ親しんだ。この曲集はすべて長調で始まり、どの曲も常夏のキューバの開放感に溢れ、ポピュラー音楽を聴いているような心地よい雰囲気がある。

T.78A スペイン舞曲第1番 Danza Española n.1
構 A-B-A-短い Coda　献 生徒のライムンダ・デ・リョレンス Raimunda de Llorens 嬢　ニ長調　2/4　2'45"

　Aセクションは高音部でハバネラのリズムでの伴奏、低音部で順次進行によるなだらかで静かなメロディが始まる。Bセクションはニ短調でハバネラのリズムに遮られながら始まるが、やがてドラマティックな山を作る。

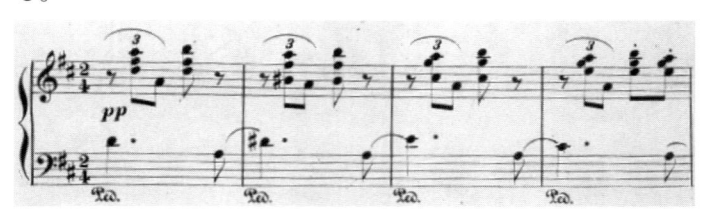

T.78B スペイン舞曲第2番 Danza Española n.2
構 A-B-A　献 生徒のピラール・デ・ローラ Pilar de Lora 嬢　変ロ長調　2/4　Allegretto　5'10"　CD 4

　冒頭に *languidamente*（だるそうに）の指示がある。メロディは物憂い表情でハバネラのリズムに乗って始まる。U.M.E.版でヘ音記号が抜けている所がある。

T.78C スペイン舞曲第 3 番 Danza Española n.3
[構] A-B-A　[献] 生徒ビクトリア・デ・パティーリャ Victoria de Patilla 嬢　変ホ長調
2/4　Allegretto、4'00"　[CD] 4

　柔らかなハバネラ。暖かな夜風が頬を撫ぜるようである。変ホ短調の中
間部には *meloso*（蜂蜜のような、物柔らかな）と書かれている。

T.78D スペイン舞曲第 4 番 Danza Española n.4
[構] A-B-A-C-A　[献] 画家ゴマール Gomar（おそらくアントニオ・ゴマールであろう）
ト長調　2/4　速度表示なし　3'40"

　おどけたようなスタッカートと指示されたシンコペーションのリズム
と、レガートで歌われる甘いハバネラの対比、そして中間部のヘミオラの
リズムも面白い。

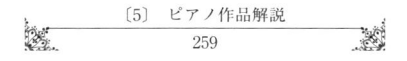

T.78E スペイン舞曲第 5 番 Danza Española n.5

[構] A-B-A　[献] ペピータ・デ・パティーリャ Pepita de Patilla　変イ長調　2/4　速度表示なし　4'00"

　セクション A は、順次進行下行の柔らかいラインのモチーフが登場し、それに続くモチーフは 1 回目だけ *marcando*（目立たせながら）と指示されている。セクション B に入る前に *molto ritardando* でテンポは遅くなり、嬰ト短調の陰りの中でセクション A と類似したテーマが装飾音符を伴って優雅に奏される。

T.78F スペイン舞曲第 6 番 Danza Española n.6

[構] A-B-A　[献] コンチャ・グランデーラ Concha Grandera　ニ長調　2/4　速度表示なし　3'50"

　セクション A はテーマの最初 4 小節に 16 分音符の 5 連符を含む即興的メロディが登場し、続く 4 小節は *pp* ではあるが対照的に歩みのしっかりしたメロディが印象的である。セクション B では細かく転調し表情を変える。

❖ T.79 マジョルカ Mallorca

> 作 1883 年 ? 　版 1891 年 Stamley Lucas、Weber & Co.　作品 202　構 A-B-A
> 献 エリー・ローエンフェルド Ellie Lowenfeld　嬰ヘ短調　6/8　Andantino　6'15"
> 自筆譜なし 　CD 4

　作曲された年は新聞記事により 1883 年以前と推測される。しかし、より確実な情報は 1887 年 9 月 17 日バルマの公演記事であり、作曲年は 1887 年の可能性もある。サブタイトルは「バルカローレ」。作品の冒頭でショパンの《バラード第 1 番》のテーマを使い、ショパンがジョルジュ・サンドと過ごしたマジョルカ島の名をタイトルにしたこの作品はショパンへのオマージュであろう。B セクションでは嬰ヘ長調に転調し、甘美な歌が *poco piu mosso* で進んでいく。とても美しい作品である。52 〜 53 小節目ソプラノにリズムの誤植があるが自筆譜がなく確認できない。アリシア・デ・ラローチャはソプラノのラとレに付点を付けて演奏している。

❖ 1 小節目 / 3-4 小節目

❖ T.80 思い出 Recuerdos

> 作 1887 年　版 1887 年 Juan Ayné　Barcelona　作品 80　構 A-B-A-Coda　献 友人
> のロベルト・ゴベルナ Roberto Goberna　変ト長調　3/4　Poco mosso　Tempo di
> Mazurka　6'15"　自筆譜なし

　マズルカを感じさせるより、花のような美しい印象の方が強い作品である。特に B では 3 連符や 16 分音符のパッセージが多く使われ、それらは即興的に書かれたような線を描く。B セクションではロ長調に転調し、長いフィオリチューラによる装飾が即興性を増し、とても美しい。

♦ T.81 サロンのマズルカ　Mazurka de salón

作 1887 年　版 1887 年 Juan Ayné　Barcelona　作品 81　構 A-B-A-Coda　献 従姉妹エンリケータ・ホルダーナ Enriqueta Jordana　変ホ長調　3/4　Tempo di Mazurka　4'50"　自筆譜なし

　《2 つのコンサートのマズルカ Deux Mazurkas de Concert》として T.80 と T.81 が Carlo Ducci のカタログで 1887 年作曲と掲載されている。T.68《6 つのサロンのマズルカ》は別の作品である。この作品は、メロディがエレガントで、心地良い。技巧的な所は無く、愛好者向けである。しかし、借用和音や転調が多く、左手の伴奏の音域が広い。右手のメロディもオクターブが多く使われ、9 度の幅もあるため、おそらく献呈したエンリケータを含め大人向けに作曲したと思われる。強弱や発想記号も詳細に書かれている。

❖ T.82 やさしいパバーナ Pavana Fácil

作 1887 年　版 1887（1888?）年 A.Romero　作品 83　構 A-B-A　献 生徒のヘンリー・カンボン Henry Cambon　ハ短調　4/4　Andantino　4'30"　自筆譜なし

報道で紹介された《パバーナ1番》なのか《同2番》なのか判らない。T.86H を参照。2声のポリフォニーが静かに進み、続いて4声体へと厚みを増す。孔雀の静かで威厳のある歩調を見るようである。中間部はハ長調で、すがすがしい表情である。スラー等のアーティキュレーションに不一致がある一方、細かく指使いが書かれ、急いで生徒のために短時間で作曲したと思われる。Romero の表紙には PAVANE FÁCIL であったが、楽譜の1ページめには「パバーナ」の下に「MUY FACIL（易しい）」左端には「PARA MANOS PEQUEÑAS（小さな手のための）」と加えられた。

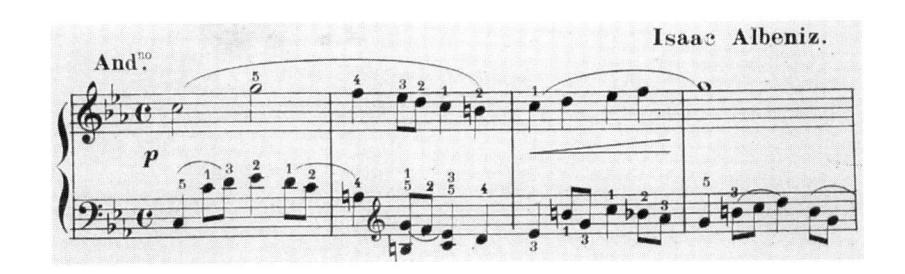

❖ T.83 コティジョン Cotillón

> 作 1887 年　版 1887 年 A.Romero

　1887 年の A.Romero による初版では《イサーク・アルベニスによるコ
ティヨン　サロンのダンス・アルバム　第 1 番シャンパーニュ・ワルツ
Cotillon Album de Danses de Salón No.1 Champagne Wals par Isaac
Albéniz》と書かれている。アルベニス自身の演奏でのプログラムには
Cotillón-Wals または Wals-Cotillón と書かれ、まれにしか Champagne と
書かれなかった。コティヨンとは古い舞曲で、男女のカップルが輪になっ
て左方向にステップを踏んで進むコントル・ダンスの一種。Cotillón はス
ペイン語、Champagne はフランス語で書かれている。

T.83A シャンパーニュ Champagne
作 1887 年 版 1887 年 A.Romero　構 A-B-A　献 生徒イレーヌ・ランダゥアー嬢
Irene de Landauer　作品 86　変ホ長調　3/4　Allegro　6'15"　自筆譜なし

　Music in the British Library（ロンドン 1981）のカタログでは《ブリ
タニア・ワルツ Britannia Vals》となっている。ここでも T.47《6 つの小
さなワルツ》と同様に Wals と綴っている。

　A.Romero 版では Champagne の下に白い手紙（Carte Blanche）、と書
かれている。シャンパーニュとはシャンパンのことである。晴れ晴れとし
た 13 小節のイントロの次に、優雅なワルツが始まる。A-B-A-C-A-D-A の
ロンド形式となっていて、それぞれのセクションはテーマを 2 回繰り返し

ている。優雅なテーマ A が何回も繰り返され、聴いている者は、馴染みのメロディを安心して楽しむことができるであろう。コーダとも思えるような D は派手な聴かせどころであるが、最後に再び登場する A のテーマは最後ゆっくり消えるように、と指示されている。No.1 champagne Wals と初版に書かれているが、No.2 からは書かれておらず、その理由も判らない。

❖ T.84 木の下で Arbola Azpian ソルツィコ Zortzico

作 1887 年（89 年の可能性もあり） 版 1893 年 A.Díaz y Cía 構 A-B-A 献 イグナシオ・タブヨ Ignacio Tabuyo（A.Díaz 版）イグナシオ・スロアガ Ignacio Zuloaga（Mutuelle,Max Eschig 版） ホ短調 5/8 Allegretto non troppo 5'20" 自筆譜なし CD 2

タイトルは「Arbola‐pian」と書かれているが、これはバスク語による「Arbola Azpian」を間違えて表記したものと考えられる。Azpian は「下」または「～の下に」の意味である。サブタイトルとして Zorzico と書かれる。1889 年の『La Correspondencia Musical』紙では「Arbol az pian（原文ママ）はサン・セバスティアンへの憧憬を示したものである」とアルベニスの初演を記事にしている。

サン・セバスティアンはバスクの港町で、この地方に伝わる5拍子の「Zorzico」のリズムで作曲されている。印象的な半音階による伴奏はリズミカルであるが、曲調はノスタルジックである。中間部はホ長調になりメロディは伸びやかであるが、リズムは5拍子を続ける。

❖ T.85 ソナタ第5番 Sonata n.5

作 1888年　初 1888年8月16日　バルセロナの万博フランス・セクションのエラールの会場　pf：アルベニス　版 1888年 A.Romero　構 4楽章　作品 82　献 友人でアーティストのカルロス・G・ビディエリャ Carlos G.Vidiella　自筆譜なし

第1楽章
構 A-B-A-Coda　変ト長調　4/4　Allegro non troppo　11'20"

　2分音符で始まるモチーフA（構のA、Bとは別）、シンコペーションによる動きのあるモチーフB、そしてゆったりしたシンコペーションを含むモチーフCが使われ提示部が始まるが、Cは曲調が異なっているもののBを構成している音型と酷似する。またCの伴奏で登場するショパンのバラード1番を思い出させるフレーズDは、推移として頻繁に色々登場し、展開部ではそれが重要な役割をもつ。その展開部はAのモチーフが短調で始まり、続いてBのリズムを使ったモチーフが登場し、技巧的で鮮やかなフレーズが挟まれることで、第1楽章の山となっている。すでに提示部の中でも細かい転調があり、全体にA〜Dのモチーフが散りばめられ、転調によってその表情が微妙に変わっていくところが、将来の《イベリア》で行われる「綾」のように織りなされる複雑な世界を感じさせる。美しく、ロマンティックな作品であるが、裏拍でリズムを感じる曲調が南国を感じさせ、魅力がある。

第2楽章 雄鶏のメヌエット Minuetto de gallo
[構] A-B-A　嬰ハ短調　3/4　Allegro assai　3'00"　[CD]2

　テーマの付点のリズムや、Staccato と指示された同音反復の2小節はまさに鶏の声のようである。鶏小屋番人の優しい歌が聞こえる伝統的なスタイルのメヌエット。この作品だけ単独で《Minuetto de Gallo》A.Romeo 版、《Menuet du Coq》Carlo Ducci 版として出版された。

第3楽章 夢想 Rêverie
[構] A-B-Coda　ニ長調　4/4　Andante　7'30"

　この楽章も単独で1888年に A.Romero 社より出版された。T.86D も同様に1888年に作曲され、宗教的な雰囲気をもっているが、この年アルベニスの二女クリスティーナが亡くなっていることを思い出させる。澄んだハーモニーや低音部でのポリフォニックな声部の動きが讃美歌を思わせ、変ホ長調で *pp* のアルペジオは天使の奏でるハープのように聞こえる。

第4楽章 アレグロ　Allegro
構 A-B-B-A-B　変ト長調　3/4　Allegro　2'15"

　第4楽章も独立して出版された。スカルラッティへのオマージュとも思える作品である。1886年の Salón Romero でのリサイタルをアラルコンが、『La América』紙に「彼のお気に入りの作曲家はスカルラッティ、ショパンのようだった。」と掲載しているように、彼はいつもスカルラッティを好んで弾いていた。ほぼ2声により、S字形を描く活発な第1テーマと、コン・ブリオで装飾音符による諧謔的な第2テーマが転調しながら走り廻り、爽快で迫力のある終楽章である。

❖ T.86　12の性格的小品集 Doce piezas características

作 1888年頃（12番を除く）　初 1888年8月16日　バルセロナ万国博覧会フランス・セクションでのサラ・エラール Sala Érard における20回のコンサート　pf：アルベニス　版 1888年 A.Romero　作品92　自筆譜なし

　ロメロ Romero 未亡人との契約の時は《ピアノのための12曲のコレクション una colección de 12 piezas para piano》とされ、出版の時に「性格的 Características」の文字が加えられたと考えられる。11曲は1888年に作曲、初演されたが、12番だけ1889年に作曲し、同年にパリのサラ・エラールで初演された。1888年に出版された楽譜の表紙には12番のタイトルも記載されているが、12番が作曲されたのは翌年である。アルマグロ Almagro y Ca と Casa Dotésio によって再版されたとトーレスのカタログに記載されているが、いつ加えられたか現時点では判らない。1912年出版の Casa Dotésio では12曲納められている。

T.86A ガボット Gavotte

構 A-B-A　献 フェルナンド・バウエル Fernando Baüer　ト長調　4/4　Allegretto grazioso　2'45"

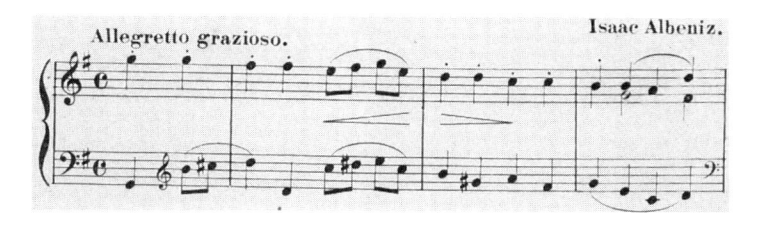

　優雅で愛らしく気品に満ちている。AとCは順次進行の下行形の音列が優しい表情のモチーフであり、Cはト短調で心悲しい。Bは明るい表情でAのモチーフの後半に登場する8分音符のゼクエンツに似ている。「イレーヌ・ランダゥアーのテーマによる」とサブタイトルが書かれている。イレーヌはT.83A《シャンパーニュ》を献呈された生徒である。シンプルで伝統的なガボットである。

T.86B シルビアのためのメヌエット Minuetto a Sylvia

構 A-B-A　献 マノロ・バウエル Manolo Baüer　イ長調　3/4　Allegretto　3'15"

　Aセクションのテーマのテーマの同音反復と伴奏形がT.73《メヌエット》と似ている。伝統的なメヌエットである。素朴なT.73に比較すると、厚みのあるハーモニーと16分音符や装飾音符の使用により、貴族的な雰囲気がある。Bセクションの調号はアルベニスは♯2つを書いているが、これは間違いで、イ短調で始まりハ長調を経由する。

T.86C　バルカローレ（雲のない空）Barcarola（Ciel sans nuages）

構 A-B-A　献 生徒フェルナンダ・トルデシーリャス・イ・カサリエゴ Fernanda Tordesillas y Casariego　変ホ長調　3/4　Andantino　4'15"

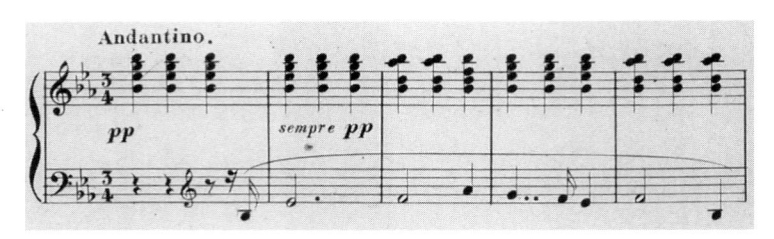

　A-B-A の前半では 3/4、後半で 6/8 の拍子で書かれており付点 2 分音符が後半では付点 4 分音符で表記される。5 年前に書かれたと推定される T.79《マジョルカ》の冒頭は嬰ヘ短調であったが、この作品は明るい舟歌である。セクション B では借用和音が使われた反復進行が美しく、色々なモチーフが表情を変え散りばめられている。その調性を超えた連綿とした流れは、のちの《イベリア》を思わせる。

T.86D　プレガリア（祈り）Plegaria

構 Introducción-A-B-A-Coda　献 生徒のマリア・デ・トルデシーリャス　変ホ長調　4/4　Andante　5'30"　CD 3

　メロディ冒頭はグレゴリオ聖歌〈Salve Regina〉を思わせる。8 分音符と 4 分音符だけの落ち着いた歩みの伴奏は借用和音も多く使われ、そのハーモニーは大変清らかに響き、讃美歌のようである。1886 年に長女を、1888 年には二女クリスティーナを亡くしていることを想わずにいられない。筆者がいつもアンコールに選ぶ作品である。

♪ 1-2 小節目 / 17-20 小節目

♫ **T.86E コンチータ Conchita**
構 A-B-A-C-A-B-A　献生徒のコンチータ・デ・ロリング Conchita de Loring　ヘ長調　2/4　ポルカのテンポ Tempo di polka　3'45"

　世紀末の社交界で気に入られたポルカで、ボヘミアの本物ではなく、ウィーンで流行ったダンスのバリエーションである。ヘ長調で3連符を含んだモチーフが活き活きと明るい。セクションBは変ニ長調に転調しシンコペーションの伴奏に支配される。Cセクションは Trio で、テーマは最初の2小節にシンコペーションで登場し、変ロ長調 dolce である。

T.86F ピラール（ワルツ）Pilar（Wals）

構 A-B-A-Coda 献生徒のピラール・デ・ロレ Pilar de Lore　イ長調　3/4　Tempo di Walzer　5'45"　CD 4

　ショパンを意識した作品でサロン的なワルツである。スペイン的な雰囲気ではないが、可憐で明るく美しい。

T.86G サンブラ Zambra

構 A-B-A-Coda 献生徒のカルロス・グアヤ Carlos Guaya　ト短調　2/4　Allegro molto　4'10"

1 小節目 ／ 4-6 小節目

　「サンブラ」は、神秘的な雰囲気をもつイスラム教徒やジプシーの儀式の踊りであり、この作品にもイスラムの雰囲気が溢れている。ときどき「ミの旋法」による旋律や、フラメンコの終止形が使われている。特にアンダンテでは、東洋的な歌が聞こえ興味深い。アルベニスの演奏によるバルセロナでのコンサートはペドレイによって『La Ilustración Musical Hispano-americana（イスパノ・アメリカ音楽画報）』に取り上げられた。

T.86H　パバーナ Pavana

構 A-B-A- 短い Coda　献 生徒のペペ・ナダル Pepe Nadal　ヘ短調　2/4　Allegretto
5'00"　CD 2

　パバーナについては、T.48 を参照。

　《性格的小品集》として他の作品に続けて 1888 年に作曲されたと考えら
れる。しかし、1882 年 4 月 19 日のマラガの報道では《パバーナ第 2 番》
を紹介し、1883 年『Anunciador Vitoriano』誌はアラバ県ビトリアのビト
リア・サークルにて《パバーナ第 1 ＆ 2 番》が聴衆に絶賛されたと報道し
ている。アルベニスが作曲した 3 曲の「パバーナ」のうち《パバーナ 1 番》
がこの作品なのか、または《2 番》なのか判らない。

　アントニオ・イグレシアスは「古い宮廷舞踊のパバーナは、ビウエラ奏
者によって育まれていたが、すでに消え去っていた。世紀末のスペインで
文学者たちの社交的な集まりで再び流行し、特にスペインで最も好まれた
作品の 1 つになった。」と述べている。このパバーナは簡素であるが厳粛
な雰囲気を持ち、セクション B ではヘ長調に転調し、バスでファの音が
鳴り続き、パバーナの歩調に合わせた静かな太鼓を思わせる音が聞こえ、
優雅な宮廷での踊りが目に浮かぶようである。

T.86I ポロネーズ Polonesa

構 A-B-A-Coda　献生徒のソフィア・デ・トルデシージャス Sofía de Tordesillas
変ホ長調　3/4　Allegro　4'45"

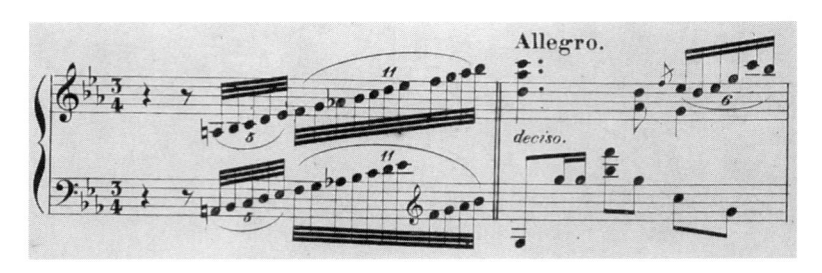

　ポロネーズは16世紀後半からポーランド王国の宮廷で行われ、フラン
ス宮廷から広まったものであるが、アルベニスのポロネーズは、バッハの
ポロネーズのようなものではなく、ショパンのポロネーズを意識して書か
れたものである。《性格的小品集》の中では、オクターブや重音使用が多
くなり、比較的難易度が高くなっており、*deciso*（決然と）、*grandioso*（壮
大に）、などと書かれ、華麗な作品である。A-B-A の A の途中に挟まれる
ポコ・メノ・モッソでは素直な美しいメロディであり、アルベニスらしさ
が感じられる。再現部のあとに短いコーダが加わり壮麗に終わる。

T.86J マズルカ Mazurka

構 A-B-A　献生徒のコンチータ・バランコ Conchita Barranco　ト短調　3/4
Tempo di Mazurka　5'35"

　grazioso（気品を持って）、と書かれているが、最初4小節はトニック、
次の4小節はドミナントが続き、その響きに乗って歌われるテーマは民俗

的で哀愁に満ちている。途中、鮮やかな即興的なフレーズが入りまたテーマに戻る。ト長調に転調したBセクションは、旋律線にわざわざ高い音を経由するアルベニスらしい流れで、明るさを強調させている。アルベニスの個性が光る作品である。

T.86K スタッカート Staccato

構 A-B-A 献 アーティストのロペス・アルマグロ Lopez Almagro　イ長調　6/8　Allegro　2'25"

　万国博覧会の演奏でタイトルは〈Estacatto〉と表記された。1889年ロンドンでの出版でCarlo Ducciのカタログでは〈Staccato-Capricho〉とされた。1888年8月15日の《イスパノ・アメリカ音楽画報》でペドレイによって《即興練習曲》と《ピアノ協奏曲》と共に絶賛された。速度はAllegroでありスタッカートの連続で走り抜ける妙技は大いに聴衆を喜ばせたに違いない。A-B-Aで、冒頭からポリフォニックであるが、セクションBでイ短調になり、右手は滑らかにメロディをつなぎ、左手はスタッカートで奏し、そのフレーズは、益々ポリフォニーと音色の聴かせどころとなる。

T.86L 朱色の塔 Torre bermeja

作 1889年　初 1889年　パリのサラ・エラール　構 A-B-A　作品92　献 リスボンのイサベル Isabel de Lisboa 皇女　初版では表紙に Torre bermeja Serenata と書かれた。Allegro molto　ホ長調　3/8　4'10"　CD 4

　曲集の11曲目までは1888年に作曲されたが、この作品は翌年に作曲され、最も人気の作品の1つとなる。「朱色の塔」とはグラナダにあるイスラムの城アランブラ宮殿を指す。ギターの爪弾きを模したアルペジオの伴

奏に東洋的なメロディが始まる。Bセクションではホ短調に転調し、Cantando（歌って）と指示された美しいメロディが印象的である。U.M.E.版の楽譜は若干誤植があるので注意。

1-3 小節目

26-28 小節目

❖ T.87 2つのサロンのマズルカ
Dos Mazurkas de Salón

> 作 1888 年　音楽的特徴から公表された日付よりもかなり前に作曲されたと思われる　版 1888 年 Zozaya 社　作品 95/96　自筆譜なし

　Zozaya 社に 1888 年に所有権を譲渡したにもかかわらず、1 年後の 1889 年に〈リコルダッティ〉は Carlo Ducci のカタログに掲載されている。

T.87A アマリーア Amalia
構 A-B-A　献 生徒のアマリーア・ロリング・デ・シルベラ Amalia Loring de Silvela　作品 95　変ホ長調　3/4　Tempo di Mazurka　4'25"

　落ち着いたテンポのマズルカである。アルベニスの特徴の 1 つである高音を経由する細かな弧を描く旋律線と、同主短調でのエコーが、青い空とロマンティックな風を感じさせる。B セクションも明るく変イ長調に転調し、3 拍目の低音の変ホ音を聴きながら歌がゆったりと流れる。

T.87B リコルダッティ Ricordatti
作 1888 年　版 1888 年　Zozaya 社　Carlo Ducci 版のカタログでは作品 96　構 A-B-A　献 妻 mujer　ニ短調　3/4　Tempo di Mazurka　4'10"

　タイトルの Ricordatti はバスク語で「覚えて」の意となる。献呈が mujer と綴るところ muger になっている。テノールに登場するメロディは 3 拍目にプラルトリラーのついた 3 連符で強調され、つる草のような曲線美を作る。行き先を見失ったような旋律は物悲しく神秘的である。B セクションはニ長調に転調し、4 分音符で 3 拍子を刻み、明るい未来を感じさせるが、再び A セクションに戻って終わる。

◇ T.88 ソナタ第 6 番 Sonata n.6

> 作 1888 年頃　自筆譜なし

　アルベニス自身の制作したソナタの番号から（第 5 番は 1888 年作曲、第 7 番も 1888 年ごろの作曲）この 6 番の存在を推測することができるが、この 6 番に関連する情報は見つかっていない。

❖ T.89 ソナタ第 7 番 Sonata n.7

T.89A メヌエット Minuetto

作 1888（?）年　版 1888 年 Torre y Seguí　Barcelona　作品 111　構 A-B-A　献ピアニストのマリア・ルイサ・ゲラ María Luisa Guerra　変ホ長調　3/4　Tempo di Minuetto　3'40"　自筆譜なし

　1888 年の初版について出版日や会社についても何も書かれていないが、『La Ilustracion Musical Hispano-americana』の付録の楽譜と一致している。1888 年 8 月 15 日の評に取り上げられていることからこの年に作曲されたと推測できる。このメヌエットの他の楽章について何もデータはない。

　Trio を挟んで、A-B-A の構成になっている。ほぼ全体に渡って 16 分音符で終始動き、流れるような美しさを持つ曲である。A では右手に登場するメロディは溌剌と爽やかで、内声に 3 度または 4 度や 5 度下に音が重なり、美しい響きを作っている。半音高いホ長調で登場するテーマが明る

く響く。このテーマは2分音符で始まり1小節に伸びやかな声を感じさせるが、中間部では1拍ずつリズムを感じさせる細かな動きが加わる。Bである Trio では変イ長調に転調する。3小節目に登場する *piano ma sonore* で合いの手のようなリズム形が印象的で面白い。

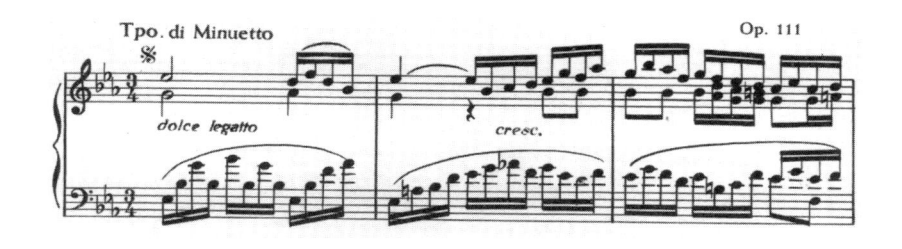

❖ T.90 スペイン組曲第2集 Seconde Suite Espagnole

T.90A サラゴサ Zaragoza
作1889年 版1889年 A.Romero Madrid 構A-B-A- 短い Coda 献生徒ルイサ・ガラルサ Luisa Galarza 変ホ長調 3/4 Allegro 3'45" 自筆譜なし CD3

　サラゴサとはスペイン北部の山岳地帯に位置する。11世紀に後ウマイヤ朝崩壊後、サラゴサ王国が誕生したが、国土回復運動により1118年にアラゴン王国のアルフォンソ1世に征服されイスラム教徒は追われていった。その後、サラゴサはアラゴン王国の首都となった。この作品は山岳地方に伝わる3拍子の舞踏「ホタ」が表現されている。心地よいホタの歌による短いイントロの後、una corda , leggiero で3連符の拍の頭の音がメロディを作り、軽やかな足さばきによるホタの踊りが目に浮かぶ。高音域が使われ、民俗舞踏ホタの伴奏楽器バンドゥーリア（撥弦楽器）を思わせる。全体は、ホタと同様に A-B-A の構成になっており、B セクションでホタ独特の朗々とした歌が登場する。右手の伴奏は、ロンダージャ rondalla（歌い演奏して回る青年の一団）の chitarra（ギター）が弾くアルペジオを思わせる。この作品ではコプラ Copla と呼ばれるホタの歌の部分は20小節だけであるが、重要な箇所である。アルベニスの作品に多く登場する高い音を加えた3連符、両手6度での同様の3連符の連続がこの

作品でも使われ、軽く華麗な民族舞踏の明るさが表現されている。

T.90B セビージャ Sevilla
作1889 年　版1889 年 A.Romero　Madrid　構A-B-A　献テオフィル・ベナール
Theophile Benard　ニ長調　3/4　Allegretto　6'30"

　1889 年の作曲となっているが、実際には作風から見て、もう少し前の時代の作品ではないかと思われる。Stanley Lucas 版ではサブタイトルに「ピアノのためのキャプリス Caprice pour Piano」と書かれ、アーティキュレーションやダイナミクスが A.Romero 版より明確である。「ロンドン、セント・ジェームスのコンサートで演奏されたもの」と書かれているが、この時にこの作品を演奏したか確実ではなく、1891 年の 10 回のコンサートの間に書かれたものと考えられる。

　ロンドのように繰り返し現れるテーマは軽く華麗であるが、すぐに短調の陰りを見せ、東洋的な味わいが加わる。関係調以外への転調が多く、アルベニスの試みが感じられる。セビリャーナスの軽いテンポは貫かれ、ギターのラスゲアード（かき鳴らし）にのって奏される B セクションのカンテ（歌）も、テンポは変わらない。うっとりしたカデンツァを経て A に戻る。

◇ T.91 ジプシーの踊り Gitana Dance

ロンドンで 1889 年に発行された Carlo Ducci 社のカタログに掲載されたが、現在までに見つかっていない。

◇ T.92 古いスペインの踊り Old Spanish Dance

この作品も 67 番として T.91 同様のカタログに掲載されたが見つかっていない。

❖ T.93 カディス（ガディタナ _{（カディスの女性、の意味）}） Cádiz（Gaditana）

> 作 1885 年頃　版 1889 年 Carlo Ducci　ロンドン　ラから始まる「ミの旋法」　3/8　Allegro　3'10" 自筆譜なし

54-62 小節目、63-82 小節目が T.71《スペイン狂詩曲》に使われている。
ギターのラスゲアード（かき鳴らし）を思わせるアルペッジョで始まり、高音で裏拍打ちする和音はギターのプンテアードを思わせ、カンテがミの旋法で現れる。パルマ（手拍子）とサパテアード（靴音）を感じさせ、T.72F〈入り江のざわめき〉に酷似したフレーズが現れる。49 小節目のアルペジオも全く同じである。T.71《スペイン狂詩曲》が登場し、同曲で使われている民謡 Malagueña de Juan Breva も現れる。〈入り江のざわめき〉と《スペイン狂詩曲》を短く弾きやすくアレンジしたような作品である。

❖ T.94 2つの性格的小品
Deux morceaux caractéristiques

作 1889 年頃　版 1889 年 Stanley Lucas,Weber & Co.　作品 164　ヘ長調　3/8
Allegro

　トーレスによると自筆譜は Neuilly sur Seine, Société des Auteurs, Compositeurs et Éditeurs de Musique の所蔵とされているが、筆者が調べたところ Société でも不明であった。Vve. E.Girod で 1889 年または 1890 年に《2つのスペイン舞曲 Deux Danses Espagnoles》として出版され、そのタイトルは〈アラゴネーズ、スペインのホタ Aragonaise.Jota Espagnole〉〈スペインのタンゴ Tango espagnol〉である。

T.94A ホタ・アラゴネーサ

→組曲スペイン第1集〈T.61F アラゴン〉(同曲)を参照　構 A-B-A'-B'-A　献 マギー・アンダースン Maggie Anderson　ヘ長調　3/8　Allegro　5'00"　CD 1

　1883年にアルベニス自身がコンサートで演奏した T.52《ホタのモチーフによる幻想曲》という作品が原形であろうと考えられ、英国で出版（1889年ロンドン、Stanley Lucas）され、組曲スペイン第1集の T.61F〈アラゴン〉に転用された。

　民族舞踏ホタの特徴である和声進行には合わないが、リズミカルで明るく、中間部のコプラの登場などがホタの印象をよく表現している。Girod版では献パデレフスキ Paderewski 氏。

1-3 小節目

94-96 小節目

T.94B タンゴ Tango

構 A-B-A　献ニナ・デ・ララ Nina de Lara 嬢　Girod 版では献ブロンデル A.
Blondel 夫人（エラール経営者の夫人）　イ短調　2/4　Allegretto　5'00"　CD 1

🎵1 小節目 ／ 9-11 小節目

　Leduc 版では作品集《10 の作品》の最後に掲載されており、評価の高さが伺える。セクション A はイ短調ではあるが、レドシ、またはソファミという「ミの旋法」を思わせる旋律線が感じられ、アンダルシアのカンテの雰囲気が醸し出される。セクション B では、*poco meno mosso* でイ長調に転調しハバネラのリズムが、*dolcissimo* で始まる。3 対 2 のポリリズムが揺れるようなウェーブを作りメロディは甘く響く。A-B-A の形をとり、再び寂寥感の漂う世界へ戻る。

❖ T.95 エスパーニャ（6 つのアルバム・リーフ）
España, Six album leaves

作 1889 ～ 1890 年　初 1890 年 6 月 7 日　スタインウェイ・ホール（ロンドン）
pf：Albéniz　版 Pitt & Hatzfeld,1890 年　作品 165　自筆譜なし　CD 3

　アルベニスは 1889 年にはマドリッドやパリでの演奏会の他、8 月 9 日にロンドンのハー・マジェスティーズ・シアター Her Majesty's theatre で演奏し、その後より良い音楽環境を求め、ロンドンに拠点を移していた。
　この作品では、スペイン音楽の民俗的な要素を充分に盛り込み、母国へ

のノスタルジーを綴っている。

T.95A プレリュード Prélude
構 A-B-A-Coda　ラからの「ミの旋法」　3/4　Andantino　1'30"　CD 3

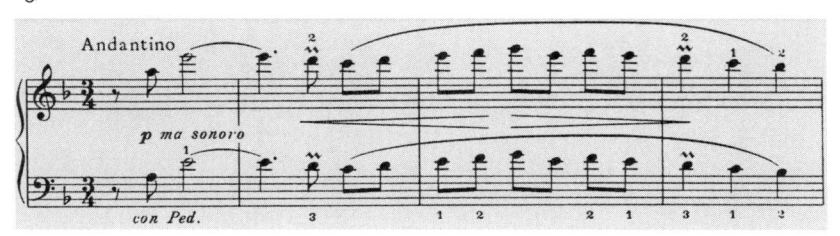

　タイトルはフランス語。2オクターブ離れたユニゾンで現われるメロディは「ミの旋法」で書かれ、イスラムの哀愁が漂う歌を表す。続くアルペジオは波を表し、3連符はギターのプンテアードを思わせる。小品ながらスペインの香りに満ちている。

T.95B タンゴ Tango
構 A-B-A-B-A-B-Coda　ニ長調　2/4　Andantino　2'30"　CD 3

　この曲はアルベニスの作品の中で最も有名と言えよう。3連符と2連符の交替や、その並列が行われるリズムの妙に魅せられる。覚えやすいメロディは、倚音、またはプラルトリラーで装飾された倚音からの解決が南国ののんびりとした息遣いに一役買っており、南国の雰囲気が伝わってくる。大変人気のあるこの作品は、色々な楽器用に編曲され、器楽だけでなく、歌詞が付けられた歌曲となった。例えばミュージカル俳優のジョルジュ・ゲタリー Georges Guétary はトゥイレー R.Thuiller によるフランス語の詩で《いつか君は別れていくのか？ Veux-tu partir un jour》を歌っている。スペイン語の歌詞ではサンドバル M.Sandoval による《君の瞳を忘れたい Quisiera olvidar tus ojos》を伝説的なイタリア人テノール歌手ベニャミーノ・ジーリ Beniamino Gígli が歌い、スペイン人テノール歌手ホセ・カレーラス José Carreras は《君の声のエコー El eco de tu voz》を歌っている。この曲をリズミカルに仕上げた編曲家のジョン・カメロン John Cameron のスコアには、作者の名前としてアルベニスのペンネームであるヴァイザフォーゲル P.Weisevogel（賢い鳥）という名が書かれており、曲の最後の詩節にグスタボ・アドルフォ・ベッケル Gustavo Adolfo Bécquer の詩 LXVI から「忘却の棲む場所 donde habit el olvido」が引用

されていることは驚きであり、これはベッケルへのオマージュであるとともに古い吟遊詩人の活動の復活ではないかとトーレスは述べている。

T.95C マラゲーニャ Malagueña

構 A-B-A-Coda シから始まる「ミの旋法」 3/8 Allegretto 3'15" CD 3

　前述の〈タンゴ〉と同様に人気のある作品であり、ギター曲としても有名である。のびやかな声でたっぷりと聴かせてくれるカンテが特徴である。スタッカートと指示された8分音符は、カスタネットの音を模している。カスタネットは日本のものと形も奏法も異なるため、切れ味がよく細かいリズムも打つことができる。ここで出てくる8分音符と3連符は、共に1粒1粒がその音を表している。このリズムに乗ってロングトーンの朗々とした歌が始まる。ここで記譜される3連符や32分音符は、こぶし回しを表現している。長いフレーズの最後はレードーシーと解決するが、これはシから始まる「ミの旋法」が使われており、哀愁を感じさせる民俗的な音列である。続く16分音符の連続は、タコネオ（靴の踵を使う音）やカスタネットの音、3連符はカスタネットやギターの音が想像できる。中間部アダージョでのメロディは民謡を思わせる歌で、アルペジオで奏されるのはマラガの海の波音であろう。歌は *poco più* から *Cadenza* へと、メリスマ唱法により益々民謡の醍醐味を聴かせてくれるようである。

1-2 小節目／5-9 小節目

T.95D　セレナータ Serenata

構 A-B-A-Coda　ト短調　3/4　Allegretto　3'30"　CD 3

　軽いスタッカート *leggiero staccato* と指示された前奏はギターの爪弾きのようである。続くシンコペーションのリズムは、ファンダンギージョと言われるリズムで、《イベリア》の〈エボカシオン〉でも使われる。*Cantando*（歌って）と指示され、遮るように現れるのはショパンを思わせる旋律である。

♣ 41-43 小節目

　そして、またすぐにファンダンギージョが現れ、中間部ではト長調の明るい響きに変わり、ボレロのリズムが続く。ラヴェルの《ボレロ》で馴染みのあるリズムだが、ラヴェルでは 3 連符が使われているところを、ここでは 16 分音符で刻んでいる。この中間部は、凛々しく奏でられやがて美しくやるせないセレナードに戻っていく。

T.95E　カプリーチョ・カタラン Capricho Catalán

構 A-B-A-Coda　変ホ長調　2/4　Allegretto　2'45"　CD 3

　アルベニスの故郷カタルーニャ地方のコブラ cobla（輪になって踊るサルダーナの伴奏をする音楽隊のこと。コプラ copla とは異なる）を思わせる。終始、シンコペーションのリズムは軽やかで、この伴奏に乗って柔らかな美しい歌が現われ、民俗的な特色が感じられる。メロディは転調しながらだんだん高揚していく。dolce で始まる柔らかなメロディは、スペインの北東部に位置するカタルーニャが南部のアンダルシアと異なり、緑豊かな自然に囲まれている地方であることを感じさせる。T.61B〈カタルーニャ〉も同様であるが、柔らかな表現の中に崩れないリズムが刻まれているのが印象的である。

　なお、コブラはフラビオールという笛や、タンバリンなどによる小編成の楽団、サルダーナとは腕を挙げ手をつなぎ、大きく輪をつくってステップを踏む伝統舞踊で、教会前の広場などで踊られる。

T.95F ソルツィコ Zortzico

構 A-B-A-Coda　ホ長調　5/8　Allegretto　2'50"　CD 3

　ソルツィコとは、スペインの北に位置するピレネー山脈の麓のバスク地方の踊りである。セレモニーなどで踊られる正式で優雅なオーレスク Aurresku という名のダンスの1つである。5拍子（3＋2）という珍しいリズムが特徴で、チストゥという縦笛と、小太鼓によって演奏される。踊りは足の動きが重要であり、常に弾みをつけてステップし、男性には足先を高く跳ね上げるフォームが含まれる。音楽は5拍子としてはっきり捉えにくいほど、流暢である。アルベニスのこの作品でも5拍子で作曲され、左手で小太鼓の音のように単音で5拍子を刻んでいるものの、メロディは *dolce* で柔らかい。A-B-A の B セクションでロ長調とロ短調に転調するがリズムは5拍子を貫いている。

1-3 小節目／35-37 小節目

❖ T.96 秋のワルツ L'automne

作 1889 年頃　版 1890 年 J.B.Pujol y Cía.Barcelona　構 イントロダクション、3 曲のワルツ、コーダ　作品 170　献 Lucas 版ではヘンリー・ローウェンフェルド　自筆譜なし　オーケストラ譜の自筆譜は存在するがアルベニス以外の者（ニコラウ）による　ト短調　3/4　Andantino　12'45"　CD 3

　1890 年の Pujor 社との契約の折に、他の楽器への編曲の権利を編集者に与えると明記され、アントニオ・ニコラウ Antonio Nicolau によってオーケストラ版が書かれた。アルベニスはロマンティックな作品を多く作曲しているが、その中でもこのワルツは斬新な和声が使用され美しい作品となっている。サロン用小品で、細かい指使いがアルベニスによって書かれており、教材用に作曲されたものと思われる。

　イントロダクションは、愁いをもったテーマがデュエットのように始まる。

　ワルツの 1 曲目はト短調。A-B-A。A セクションのテーマは孤独な表情の「静」と「動」を表現するようで、B セクションのテーマは軽く少し臆病な表情を持つ。

　2 曲目ト長調の第 1 テーマは「秋」というより「春」のような明るさと若さを感じさせ、第 2 テーマは *sotto voce* であるが、軽くスケルツァンドな雰囲気をもつ。

　3 曲目は♭3 つの調号が書かれているが、借用和音が多く、冒頭へ短調のドミナントからハ短調を経て変ホ長調に解決する。第 1 テーマ *grandioso* は情熱的で、第 2 テーマは *p* から *ff* までを軽やかに美しく奏でる。第 3 テーマは *ben cantato* と書かれ、テノールで優しい歌が始まり、*grandioso* で和音による豊かな歌に広がっていく。

　長いコーダは、冒頭はドラマティックに始まり、その後それぞれのワルツが現れ、軽やかさも大胆さも盛り込んだロマンティックな終曲となる。大変美しい曲である。

♣ 1-3 小節目

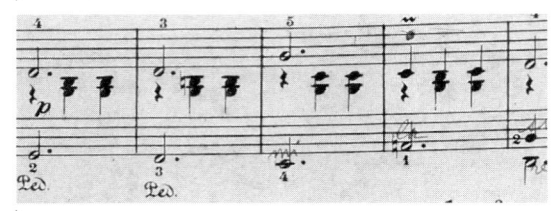

♣ 29-32 小節目

♣ T.97 サンブラ・グラナディーナ
Zambra Granadina

| 作 1889 年頃　版 1889 年 Carlo Cucci&Co. London　作品 181 n.2　構 A-B-A-Coda |
| 献 アーサー・ハーベイ Arther Hervey　ニ短調　2/4 M.M.　♩ = 88　Allegretto ma non troppo　3'17"　自筆譜なし |

　初版では《サンブラ・グラナディーナ・東洋の踊り Zambra Granadina Danse orientale》と書かれた。

　作品 181-2 とされているのは、契約の際に「私の 2 曲のピアノのための作品セレナード・エスパニョル Sérénade Espagnole op.181 no.3 と サンブラ・グラナディーナ Zambra Granadina op.181 no.2 」と書かれていたためである。T.96 と同様に編曲のアレンジの権利を編集者に譲渡したため、マヌエル・ロビラ Manuel Rovira によって管楽器用の作品として編曲された。

　A. アラルコンは 1886 年の資料でこの作品は、《モーロ組曲 Suite Morisca》の〈サンブラ〉の可能性があると述べ、イグレシアスは《サン

ブラ・グランディーナ》または《12 の性格的小品集》の〈サンブラ〉の
可能性があると述べている。

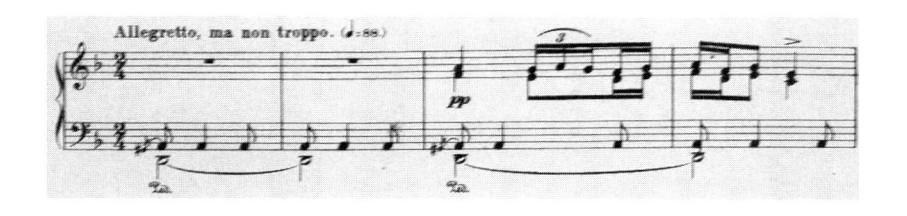

　前打音を伴ったシンコペーションのリズムはイスラム教徒やジプシーの
儀式の踊りサンブラを思わせる。（サンブラは T.86G 参照）メロディはニ
短調であるが自然短音階を使っており、3 連符を含むメリスマの曲線を描
く旋律は怪しげな雰囲気である。全体は A-B-A-coda の構成になっている
が、B のテーマは A に使われているリズムの組み合わせである。テーマ
最初の 4 小節は、ニ長調の調号がついているものの「ミの旋法」を感じさ
せるような旋法的な音遣いにより、益々怪しげな面持ちで優しいロ短調に
解決する。神秘的なメロディとシンコペーションのリズムによるアラビア
風な魅力に溢れた作品である。

❖ T.98 セレナード・エスパニョール Sérénade Espagnole　→ T.61D カディス（同曲）参照のこと。

作 1889 年頃　版 1890 年 J.B.Pujol y Cía..Barcelona　作品 181 n.3　構 A-B-A- 短い
Coda　変ニ長調　3/4　Allegretto ma non troppo　4'55"　アルベニスによる自筆
譜はない　CD 1

　T.61《スペイン組曲 Suite Espagnole》で T.61D〈カディス Cádiz〉は
タイトルしかなかったため、そこに二重使用した。初版では《有名なセレ
ナード・エスパニョール Célèbre Sérénade Espagnole》(原文ママ) と書か
れた。1898 年末に J.B. Pujol が亡くなり、Universo Musical 社から再版さ
れた。なお Pujol 社は 1900 年に Louis Dotésio に吸収合併されるまで続い
た。

自筆譜はピアノ・ソロのオリジナルではなく編曲された作品が以下のように二長調で4種類あるが、どれもアルベニス自身の手によるものではない。

① Célèbre Sérénade Espgnole オーケストラ用 Fl.、Ob.、Cl.A 管 2、Fg.、Trp. F 管 2、Trp.2（ピストン A 管）、Trb.2、バス Trb.、打楽器、弦楽器（Barcelona:Orfeó Català。以下、B:O.C.）

② Célèbre Sérénade Espgnole オーケストラ用 Picc.、フルート 2（ピストン A 管）、Trb.2、Tub.、ティンパニ（D - A）、トライアングル、大太鼓、シンバル、弦楽器（B:O.C.）

③ Sérénade Espagnole チェロとピアノのための編曲（アルト、バスとハーモニュームなど）（B:O.C.）

④ Sérénade Espagnole ヴァイオリンとピアノのための編曲（B:O.C.）

❖ T.99 夢 Rêves

> 作 1890 年　版 1891 年 Stanley Lucas,Weber & Co.　構 3 曲　作品 201　献 マックシック M.Mackusick 夫人　自筆譜なし

　1902 年に Girod 没後、息子の Paul が《アルベニスの 10 の作品 Diez oeuvres pour Albéniz》として出版した。このコレクションは他に《四季》〈メヌエット〉〈アラゴネーズ〉〈タンゴ〉などが含まれている。

T.99A 子守歌 Berceuse
初 ロンドン　pf：Albéniz　構 A-Á-Coda　献 Girod 版では Girod 夫人　ト長調　3/4　Andante　3'20"

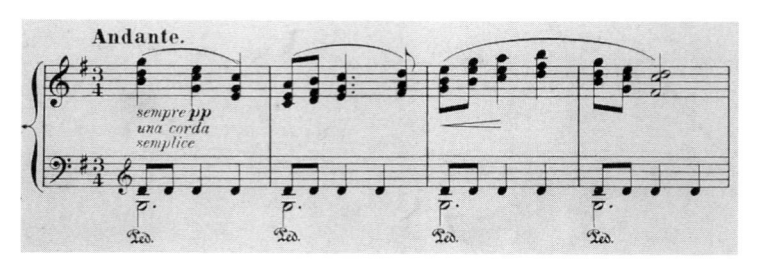

1890 年はアルベニスの三女ラウラがバルセロナで生まれ、彼自身はロンドンで 1 人暮らし、作曲や演奏活動を行っていた時期である。この作品では天使の歌声のような清らかなハーモニーが静かに聞こえる。一貫して同じリズムを中音域で繰り返すが、これは小太鼓のようには聞こえない。筆者にはこの作品を聴いていると、カタルーニャの草原にかすかにカウベルが聞こえるような静寂を感じる。1891 年からは《スペインの歌》の作曲も始めているように、異国にいても思い出すのは母国の景色だったかもしれない。

T.99B スケルツィーノ Scherzino

[初]1890 年 11 月 21 日ロンドン　pf：アルベニス　[構]A-B-A-Coda　[献]Girod 版ではマリー・モール Mary Moll 嬢　ハ長調　3/8　Allegretto　3'10"

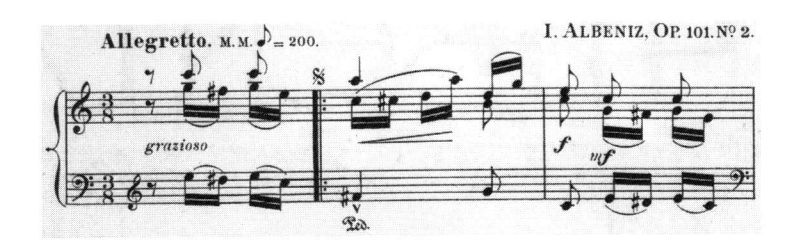

　優雅に、と指示された軽やかなメンデルスゾーンやショパンを思わせるスケルツォである。アレグレットの 3 拍子の中で登場するヘミオラのリズムは、ユーモアを感じさせる。第 2 テーマはロマンティックなメロディにアルペジオのハーモニーが美しい変化を見せる。ト長調で歌われていたこのテーマはハ長調のユニゾンでゆったりと再現され、大きなヤマを作った後、最後は *pp* で終わる。

T.99C 愛の歌 Chant d'amour

[初] 1891 年 1 月 31 日ロンドン　pf：アルベニス　[構] A-A'-Coda　[献] Girod 版ではジュリ
ス・デラバース Julis Derabours 夫人に献呈　イ長調　4/4　Allegretto　3'40"　[CD] 4

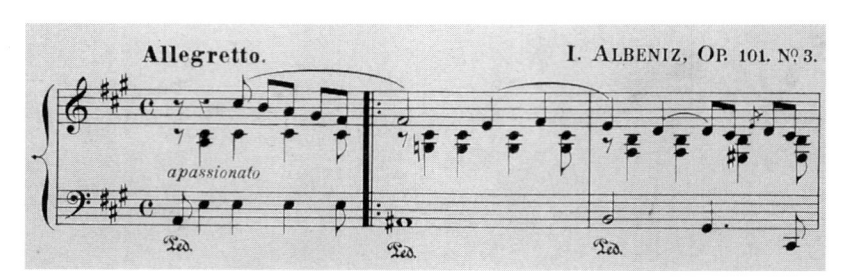

トスティ Tosti（1846-1916）の歌曲《最後の歌 L'ultima canzone》に酷
似したリズムでの伴奏であるが、トスティに増して甘美な愛の歌である。
この裏拍の伴奏はシューマンのピアノ曲にもたびたび登場する。人気のあ
る作品で、色々な楽器編成で演奏されている。

Appasionata（情熱的に）と指示されているが、メロディはイ長調の明
るい響きに、8 分音符の落ち着いた歩調のなだらかな下行形から、この情
熱は内に秘め、優雅な語り口をもっていると思われる。第 2 テーマはイ短
調に変わり、テーマのモチーフがエコーのように *comme un écho* たたみ
かける様子が、情熱を表している。

❖ T.100 ミニチュア・アルバム Album of miniatures

作 1890-1891 年　版 1892 年 Chappell & Co.　作品 1（誤り）　自筆譜なし　《四季
Les Saisons》と同曲（1893 年に Girod から曲名をフランス語に変えて出版）

　タイトルは英語で書かれた。この曲集は、シューマンの《青春のアルバ
ム》、《子供の情景》のようなドイツロマン派の小品を思わせる。モチーフ
を 2 回繰り返す手法は彼の作品に多く使われるが、ここでも同様である。
指使いは書かれてはいないがオーソドックスな動きで弾けるため、子供、
またはピアノ学習者のためのエチュードのような目的があったのではない
かと考える。

　Chappell 出版はこの作品の他にも、ソナタ第 4 番の第 3 楽章 Celebre
Minuet を出版している。

T.100A 春 Spring
構 A-B-C-Coda　イ長調　3/4　Allegretto　2'10"

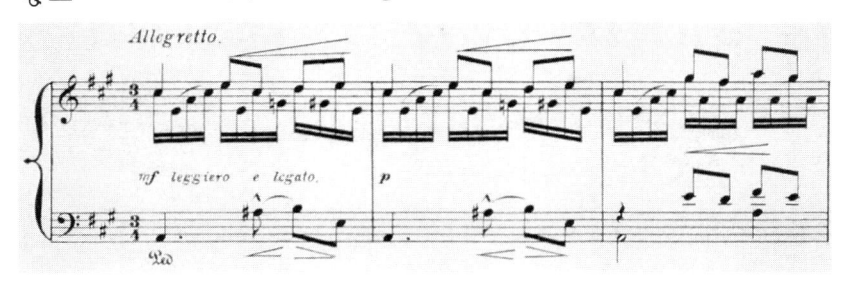

　春の光を感じるさわやかな曲である。全体に右手のソプラノでメロディ
を、そしてアルトで 16 分音符による伴奏を奏する形である。

T.100B 夏 Summer
構 A-Á　ニ長調　4/4　Allegro　2'05"

　以下の譜例は 1892 年出版の初版 Chappell & Co. による。 1 ～ 2 小節目
の低音部譜表はト音記号となっているが、1922 年 Alphonse Leduc 版で《10
の作品集》として出版された時には、3 拍目の前に括弧でくくられたヘ音

記号が書かれている。そのため、3拍目の頭を2点ロで弾くべきところを、1点ニと勘違いしている人がいる。9〜10小節目やその他の同様の書き方をしているところは、すべてト音記号読みで弾かねばならない。それによって、夏の太陽の眩しい光が表現される。16分音符によって書かれた煌めきを感じさせる *leggiero* での上行形、*pp* で *staccatissimo* での跳躍する8分音符の和音は、胸躍らせる。A-B-A での B セクションはハ長調に転調するが、同じテーマが繰り返されている。

♪ T.100C　秋 Autumn
構 A-A'-Coda　イ短調　12/8　Andantino　3'00"

　同じリズムと音型で書かれており、重音がほとんどなくメロディは半音進行または順次進行で書かれている。

　テンポは *Andantino* でイ短調で強弱は *ppp* から *crescendo* はあるものの *mf* も *f* も書かれていない。初歩の学習者でも演奏可能であるが、哀愁の漂う秋の景色が目に浮かぶ作品である。

T.100D 冬 Winter

構 A-B-C-Coda　ニ短調　3/4　Allegretto　2'25"

　トナカイが雪の中ベルを鳴らしているような和音が続き、すでに1857年に作曲されていた《ジングル・ベル》のメロディを思わせる4つの音が次に聞こえる。このAセクションをはさみながら2つの短いセクションでなだらかな歌が登場し、Codaでトナカイが遠ざかっていくように終わる。

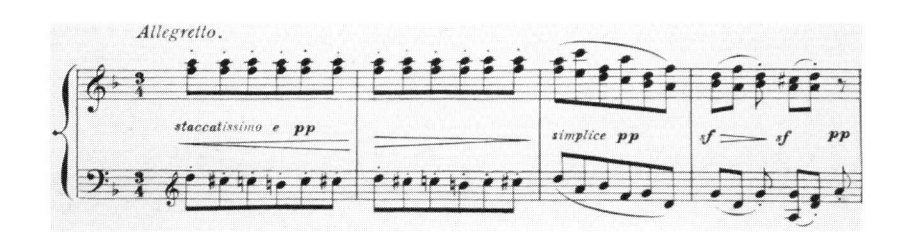

❖ T.101 スペインの歌 Chants d'Espagne

作 1891～94年　版 1892年（3番まで）、1897年（5番まで）Pujol y Cía Barcelona　作品232　自筆譜なし　CD 2

　中期の傑作。民俗色豊かなテーマで書かれた作品集で、タイトルはフランス語、1曲ごとに表紙をつけて別々に出版された。

T.101A プレリュード（前奏曲）Prélude
→《スペイン組曲》第5曲〈アストゥリアス〉（同曲）を参照。

作 1891年ロンドン　構 A-B-A　献 友人の Luis E.Pujol　ト短調　3/4　Allegro ma non troppo　6'30"　自筆譜なし　CD 2

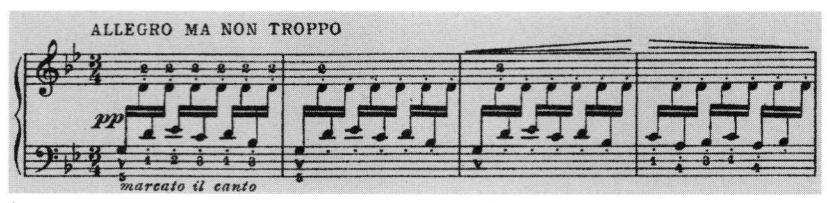

1-4 小節目

63-66 小節目

　マネー・クーツと契約し、ロンドンで暮らしていた頃に作曲された。《スペイン組曲》の第5曲〈アストゥリアス〉に転用されて、そのタイトルでも有名であるが、音楽的な内容はスペイン北部のアストゥリアス地方とは何の関係もなく（転用の経緯については《スペイン組曲》を参照）、曲全体に南スペインのイスラムの薫りが漂よう。

　ギターの奏法を模倣しているために、多くのギタリストにとって主要なレパートリーになっているが、オリジナルはピアノ曲である。

　16分音符で始まるフレーズは、ギターの爪弾きを思わせ、神秘的に *crescendo*、*diminuendo* を繰り返しながら徐々に音量を増していく。まるで、アランブラ宮殿の壁を埋め尽くすアラベスク模様の中から、月夜に、ギターの爪弾きがかすかに聞こえ、古い時代に封印されたイスラムの魂が、少しずつ蘇ってくるような感じがする。

和音はギターでの強いかき鳴らし（ラスゲアード）を表現しており、音域を広げクライマックスでは5オクターブにまたがる和音に発展する。出版社によって、25小節からオセア *ossea*（または）として1拍目を左右ずらして弾くように記譜されているものもあるが、1892年の初版では和音は両手で同時に鳴らすように書かれている。

　中間部では、プラルトリラーで装飾された歌が始まる。プラルトリラーは上方隣接音からではなく主音から始まり、スペイン独特の歌で使われるこぶし回しを表す。この歌の冒頭にはレから始まる「ミの旋法」が現れ、オリエンタルな雰囲気が漂う。2オクターブの共鳴を利用して書かれた歌は、夜の静寂に響く神秘的な声を表現している。

　この情感あふれる歌のあと、ゆっくりとした踊りが続き、ア・テンポではタコン（踵で出す靴音）やパルマ（手拍子）の音が聞こえる。版によってコーダの強弱が違うが、初版では最後は *ppp* で終わっている。

T.101B オリエンタル Orientale

作 1891年　構 A-B-A-B-Coda　献 生徒の Joaquín Bonnin　ニ短調　3/4　Adagio ／
Allegretto　3'50"　自筆譜なし　CD 2

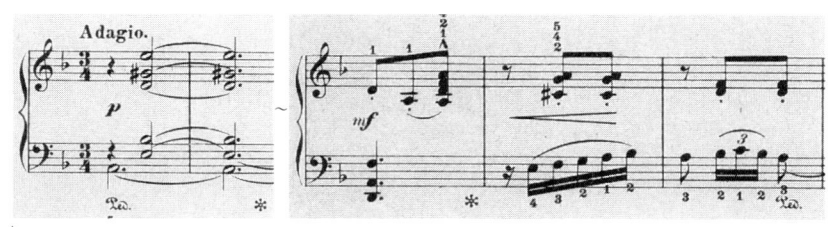

1-2小節目 ／ 7-9小節目

　オリエンタル（東洋）とはスペインを支配していたイスラム社会を指し、アルベニスは自分にイスラムの血が流れていると信じていたためか、その栄枯盛衰が曲の中で哀しげに表現されている。3連符で表記されるプラルトリラーの連続は、びっしりとイスラム王朝のアランブラ宮殿の壁を覆っている唐草模様を思わせ、続いてニ短調で始まる歌は、情熱を秘めている。スタッカートでの4度の重音の連続は、宮殿の中のモカラベと呼ばれる鍾乳石飾りの天井を想像させる。鍾乳石飾りは、噴水の落下を空で一瞬に凍

らせたように見え、そんな緊張感を伴う不思議な空間の後に、こぶし回し
を効かせた官能的なゆったりとした第2テーマ（テノール）が聞こえてく
る。

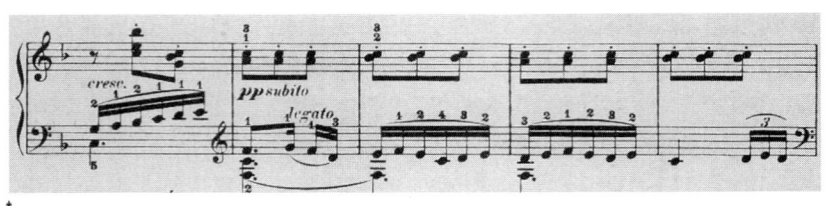

🎼 32-36 小節目

T.101C 椰子の木陰 Sous le palmier
[作] 1891 年　[構] A-B-A-Coda　[献] エミリオ・ビラルタ Emilio Vilalta　変ホ長調　2/4
Allegretto ma non troppo　4'15"　自筆譜なし　[CD] 2

　スペイン語タイトルに翻訳されて〈椰子の下 bajo la palmera〉となっ
ていることが多いが、スペイン語では〈椰子の木陰 bajo el palmar〉が正
しい。初版ではタイトルの下にサブタイトルとして〈スペインの踊り
Danse espagnole〉と加えられている。

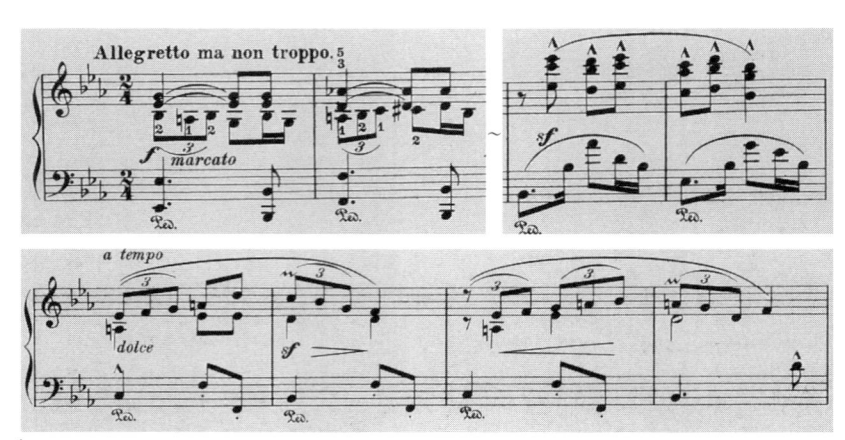

🎼 1-2 小節目 / 8-9 小節目 / 35-38 小節目

キューバのハバネラ、またはタンゴのリズムで書かれ、耳元をくすぐるような甘美な作品である。中間部のタンゴは、ルバートした3連のメロディと左手のスタッカートにより、柔らかく軽やかでありながら、切れの良いリズムが小粋に表現される。カリブ海に浮かぶ南の島キューバは、真っ青な海から吹く柔らかな風が椰子の木を揺らし、人々は歩く時さえもリズムに乗って踊っているようである。

T.101D コルドバ Córdoba
作 1894 年頃　構 A-B-C-D-C-Coda　献 Enrique Morera　へ長調／ニ短調　3/4
Andantino　6'10"　自筆譜なし　CD 2

　大変美しい作品である。楽譜には次のような詩が書かれている。
　「静かな夜、ジャスミンの香りをのせた、芳しいそよ風を遮って、セレナードの伴奏をするグスラの音がする。それは、時に情熱的に、そして時に高い空に揺れている椰子のように、とても甘い音で響く。」

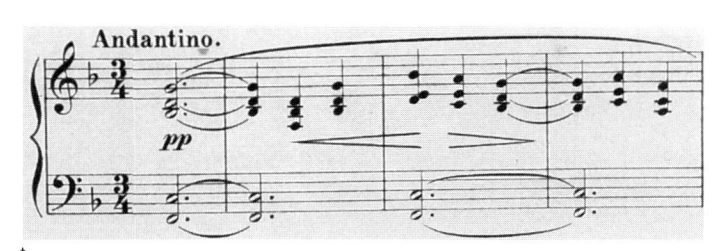

♯ 5-8 小節目

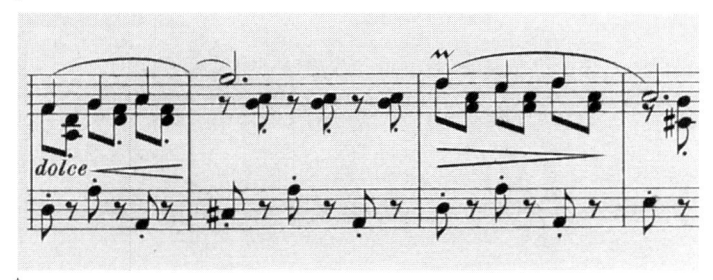

♯ 57-59 小節目

　この曲は、かつてのイスラム時代、後ウマイヤ朝の首都、コルドバをテー

マにした物語風な作品である。しっとりとした文教都市の佇まいを見せる
コルドバには、イスラムのモスク（寺院）とカトリック教会が混在してい
る。前奏では遠くからカトリックの教会の鐘が聞こえてくる（1893-95年初め
に作曲されたオペラ《ヘンリー・クリフォード》の〈プレリュード〉と酷似した6度の和音が
使われている）。するとグスラ（リュートがスマートになったような形で、弓で演奏する楽器）
の官能的な伴奏に、セレナードが静かに始まり、アラブの雰囲気が広がる。
哀愁の漂うメロディはシンコペーションのリズムを伴い、徐々に強くなっ
てクライマックスを迎える。すると突然静かな鐘の音に遮られ、その後、
グスラの調べがまるで回想シーンのように静かに聞こえる。

T.101E セギディージャス Seguidillas
→ T.61G カスティージャ Castilla（同曲）を参照

作 1894年頃　構 Introducción-A-B-C-D-E-F-G-H　嬰ヘ長調　3/4　Allegro molto　3'10"
自筆譜なし　CD 2

1-3 小節目

13-16 小節目

　《第1スペイン組曲 1er Suite Espagnole》に〈カスティージャ Castilla〉
というタイトルで転用される。
　「セギディージャ（ス）」とはもともと、7音節、5音節を繰り返し、5
音節で韻を踏む詩形の名称で、音楽ではその詩形による3拍子の朗らかな
舞曲のことをいう。スペインで馴染みのある踊りである。

3拍子のリズミカルな曲調で、強弱のコントラストも明瞭であり、人々の楽しげな表情、スペイン特有の紺碧の空、賑やかなパリーリョス（カスタネット）、といった光景が目に浮かぶ。4小節の前奏のあと、10小節の伴奏、3小節の歌、という珍しい流れは胸を躍らせる。

　インターナショナル版では異なった音が書かれている。

T.102 アランブラ The Alhambra CD1

6曲（1. ラ・ベガ（沃野）　2. リンダラハ Lindaraja　3. ヘネラリーフェ Generalife　4. サンブラ Zambra　5. アラルメ！¡Alarme!　6. タイトル無し）からなるはずであったが、1番と3番だけが作曲された。

T.102A ラ・ベガ（沃野）La vega

作 1896〜97年　パリ　初 1899年1月21日パリ国立音楽協会 Société Nationale de Musique　pf：ジョゼ・ビアナ・デ・モッタ José Vianna de Motta（1868-1948）構 A-B-A-B-Coda　版 1897年 A.Díaz y Cía.　献 ビアナ・デ・モッタ　変イ短調　3/8 Allegretto　13'50"　自筆譜あり

　アルベニスは1894年《スペインの歌》を作曲後、1895年には《ペピータ・ヒメネス》を作曲し1896〜7年に改作を続けた。1897年は、その第2バージョンの再演のためにプラハに行き、ワーグナーの作品を研究し、パリのスコラ・カントルムでは教会旋法を学ぶことで大きな変革期を迎えた。親友ブレトンには、1897年の〈ラ・ベガ〉以前の作品は「即興的」であると語った。

　ロジーナと結婚する前年の1882年にグラナダのアランブラ宮殿を散策した後、宮殿敷地内に建つ「ヴィーノの門」（ドビュッシーが同名の作品を作曲している）の近くに住む考古学者の家で、アルベニスはプライベート・コンサートを開いた。その素晴らしい演奏を聴いた人々の間で、グラナダのアラブの話によるオペラの提案が出たが、10年以上経って、フランスの音楽家たちと交わるようになってから、この古い企画が再びアルベニスに甦ってきた。

　そしてパリで、組曲《アランブラ》という名称で6曲からなるオーケス

トラ作品を考えた（1番〈ラ・ベガ〉、2番〈リンダラハ〉、3番〈ヘネラリーフェ〉、4番〈サンブラ〉、5番〈アラルメ！〉、6番〈無題〉）。オーケストラ用とピアノ用を並行して作曲したと推測されるが、現実には第1曲と第3曲だけがピアノ作品として作曲され、それぞれ別々に出版された（第3番〈ヘネラリーフェ〉は《スペイン（思い出）》のT.103A〈前奏曲〉として出版）。

　初演はパリで、ポルトガル領サントメ島出身のピアニスト、モッタによって行われ、スペインでは数年前にサン・セバスティアンで知り合ったピアニスト、アレハンドロ・リボ Alejandro Ribó によって1900年夏にリリコ劇場で演奏された。

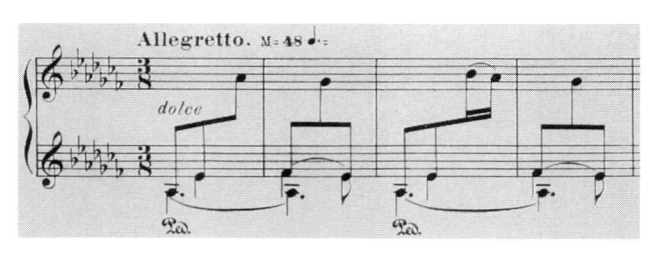

1-4 小節目 ／ 141-144 小節目

　ラ・ベガはグラナダの沃野である。♭7つという調性で書かれており、大変神秘的な美しい作品である。知らぬ間に魔法をかけられるように、ひたひたとイスラムの神秘が忍び寄り、いつの間にか大きな幻想となって広がっていく。冒頭に関しては、コレとイグレシアスは「ペテネーラ」に似ていると述べているが、ペテネーラは不吉な歌であり、〈ラ・ベガ〉は、より神秘的な作品であると感じる。ひっそりと8分音符から始まるが、16分音符でのアルペジオではドビュッシーの影響を感じさせるハーモニーが

響き、ゆったりとした歌が現れる。そして中間部の 32 分音符を伴う付点のリズムへと続き、アラベスク模様や細かな銀細工を思わせるような複雑な綾が織られていく。

♰ 205-209 小節目 ／ 259-264 小節目

　大変美しい作品で、筆者にとっては師アリシア・デ・ラローチャに最初にレッスンを受け、1984 年 11 月 20 日音楽の友ホールにて本邦初演を行った思い出の作品である。
　おそらくオペラ化を考えていた頃に、アルベニスはマネー・クーツに詩を依頼したが、この詩を歌曲にはしなかった。そしてオーケストラ作品を書こうとしたが 90 小節だけで中断し、結局ピアノ曲を作曲した。この曲が出版される前、コーツは 1898 年にこの詩を出版した。
　〈ラ・ベガ〉の楽譜のタイトルの右側に英語による彼の詩が掲載されている。

「グラナダ
　おぉ、花とサファイア色の空の国　天使たちが愛らしい姿に変身して歩くところ

地上の乙女たちのドレスよ！　あなたは目を離さない

　最初の神の創造物である大きな処女の驚き　芸術の天使があなたに、彼の印章とサインを封印した

　ジ・アルハンブラ！　まるで幻想のようだ　半獣神！　大理石の噴水！オーシャン・シェル！

　あるいは炎　それは渦を巻き　小塔を描く

　完璧な考え　誰が言おうか　世界の欲望が1つに！　最も華麗な紋章芸術の言葉

　その永遠の巻き物の中を読むことができる学者は全ての支配者である」

　アントニオ・イグレシアスは部分的に変イ短調を異名同音の嬰ト短調に変えて楽譜を出版している。

　なお、1898 年にパリで再編された《Fantasie Espagnole》は同じ曲である。

◇ T.102B ヘネラリーフェ Generalife

作 1897 年 2 月 18 日　パリ　オーケストラ版の自筆譜あり。ただし 26 小節目より後は未完成である。T.103 の〈前奏曲〉T.103A として出版

❖ T.103 スペイン（思い出）Espagne（Souvenirs）

作 1897 年頃　版 1899 年頃　Universo Musical Barcelona（第 1 版では表紙に Espagne（Souvenirs）の下に、ピアノのための新しい作品 Oeuvres Nouvelles pour le Piano と加えられ、1 曲ずつ出版された。出版社名は " ウニベルソムシカル以前はプホル　UNIVERSO MUSICAL antes（以前は）J.Bta PUJOL" と書かれている。自筆譜なし

　これらの作品を作曲したのち、ピアノ曲としては《イベリア》まで約 8 年のブランクを空けることになる。

　この作品はアルベニスの大きな変動の時期に作曲され、このタイトルには、今までの自分に区切りをつけようとする気持ちが感じられる。

T.103A 前奏曲 Prélude

構 A-B-A-Coda　献 カルメン・セール Carmen Sert　変ニ長調　12/8　Andantino　7'00"

　T.102《アランブラ》の第3曲〈ヘネラリーフェ Generalife〉と同曲。8分の12拍子で書かれており、左手の伴奏はタイとアクセントにより、6/8と3/4のポリリズムを感じさせ、バスにはレ♭の音が鳴り続け、ガイタ（バグパイプ）を思わせる。そしてポリリズムの揺れるようなリズムは*pp*で途切れずに繰り返され、メロディは解決せずに高揚していく。そしていつか明るい世界に連れていかれ、高音部で和音が連打される。聞こえる長い歌は狭い音程をさまよいながら繰り返され、また最初の揺れるリズムに戻っていく。夢の中を歩いているような不思議な感覚を覚える。伴奏形のリズムは違うものの《イベリア》第1曲の〈エボカシオン〉を思わせ、東洋的なメロディは、すでに将来の《イベリア》を感じさせる。

T.103B アストリアス Asturias

構 A-B-C-D-E-Coda　嬰ヘ短調　3/4　Allegretto non troppo　4'00"

　T.61《スペイン組曲》第5曲の〈アストリアス〉とは別の作品である。

　寂寥感に満ちたこの作品が《スペイン（思い出）》を構成していることに胸が痛む。〈前奏曲〉で波のように動きのあったリズムが、この曲では足がすくんだように *dolcissimo* で奏される。短2度を行き来するモチーフは打ちひしがれた心の表現であろうか。少しずつ動き始め、ようやく一筋の希望が見えてくるように明るい響きが現れるが、長くは続かず、また *dolcissimo* の世界に戻る。

　1873年から翌年夏まで演奏旅行に出て、その間にアストリアスでも演

奏会を行った。1874年10月16日アルベニスの姉ブランカはマドリッドのレティーロ公園で自殺している。アストリアスを訪ねた頃に何か悲しい思い出があり、スペインの思い出として心に深く残っていたのかもしれない。

　《イベリア》の〈エボカシオン〉と伴奏形やフレーズの雰囲気が似ており、作風の変化が起こり始めていることが判る。

❖ T.104 イヴォンヌの訪問 Yvonne en Visite

作 1905 年頃　版 1909 年 Edition Mutuelle　Paris　献 イヴォンヌ・ギデ Yvonne Guidé　6'30"　自筆譜なし

　スコラ・カントルムの音楽家グループによって作曲されたピアノ曲集《小さい子供と大きい子供のためのアルバム Album pour enfants petits et grands》におさめられた作品。イヴォンヌとはブリュッセルの国立モネ劇場の共同監督であるギデの娘 Yvonne Guidé のことである。以下、タイトルの下の文言は譜面に書かれたセリフとト書きで、母親からピアノの練習を強要されたイヴォンヌの様子が描かれる。

T.104A 挨拶 La Révérence

構 A-B-C-Coda　イ短調　3/4　Andantino ma non troppo　1'30"

いたずらそうに。　おどおどして。

♱ 1-2 小節目

♱ 5-6 小節目

T.104B 楽しい出会いと辛い出来事
Joyeuese rencontre et quelques pénibles événements !

構 10の動機とCoda　ト長調　3/8　Allegretto sans précipiter et commodément　5'00"

　まぁ、ここにいたのね、嬉しいわ。彼女たちのちょっとした話。見たの！！
イヴォンヌ、イヴォンヌ、最近のピアノを聴かせてちょうだい。（離れて）
怖いわ。怖いわ。イヴォンヌのコンサートの作品。ママは満足しない！
しかし、ほらね。私の子供は判らないわ。（離れて）怖いわ。イヴォンヌ
が選んだレパートリーの2曲目。ママは益々満足しない。10日間練習し
なさい！！　ハノンをやりなさい！　ハノンの拷問！！　戻りなさい！
ピアノが貴女を待っているわよ！　さようなら、さようなら、さようなら。

イヴォンヌは哲学者になります！　なれるか、判らないわよ。

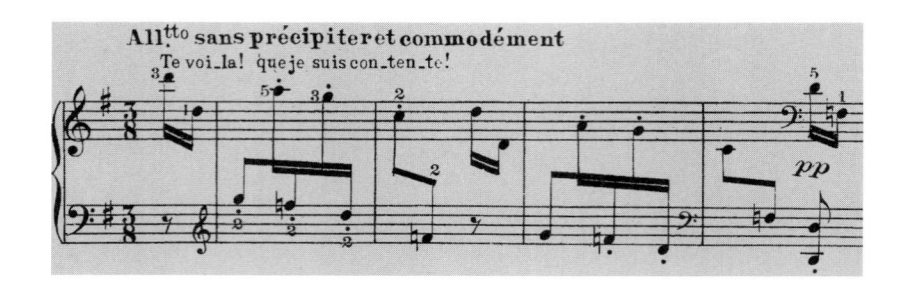

✤ T.105 イベリア／12 のピアノのための新しい「印象」 Iberia/12 nouvelles 'impressions' en quatre cahiers

　この作品は 3 曲ずつの 4 巻で構成され、計 12 曲から成る。「イベリア」とは、紀元前 4 世紀から使われた現在のイベリア半島のギリシャ語名称である。アルベニス晩年の大作であり、スペイン音楽の世界だけでなく、広く近代音楽を見渡しても、最高峰の 1 つとして輝いている。

　彼は 1905 年から《イベリア》に着手する。ジョアキン・マラッツへの手紙（1907 年 10 月 2 日、パリ）の中で、これらを作曲することを「第 2 の人生」と述べ、「ラ・ベガ」では、その前兆がみられる。

　もともとアルベニスが命名したタイトルは、たんに《ピアノのための新しい「印象」》であり、組曲を表す「Suite」はオリジナルに名付けられていない。原典版でも《イベリア》としか書かれていない。全曲演奏に 85 分かかるために、演奏者がコンサートでこれらの一部を演奏することを考慮し、それぞれに名前を与えることによって判りやすくしたのである。任意の順番で演奏することができ、伝統的な意味での「組曲」ではない。

　「組曲」と曲名に明記している例として、T.61《スペイン組曲第 1 集》がある。この作品は 2 番のみ自筆譜があり、そこに彼が Suite Española と書いていることを確認できる。《イベリア》の場合は、「組曲」とは書かれていないため、安易に《イベリア組曲》と変えるべきではないだろう。

　ただし、オーケストラ作品としては《イベリア　第 1 交響組曲

Iberia,1er suite d'orchestre》と名付けられ、2番の〈El Puerto〉のみが存在することを付記する。

　《イベリア》という名前は、2巻に〈トリアーナ〉が組まれるまでは使われず、総称として《エスパーニュ》（フランス語）という名が付いていた。しかし、アルベニスは他の曲集でこの名前を使ったことを思い出したのか、最終的に《エスパーニュ》ではなく、《イベリア》という名称を使用した。それぞれの曲名はアルベニス自身により変更され、印刷された楽譜と手書き譜では一致していない。パリで Mutuelle 出版で出版する前に、〈プレリュード〉を〈エボカシオン〉に、〈カディス〉を〈エル・プエルト〉に、〈セビージャ〉を〈コルプス・クリスティ〉にアルベニス自身が変えた。

　第1〜3巻は《ペピータ・ヒメネス》の演奏で疲労した身体を癒すために滞在していたニースで、1905年から1906年の1年の間に作曲し、最後の第4巻を1907年〜08年の間に作曲した。
　アルベニスは20歳頃に体調を崩し、1900年にも体調は悪化することがあった。それにもかかわらず、T.12A〈マーリン〉の作曲に力を注ぎ、その上演の際に嫌がらせをされ、彼の才能をねたましく思う人々の存在というものが、アルベニスにとって故郷への報われない想いとなっていた。そのような状況で、母国スペインへの想いをつのらせ、一気に1905年から1年間に1〜3巻を書き上げた。第4巻の作品を作曲していた頃は、その震えた筆跡から、かなり体調を崩していたことが判る。

　アルベニスはこの《イベリア》はジョアキン・マラッツによって演奏されることを想い、彼のために作曲したのだが、マラッツは〈トリアーナ〉を1906年11月5日バルセロナのテアトロ・プリンチパル Teatro Principal de Barcelona、12月14日マドリッドのテアトロ・デ・コメディア Teatro de Comedia de Madrid で演奏した後、体調を崩し、残りの11曲を初演することができなかった。そのため、勤め先のスコラ・カントルムの仲間、ブランシュ・セルヴァ Blanche Selva によって1906年から09年にかけて1巻ずつ初演されることになる。しかし、ブランシュ・セルヴァ

は技巧派ピアニストであったが、12曲全部を譜読みし、その難易度の高い作品を「演奏できないわ！」と訴えた。これに対してアルベニスは「君は弾くよ！」とやり返し、セルヴァが彼をかなり非難したので「無駄なものは何もないよ。後で判るさ！」と断言したという。

　この作品でアルベニスは、バロック、ロマン、印象派、そして民俗音楽の「調和」に到達した。彼のピアニストとしてのキャリアが彼の才能を育んでいたと言えよう。それはバッハ、スカルラッティの書法を基礎にして、ショパン、シューマン、リストという当時のヨーロッパの主要なレパートリーの演奏を思い出させ、ダンディ、ショーソン、フォーレのフランス後期ロマン派の精神とテクニックによってまとめ上げ、一方で形式、展開、カデンツ、フレーズは彼独自のものを確立し、母国スペインへの想いを描いた。

　スペインの民俗舞踊や民謡の雰囲気を感じさせるものが多いが、どれも既存の民謡のメロディやリズムを使っているのではなく、アルベニスが独自のイメージを膨らませて作曲したものである。

　我々日本人にとって、民俗音楽を聴くことは音楽のイメージを膨らめるのに大いに役立つが、トゥリーナの「民間伝承のレシピを通してアプローチするのは危険である」という言葉を思い出しておきたい。

　スペイン、イギリス、フランスへと拠点を移した人生の間に、アルベニス作品の自筆譜の多くは失われたが、《イベリア》は彼の没後、未亡人ロジーナの手に残された。アクセント、クレッシェンドなどが詳細に書かれ、強弱は *ppppp* から *fffff* まで使われ、表現に対してのアルベニスのこだわりが強く感じられる。特に第4集では、スラーや小節線が震えた手で書かれ、あるところは斜線によって黒く塗りつぶされた消し跡があり、アルベニスが最期の力を振り絞って作品に向かった姿が見えてくる。100年近い年月が流れ、その楽譜には破れ、または磨り減ったところがあり、陽にさらされて保存状態は良いとはいえなかったそうである。現在、自筆複写譜はショット版で手に入れることができる。ギジェルモ・ゴンサレスの監修によるエメック・エデムス EMEC=EDEMS 版では、原典版と改訂版をあわ

せて出版されている。ただし、原典版といえども自筆譜と比べてみると多少異なっている。

　コレの著書では、ある日エルランジュ通りでファリャとビニェスは悲痛な絶望の状態でアルベニスに会い、アルベニスは自分の作品が演奏不可能だということに気付き、もう遅すぎたが昨夜、《イベリア》の写本を危うく破棄しそうになったと告白した、という逸話を述べている（コレ p.150）。セルヴァもファリャもビニェスも演奏不可と考えたほどであるが、ぜひ、多くの人に弾いてもらいたいと願う。なお、第1巻はアベル・ドゥコー Abel Decaux（1869-1943）により4手連弾に書き換えられ Mutuelle 出版より 1906 年に出版された。

第1巻

> 初 1906 年 5 月 9 日パリのサル・プレイエル　pf：ブランシュ・セルヴァ　版 1906 年 Édition Mutuelle　献 ジャンヌ・ショーソン夫人 Jeanne Chausson 自筆譜あり CD 2

T.105A エボカシオン（喚起）Évocation
作 1905 年 12 月 9 日パリ　構 A-B-A-B　変イ短調　3/4　Allegretto（espressivo）6'15"

　大作の幕開けの第1曲は、非常に内省的で〈喚起〉というより祈りから始まるような、美しくそして衝撃的な作品である。自筆譜では〈前奏曲 Prélude〉というタイトルだったが、出版の際にアルベニス自身によって〈エ

ボカシオン〉に変更された。

　エボカシオンとは喚起（喚び起こすこと、思い起こすこと）の意味。愁いに満ちた静かなメロディが、過去を思い出すように霧の中からゆっくりとシンコペーションのリズムに乗って聞こえてくるようだ。伴奏のオスティナートは、組曲《エスパーニャ》の第4曲 T.95D〈セレナータ〉でも用いられ、コレは「バスクの音楽家が夢見るようなファンダンギージョである」（コレ p.103）と述べた。ファンダンギージョは色々なバリエーションがある。〈エボカシオン〉の伴奏の部分に感じられる。

🎼 ファンダンギージョのリズム

　中間部に登場する粋なこぶし回しの効いたメロディは、民謡〈マラゲーニャ〉や〈ファンダンゴ〉、〈ホタ〉などの ABA 形式の B で歌われる朗々とした歌コプラである。しかし、ここでは実在の民謡は使われていない。

　曲全体がほとんど *ppp* で、とても静か表現され、内に秘めた母国への想いが独り言のように伝わってくる。10 小節だけの間に一気に *crescendo* するフレーズは、抑えきれない彼の想いを表現しているようである。

🎼 115-117 小節目

　ラプラーヌがヴェルレーヌ*の言葉を使って次のように述べている。

　「ヴェルレーヌは、空気に溶け込むような流動的な輪郭を持つ音楽の夢であると述べている。調性が制限されていない主題ほど識別するのが難し

いものはない。変イ短調の雰囲気を維持しながら、時々高い調に転調していく。中間部でも同様で、ホタの遠いエコーがアルペジオの網の輝く糸の背後に現れる。我々は作曲家が最後に我々を手放すこの最高の祈りに至るまで、常に同じ響きの不安の中にいる」(ラブラーヌ p.144)

調性は魅力的な変化を見せ、最後は変イ長調で終わる。

*ヴェルレーヌは息子のジョルジュ・ヴェルレーヌ Georges Verlaine（1871-1926）であろう。

T.105B エル・プエルト El Puerto
作 1905 年 12 月 15 日パリ　構 A-B-A-Coda　献 自筆譜ではカルヴォコレッシ Calvocoressi　変ニ長調　6/8　Allegro comodo　4'10"

オリジナルでは〈カディス Cadix〉と命名されていたが、他の作品でこのタイトルを使っていることに気づき、変更した。「愛情込めて」と書かれている献呈者は音楽評論家ミシェル・ディミトリ・カルヴォコレッシ Michel-Dimitri Calvocoressi（1877-1944）と思われる。

自筆譜はワシントンにあり、1952 年 2 月 4 日にヴァイオリニストのヤッシャ・ハイフェッツ Jascha Heifetz によって贈られたものである。

エル・プエルトとは「港」の意味で、カディス郊外グァダルキビール河畔のエル・プエルト・デ・サンタ・マリアを指す。オリジナルで最初に付けられた曲名〈カディス Cadix〉はスペイン最南端の港町の名前。この町の目の前にはジブラルタル海峡が広がり、そのすぐ南はアフリカ大陸である。埠頭が太陽の光を受けて真っ白に輝いて、空と海の抜けるような碧さと美しいコントラストを作っている。コロンブスの大航海時代以降、世界中から（アジアからさえも）船が寄港し、外国人が行き来する賑やかな港町だった。アルベニス自身も 15 才の時にここから中南米に旅立った。

♯ 1-2 小節目 / 11-13 小節目

　フラメンコのサパテアード（第2部「4」参照）を模倣して書かれ、曲調は明るく楽天的で、躍動的である。リズムは複雑で、軽妙な3拍子のポロ*、6/8と3/4の交差による賑やかなブレリア*、そして、やはり6拍子と3拍子の交差で暗い陰鬱な歌カンテ・ホンドのシギリーヤなどの雰囲気を思わせる。

　空と海の碧さ、フラメンコの情熱、しわがれ声のカンテ、ギターのラスゲアード（同「4」参照）、パルマ（同「4」参照）、サパテアードの妙技など……とスペイン・アンダルシアの音がたくさん詰め込まれた作品で、色彩感とリズムの切れ味が重要である。3分間の短い作品であるが、非常に鮮やかな強い印象を持つ。作曲者によりオーケストラ曲にも編曲されている（T.26Bを参照）。

T.105C セビージャの聖体祭 Fête-Dieu à Séville

作 1905年12月30日パリ　構 A-B-A-B-A-Coda　嬰ヘ短調　2/4　Allegro preciso（はっきりしたアレグロ）　9'15"

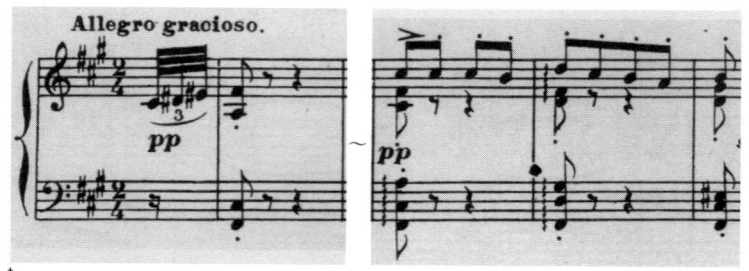

♯ 1-2 小節目 / 8-9 小節目

オリジナルでは〈セビージャ Seville〉と命名されていた。

この作品はスペインのカトリックの大きな祭り「セマナ・サンタ（聖週間）」からインスピレーションを受け作曲したものである。ラ・タララという民謡が使われているものの、それがセビージャの民謡でなくソリア州のものであることから、アルベニスがセビージャの聖体祭そのままを描いたのではなく、「アルベニスは非常に個人的な理想に従って、それ自体の衝動で作曲している」（トゥリーナ）ことが判る。このような宗教的な祭りはスペイン各地で行われ、独特な雰囲気を持っているが、その中で特にセビージャのセマナ・サンタは有名である。

冒頭、遠くから小太鼓の音が「パララン……、パララン……」とかすかに聞こえてくる。アルベニスは時折、作品を歌で表現することがあったが、冒頭で「ランタンパラン」と擬声語を発しては、そのたびに鍵盤から手を離し、腕ぐみのジェスチュアをしたという。

太鼓に続いて聖母マリアを乗せた山車を引っ張りながら人々が歌う民謡「ラ・タララ」が聞こえる。「ラ・タララ、そうさ。ラ・タララ、いいや。フリルと鈴のついた緑色のドレスを着ている女の子ラ・タララを見たよ」といった内容の歌がだんだん大きく歌われ、次に朗々としたサエタ（行列に向かって歌われる宗教歌）が始まる。

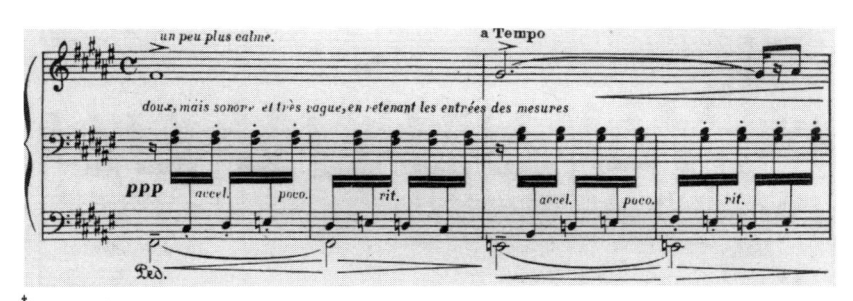

♯ 135-6 小節目

このサエタを支える伴奏は、ピアニスティックな激しい書法で書かれ、メロディを含め3段譜で記譜されている。クライマックスでは非常に高揚し、人々の信仰心の篤さ、揺れながら進んでいく聖母の荘厳さが表現されているように感じる。サエタを聴いて失神する人もいるというが、著者自

身も聖母マリアの姿を仰いで大変感動した想い出がある。再び「ラ・タラ
ラ」が3拍子に姿を変え高揚する。最後の静かなサエタも大変美しい。

　即興的にバルコニーから歌い投げるサエタ（ちなみにサエタというスペイン語
には「矢」の意味もある）、涙を流す聖母に1歩でも近づこうと右往左往する群
衆、スペインならではの独特な空気を表現する素晴らしい作品である。技
術的にも難易度が高い作品である。

第2巻

> 初 1907年9月11日　サン・ジャン・ド・ルス　pf：ブランシュ・セルヴァ　版
> 1907年 Édition Mutuelle　献 ブランシュ・セルヴァ　自筆譜あり　初版ではトリア
> ナ、アルメリア、ロンデーニャの順に並んだ。6フランと表紙に書かれている　CD 1

T.105D ロンデーニャ Rondeña
作 1906年10月17日ニース　構 A-B-A-B'-A'-B-Coda　ニ長調　6/8　Allegretto
M.M. ♩. = 116　7'00"　自筆譜は Barcelona:Orfeó Català

　楽譜最初のページに献呈者名は書かれていないが、12ページ目の楽譜
の下に「セルヴァ嬢のコレクションの製版が素晴らしい Senart さんへ」
と書かれている。当初は2巻の第3曲であった。

1-2小節目 / 73-74小節目

　ロンデーニャとはファンタンゴに属する形式の一種。ちなみに発祥の地
とも考えられるロンダは切り立った岩山の崖の上に立てられたアンダルシ
アの古い町である。実際にはこの曲の冒頭のリズムはロンデーニャではな
く、6/8と3/4が絶え間なく交差するリズムが使われている。このリズム

は次の〈アルメリア〉と同じである。しかし〈アルメリア〉に比べてこの
作品はずっとリズミカルで、テンポに乗って演奏される。パルマス（手拍
子）の妙技で複数のアーティストが表拍と裏拍を組み合わせて手を叩いて
いくが、ちょうどその手拍子の掛け合いのような面白さでメロディが作ら
れていく。テーマはアルト、テノール、そしてユニゾンで繰り返されてい
くが、スタッカートの多いテーマと、合いの手がポリフォニックに書かれ、
それぞれの音色の変化が演奏の決め手となる。

103-104 小節目

中間部のカンテでは「ラから始まるミの旋法」での終止形が使われ、愁
いに満ち、やるせない感情が高まる。アルベニスはこのカンテの部分を「ロ
ンデーニャ」に見立てたのかもしれない。歌はクラシック音楽に見られな
いフラメンコの独特の泣き節であるが、そのテーマも徐々に和らいだ表情
に変わり、再び、リズミカルな再現部に戻る。原典版 179 小節目、左手最
後の 8 分音符は「ド」と考えられる。

T.105E アルメリア Almería
作 1906 年 6 月 27 日パリ　構 A-B-A-B-Coda　ト長調　6/8　Allegretto Moderato
M.M. ♪. = 72　10'00"

アルメリアはスペインの東南、地中海に面した町で、海辺に棕櫚の木が
並び、地中海沿岸地域独特の開放感がある。かつてはイスラム教徒たちの
コルドバのカリフ統治時代に金銀模様の入ったモロッコ革や、絹、綿等を
輸出する港として栄えた町である。今もレコンキスタ時代のアルカサール
（宮殿）が残っており、イスラムの名残りが感じられる。

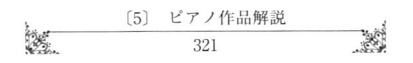

アルメリアにはタランタス（鉱夫の嘆き節といわれ、踊りのない自由リズムの曲）というファンダンゴの一種があるが、ここで使われるリズムはタランタスではなく、〈ロンデーニャ〉と同様に、3/4 と 6/8 が交替する。

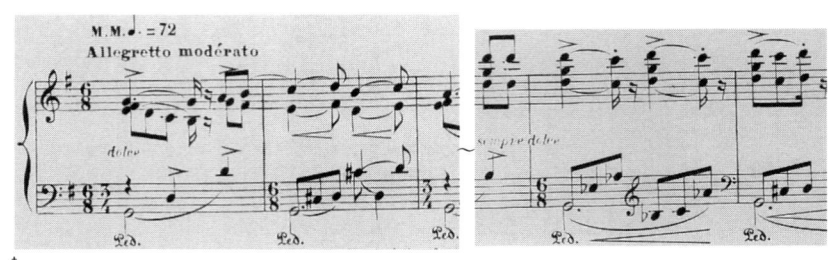

🎵 1-2 小節目 ／ 10-11 小節目

　楽譜の冒頭にはフランス語で「小さなペダル（ソフトペダルを示す）を使って、全体を通して怠惰で柔らかく、しかしとてもリズミカルに演奏しなければならない」と明記されている。
　地中海からのそよ風に揺れる棕櫚の葉を、のんびり眺めているような非常にけだるい雰囲気が漂う。歌が静かに始まるが、アクセントのついたフレーズはすすり泣いているように聞こえる。アルベニスはタランタスの悲しさを 3/4 と 6/8 のリズムを使って物憂い雰囲気で表現したのかもしれない。ギターの演奏で、開放弦の E の音が響いているタランタス特有の不協和な響きが、悲哀のこもった独特の幻想的な雰囲気を作るが、それに似ている。中間部のコプラ（歌）は柔らかく美しく歌われるが、最後のフレーズはドラマティックなこぶし回しであり、「ミの旋法」で終止する。

🎵 101-104 小節目

馴染みのあるテーマが繰り返され、後半ではピアニスティックな手法で華麗に変奏されていく。中間部の静かなコプラもとても美しく、ブランシュ・セルヴァは「〈アルメリア〉はピアニストの心を決して離さない」と賛美した。

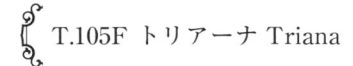 184-186 小節目

T.105F　トリアーナ Triana

作 1906 年 1 月 23 日パリ　　初 1906 年 11 月 5 日テアトロ・プリンチパル　バルセロナ pf：ジョアキン・マラッツ　　構 A-B-A-Coda　嬰ヘ短調　3/4　Allegretto con anima 5'15"

　セルヴァに献呈され、自筆譜の最初のページの上、中央には Espagne という文字が太い線で消されて〈イベリア第 2 巻第 1 番トリアーナ Iberia 2em Cahier No1 Triana〉と書き替えられている。セルヴァの初演に先立ち、ジョアキン・マラッツにより 1906 年 11 月 5 日バルセロナのテアトロ・プリンチパル、12 月 14 日マドリッドのコメディア劇場で演奏された。
　トリアーナとは、アンダルシア地方セビージャのジプシー居住区の名前である。コロンブスの大航海時代、セビージャを流れる大河のグアダルキビールには世界中から船がやって来て、トリアーナ地区の狭い道に面した白壁の窓には、美しい赤い花が飾られ、長い航海からこの地にやってきた人を歓迎するようだった 。その風景は現在もそのままで、訪れる人々を魅了している。この土地からは大勢の闘牛士、フラメンコの歌い手、踊り手、また宮廷お抱えのジプシー芸術家が生まれ、彼らは出身地のトリアーナという名前を自らの愛称として使っていた。

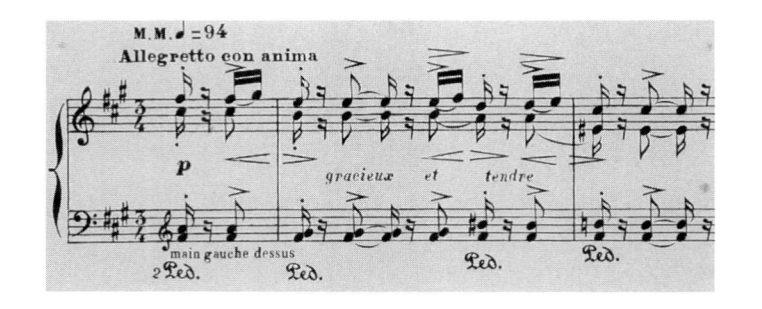

　闘牛士といえば、牛に向かって美しい妙技を見せるその姿は、いつも死と隣り合わせである。沸き上がる歓声のなかで颯爽と繰り広げる技はいさぎよく、エネルギーがほとばしる。フラメンコも深い悲哀を歌うが、その暗さを打ち消す底抜けの明るさは、同様の胸の高まりを感じさせる。〈トリアーナ〉にはそんな雰囲気が漂っている。

　リズムはシンコペーションが多いために拍子が判りにくく、コレが「パソ・ドブレ（闘牛場の音楽、2拍子）」や「闘牛士の行進」であると解説したため（コレp165）、長い間それが踏襲されてしまったが、この曲はセビジャーナスの3拍子のリズムが基本であり、2拍子の作品ではない。冒頭で2 Pedalと書かれており、これはダンパーペダルとソフトペダルの両方を使う意味である。そして強弱はpであり、「優雅なそして柔らかいgracieux et tendre」と書かれている。リズムは躍動的でスタッカートやアクセントも加わるため、凛々しく思えるが、ペダルと強弱記号、そして優雅で柔らかく弾くという指示を無視するべきではない。セビジャーナスという踊りは明るいがエレガントであることも考慮する必要があり、ノン・ペダルで勢いのよい演奏はアルベニスの考えとは異なるだろう。冒頭のフレーズに隠れているファ#-ミ-レ-ド#という音の流れは、ド#から始まる「ミの旋法」の下行形であり哀愁が感じられる。諦めにも似た恨み節のように聞こえる暗い歌は、はやし立てられながら思いきり胸を張った誇り高い歌に変化していく。

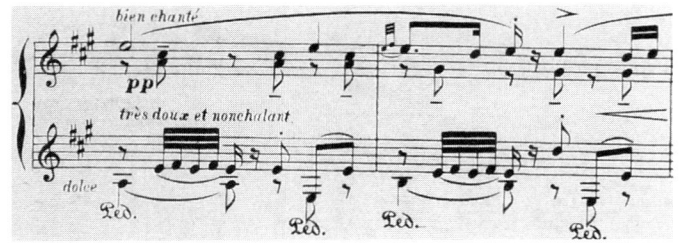

🎼 50-51 小節目

　続いてセビジャーナスのリズムに乗って明るく朗々とテーマが歌われるが、このメロディは闘牛士やフラメンコの踊り手の鮮やかな衣裳を思い出させるように、きらびやかな装飾を施され、誉れ高い人生の晴れ舞台を感じさせる。飲めや歌えやの大きな声が聞こえ、曲のいたるところにフラメンコのカスタネットやギターの音色が現われ、鮮やかな色彩で描かれている。

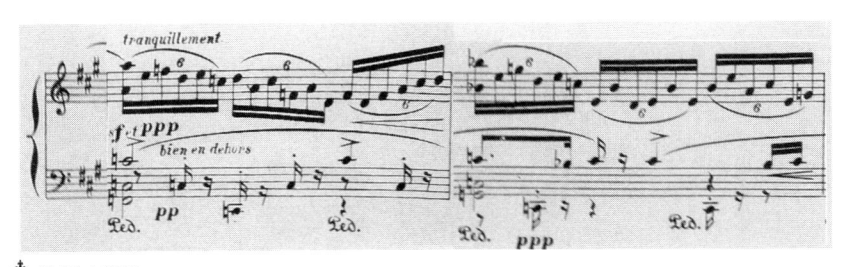

🎼 66-67 小節目

　技巧的に大変難しく、この組曲第2集を献呈されたセルヴァが「演奏不可能」と非難したことは先に述べたが、アルベニスが言うようにその難解な書法は無駄なものではなかった。彼女は演奏するにつれて光のニュアンスや豊かさを表現できるようになり、最初に〈トリアーナ〉のある部分を省略してしまったことを後悔したのだった。アルベニスは「僕は君の小さな装飾品のような華奢な手を見て、この曲を作曲したんだよ」と答えたが、実はアルベニス自身も、ぽってりとした、小さく、やわらかい手をしていたのである。

　この作品はグラナドスによって2台ピアノ用に編曲され Editorial de

Música Boileau から出版されている。

第 3 巻

> 初 1908 年 1 月 2 日パリ　ポリニャック公爵夫人邸　pf：ブランシュ・セルヴァ
> 版 1907 年　Édition Mutuelle　献自筆譜下書きにはマルゲリット・アッセルマン
> Margueritte Hasselmans と書かれるが、のちにマラッツに献呈　CD 3

T.105G エル・アルバイシン El Albaicín
作 1906 年 11 月 4 日ニース　構 A-B-A-B-A-B-A-B Coda　ファから始まる「ミの旋法」
3/8　Allegro assai ma melancolico　7'15"

　アルバイシンとはアランブラ宮殿の隣の丘に並ぶジプシーたちの居住区の名前で、瓦屋根に白壁の家々が丘に段を作って建ている。小さな窓とドアだけの白壁の家々に囲まれた狭い石段は狭苦しい。広場に着いてしまえば人々が楽しそうに集っているのだが、そこに至るまでの細道は迷路のようで、1 人で歩くと孤独なものである。

　「ミの旋法」とは哀愁を感じさせ、ファから始まる場合、ファ-ソ♭-ラ♭-シ♭-ド-レ♭-ミ♭-ファとなる。

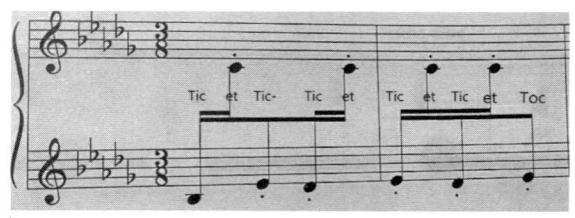

著者作成

　アルベニス自身によれば、冒頭のリズムはブレリアである。彼は「Tic et Tic・・・」と時折、歌ったが、この冒頭にスタッカートは付いているものの、彼の擬声語のようにあまり鋭いタッチではなく、ひそやかでミステリアスな雰囲気で弾く。この部分は「小さなペダルで、とてもぼかして」と明記されている。これはソフトペダルとダンパーペダルの両方を使用することを意味している。狭い石段を登っていくようなこのテーマは徐々に

音量を増して、リズムも複雑になり、フラメンコの「ソレア」の雰囲気を
思わせるような伴奏形が現れる。

♣ 69-71 小節目

♣ 165-168 小節目

　そして２オクターブのユニゾンで、「ミの旋法」による印象的なカンテ
が始まる。この哀愁を帯びた歌に合いの手が入るが、これは「チェレスタ
（この世のものとは思えないよう）」に奏する。イスラム建築に見られるレー
スのような透かし彫刻の壁や、細い糸でレースを編んだよう繊細な銀細工、
モロッコ皮に施された金銀模様の輝きを想起させる美しい音である。この
歌はだんだんドラマティックに展開し、イスラムの金字塔を作り上げてい
く。哀愁の漂う歌とフラメンコを思わせるリズムが特徴で、《イベリア》
のなかで〈トリアーナ〉に並んで人気のある曲である。

作 1906 年 12 月 16 日ニース　構 A-B-C-Coda　ヘ短調　3/8　Allegro melancolico
7'00"　自筆譜は Barcelona:Orfeó Català Biblioteca

　楽譜に「『エル・ポロ』はアンダルシアの歌と踊りで、同名のスポーツではない」と作者自身のただし書きがある。本来のフラメンコのポロとは「ミの旋法」による歌でリズムはソレアと同じ、6/8 と 3/4 のヘミオラで軽い調子の曲である。ここではポロのリズムではなく、特徴の１つである軽妙な雰囲気だけが用いられている。この曲は一見軽やかであるが、このテーマは静かに泣きじゃくっているのである。悲しみがうずいているような表情のアクセントとスタッカートを伴った微妙な間、そしてひそやかで軽いリズムは、聴く人の心を揺らす。

　ヘ短調と「ミの旋法」を揺れ動くメロディは、82-3 小節目で悲痛に「アイ・デ・ミ！　¡Ay de mi!（どうして、この私が！）」と苦悩を叫び、突然に遮断される。この言葉は、自筆譜には書かれていないがオルフェオ・カタラ Oefeó Català 所蔵の初版 Mutuelle 版（1907 年）にアルベニスの筆と思われる文字が右頁上の譜例の矢印のフレーズに書き加えられている。この ¡Ay de mi! という言葉は、EMEC-EDEMS 版の Guillermo González 校訂版では加えられている。そして、またひそやかなリズムが始まる。洗練された軽やかなリズムで書かれている中で、たった３小節だけに悲痛な慟哭が表現されている作品である。

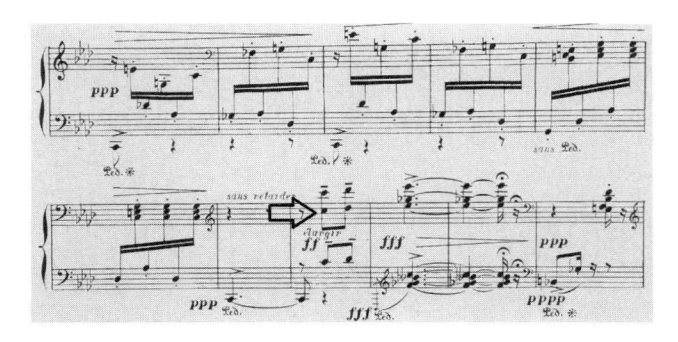

🎼 75-85 小節目

🎼 T.105I ラバピエス Lavapiés
🎼 作 1906 年 11 月 24 日ニース　構 A-B-A-Coda　変ニ長調　2/4　Allegretto bien rythmé mais sans presser（とてもリズミカルに、でも急がずに）　7'15"

　トーレスのカタログでは、《イベリア》3 巻は 1908 年 1 月 2 日にポリニャック公爵夫人邸で初演されたと記されているが、ポリニャック邸でのプログラムでは、このラバピエスは演奏曲目に入っていない。公式な初演が何時だったか、現在、筆者は解明していない。セルヴァであっても難しすぎて間に合わなかったと想像する。

　「この曲は陽気に、自由に演奏されなければならない」、「ラバピエスはマドリッドで典型的な地区のこと」とアルベニス自身のただし書きがある（以下も「　」は楽譜に明記された言葉の引用）。マドリッド市内の南にある下町（アトーチャ駅の西）、ラバピエスでの「からかい好きで、つっけんどんな、やくざな連中」が描かれており、「こすからい（げびた）」彼らは、「軽蔑した態度で」「からかうように」現れる。常に「活き活きと、とても楽しく」、ときに「不良っぽい」表情を見せる。

　3 連符と 8 分音符のヘミオラのリズムは、タンゴに似ているが「とても輝かしく、愛らしく、優雅に」演奏されなければならない。

　中間部のダダッ！　ダダッ！　ダダッ！という「ちゃかしたような」リズムはとても独創的で面白い。リズムに乗ってうるさく怒鳴っている歌に、ジャン！と強烈な音が放りこまれる。この合いの手は、ギターのラスゲアー

ド（かき鳴らし）の一撃であろう。

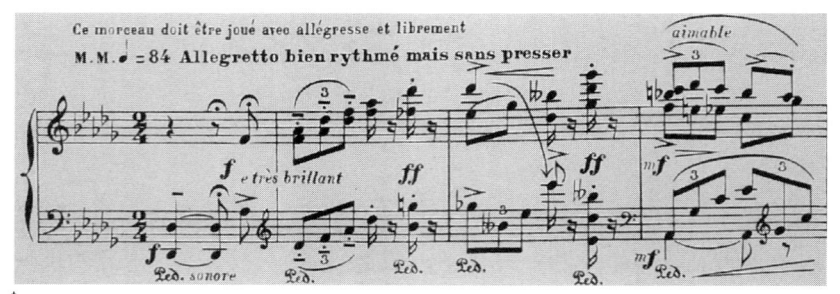

♪ 1-4 小節目

♪ 76-79 小節目

　譜読みをしていると、刺だらけの木に覆われた密林地帯に迷い込んだような気がする。実に難しく入り組んで書かれた作品である。しかし、そういった譜読みしづらい調子外れの和音やリズムが、下町での乱痴気騒ぎを表している。粗暴で無法な若者の伝法な雰囲気が粋に感じられ、眩く刺激的な作品である。アリシア・デ・ラローチャによって２台ピアノ用に編曲され Editorial de Música Boileau から出版されている。

第4巻

初 1909 年 2 月 9 日、パリ、サロン・ドトーンヌ（国民音楽協会）　版 1908 年
Édition Mutuelle　献 ピエール・ラロ Pierre Laro 夫人　CD 4

T.105J マラガ Málaga
作 1907 年 7 月パリ　構 I（a-b-c-d）II（e-f-g-h）-Coda　変ロ短調　3/4　Allegro vivo　5'10"

　この〈マラガ〉というタイトルは後に名付けられたもので、前に他の曲名が付けられていたが、自筆譜に書かれたその文字は判読できない。

　マラガはアンダルシアのコスタ・デル・ソル（太陽海岸）の港町で、フェニキア人によって紀元前に建てられ、古代ローマ人、イスラム教徒による城塞などの遺跡が残る大きな都市である。さんさんと降り注ぐ太陽の光、抜けるように碧い空と海、椰子の木が風に揺れ、白壁と赤い屋根瓦の家々にハイビスカスやブーゲンビリアの赤い花が美しく映える。この曲は、色々な民族が残していった歴史の影と、心が解き放たれるような南の国の明るさが共存する作品である。

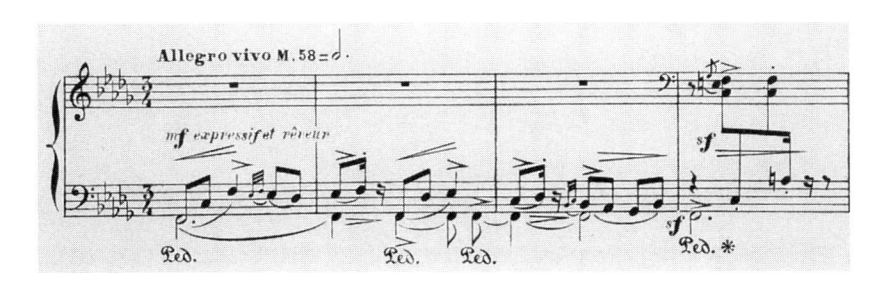

　低音で始まる冒頭は、3/4 で書かれているにもかかわらず、部分的に6/8 との交差のようにも聞こえる。ファから始まる「ミの旋法」による動きは怪しげで、メロディというよりも緊張感に満ちたリズムが印象に残り、フラメンコのギターとサパテアード（足音）による踊りを思わせる。挑発的なアクセントとリズムで高揚し、16 ページの長いイントロダクションは大見得を切るようなビエン・パラード（ポーズ）を決める。

♣ 58-60 小節目

　続いて、第1テーマは *dolce ma sonoro*（甘く、しかし朗々と）で、整然としたリズムに乗って、「ミの旋法」により怪しげな表情で歌われる。ここは伴奏である左手が10度の和音を弾かねばならず、私のような小さな手のピアニスト泣かせである。第2テーマは、変ニ長調で左手に現れるが、第1テーマと対照的に、なじみやすいメロディで民謡ホタを思わせる。繰り返されるメロディは和声が微妙に変化していき、第1テーマと第2テーマがうねりをみせ大きな感動的なクライマックスを迎える。太陽の光に恵まれたマラガの紺碧の海の輝きが聞こえるようである。ちなみにピカソが生まれたのはマラガであり、「青の時代」の色は、マラガの海とも言われる。

T.105K ヘレス Jerez
作 1908年1月ニース　構 A-B-A-B-Coda　「ミの旋法」　3/4　Andantino　10'00"

　病気の具合が大変悪かった時期の作品で、組曲の中で最後に作曲された。1ページ目に「イベリア　第4巻2番　ヘレス！¡（退屈なボレロ!）Iberia 4 Cahier - no.2 = Jerez !¡（bolero aburrío!）」と書かれている。最初、別のタイトルが付けられていたが、その上に「ヘレス」という曲名が書かれ、消されたほうのタイトルは判読できない。自筆譜は小節を消したり加えたり、つぎはぎが行われており、体調の悪いアルベニスが最期まで推敲を重ねたことが判る。なぜ「退屈な」ボレロなのかについて、アルベニス自身の説明は無いが、1907年10月マラッツへの手紙で、「思うよ

うに仕事ができなかったため、最近はとてもウンザリしていた」と告げており、11 月には、ナバラをイベリアに加えずに新しい曲（ヘレスのこと）を書いた方がよいと述べている。つまりこの作品を書いているときも、彼自身がうんざりしていたと想像できる。

　ヘレスとはスペイン最南端ジブラルタル海峡の西側、コスタ・デ・ラ・ルス（光の海岸）に位置する都市の名称である。711 年にイスラムがアフリカからジブラルタルを渡り、スペイン最南端のアルヘシラスから上陸し、西ゴート軍を破ったのはこの辺りであった。ヘレス・デ・ラ・フロンテーラ（国境のヘレス）という名前は、昔、カスティージャ王国とグラナダ王国との国境だったことを表している。そして、ヘレスとはスペイン語で「シェリー酒」のことで、その名の通り世界に名高いシェリー酒の原産地である。南の国の照りつける太陽の下で、農家の庭に葡萄が干され美味しいシェリーとなるのである。細い道が入り組んでいる小さな町で、イスラム時代のアルカサール（王宮）や、イスラムとカトリックが混在したカテドラルがある。

　「ミの旋法」の下行形ラーソーファーミーと始まる冒頭のテーマについて、マストはソレアレスに関連していると、チャス Chass の『The music of Spain』から譜例を示している。

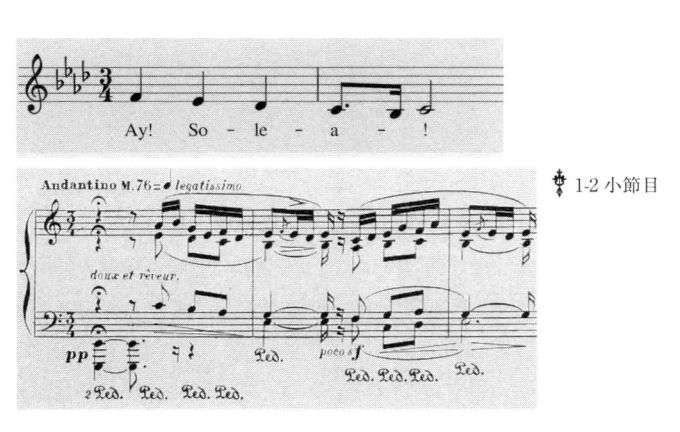

1-2 小節目

東洋の神秘的な宮殿に足を踏み入れたような緊張感が漂い、ゆっくりとしたサンブラ*が続き、次第に高揚していく。ナルギル（アラブの水パイプ）の煙の香が漂うような、幻想的な空気を感じる。細かな装飾音符が散りばめられており、壁を埋め尽くす青い渦巻き型のアラベスク模様や化粧漆喰、金銀のレース細工も目に浮かぶ。官能的な歌がハーレムの中で怪しげに聞こえるようだ。楽譜には弱音を表わす p の文字が4つも重なるピアニッシッシシシモ $pppp$ が書かれているが、その弱音で奏でられる美しさは幽玄の世界である。

次第に歌は激しい絶望の歌に変わり渦をつくる。噴水が勢いよく立ちのぼり、美しいアラベスク模様までがドラマティックな鍾乳洞に姿を変え、我々の頭上に水が降り注ぐように感じる。

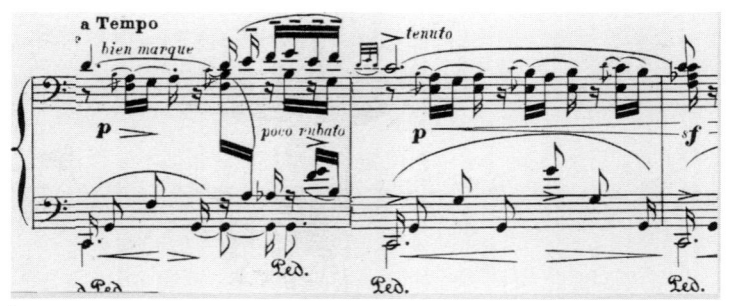

♣ 67-68 小節目

繰り返される歌は、ほぼ同様のリズムで狭い音域を揺れ動き、「ミの旋法」だけでなく色々な教会旋法の使用により、ハーモニーに微妙な変化が現れ、表情を変えていく。シンプルな調性で書かれた《ナバラ》とは対照的である。《ナバラ》の強弱も全体に強めであるのに対し、〈ヘレス〉の強弱は $pppp$ から fff まで使用され、メロディの複雑な音列の周りには、いぶし銀細工を思わせる目を見張る夥しい数の装飾が施され、そこから湧き上がる響きには音響的な斬新さもある。イスラムの幻想が広がる類い稀な美しさに満ちている。

*サンブラは「ミの旋法」により、「夜の宴」という語源を持ち、祭りの騒ぎを表す。

T.105L エリターニャ Eritaña

作 1907 年 8 月パリ　構 I （a-b-c）　II （d-e-f）　III （g-h-i）-Coda　変ホ長調　3/4
Allegretto grazioso　6'00"

　もともとはこの作品を最終曲にする予定ではなかった。オリジナルでは
〈マカレナ Macarena〉（セビージャの地区の名前）と命名したが、「エリター
ニャ（セビージャの街はずれの宿屋を兼ねたレストラン）と読んでくださ
い！」と書き直した。エリターニャとはセビージャ郊外の有名な居酒屋ベ
ンタ・エリターニャ Venta Eritaña の名前に由来している。最初の自筆譜
には「セビージャの人々から崇められている聖母マリアのイメージを浮か
べる名前で」と書かれている（なお、その言葉の先は製本の時に切れてし
まっている）。

　冒頭のスタッカートで演奏される 16 分音符のパッセージは、後半生を
スペインで過ごしたスカルラッティを思い出させる（ただしチェンバロの
音色でなく、ギターの爪弾きの音を思い出させる）。曲はスペイン一般に
親しまれている踊りであるセビジャーナスを表しており、明るく楽しく優
雅である。テーマは何回も調を変え繰り返され、微妙に変化する。陰りを
表現するフレーズや賑やかなクライマックスでも、テーマはハーモニーを
変えながら軽やかに何回も繰り返され、最後にビエン・パラード（ポーズ）
を決めて、祭りの賑やかな踊りは終わる。楽しい踊りを表現しているが、
そこに人生の色々な喜びや悲しみが描かれているように感じる。

　ドビュッシーはファリャと同様〈エル・アルバイシン〉や〈エリターニャ〉
を賛美していたが、「これは旅篭で、よく冷えたワインに出会った朝の喜
びだ。いつも移り気な人々は笑いながら、タンバリンの音を鳴らして通る。

今までにこんなに多くの印象と色彩を持った音楽はなかった。（曲の中の）あまりに多くの映像に目が眩み、私は目を閉じる」と語り、《イベリア》の中で最も評価した。ルービンシュタインは「フラメンコの人達が歌い、踊っている場所で、私はシェリー酒を飲み、生ハムや燻製ハムを食べながら彼らを嬉しそうに見ていた」と語った。

18-20 小節目

　以上が《イベリア》全12曲であるが、アルベニスは組曲に〈ラ・アルブフェラ〉という作品を含めることを、1907 年 7 月 22 日の日付でマラッツに手紙で告げていた。しかし、結局〈ナバラ〉も〈ラ・アルブフェラ〉も、そしてそのほかに計画していた〈ガロティン〉もイベリアに加えず、マラッツに手紙を書いた半年後、アルベニスは病気をおして〈ヘレス〉を作曲したのであった。

❖ T.106 ナバラ Navarr

作 1908 年　版 1912 年 Édition Mutuelle　遺作　構 A-B-A　献 マルグリット・ロ
ン・ド・マルリアヴ Marguerite Long de Marliave　変イ長調　3/8　Allegro non
troppo　5'30"　CD 4

アルベニスはマラッツへ 1907 年 10 月 2 日には「思うように仕事ができ
ないが 15 日までにナバラを送る」、11 月 30 日には「イベリア 4 巻に入れ
るには、大衆的で物足りないため、他の 11 曲に釣り合う新しい曲を書い
たほうがよいと思う」と手紙を書いている。そして結局は合計 228 小節を
作曲し、1909 年 5 月に逝ってしまう。

手書き譜には消された小節や削られた音や、5 線譜の継ぎ接ぎがあった。
弟子であり親友でもあるセヴラックが 26 小節書き加え、完結した。

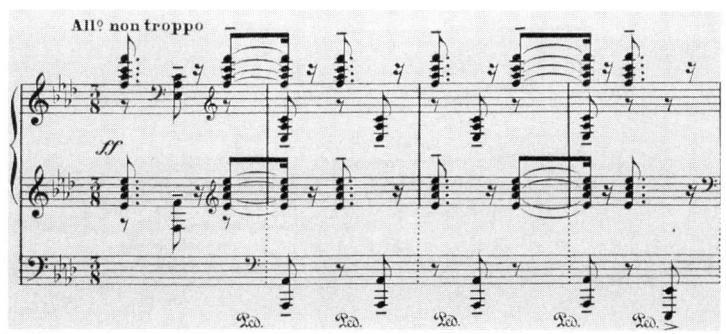

❖ 1-4 小節

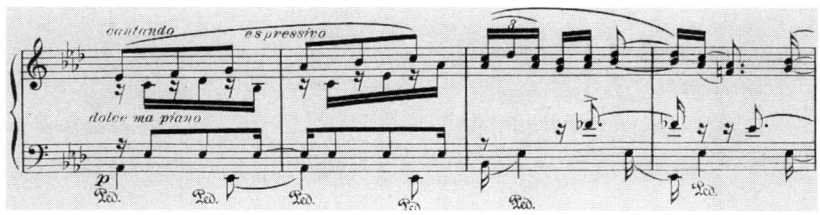

❖ 9-12 小節

タイトルの《ナバラ》とはスペインの北に位置する自治州の名称で、州の北部はピレネー山脈、その北はフランスとなる。中世にはナバラ王国（824-1620）として栄え、北の山岳部に対し南には広大な平野が広がり、首都のパンプローナで行われる「牛追い祭り」（サン・フェルミン祭）は日本でも知られている。

　この作品は民族舞踊ホタの雰囲気で作曲されている（ホタについては第2部「4」を参照）。ホタはアラゴン州のものが最も有名であるが、隣接するナバラでも踊られていた。

　華やかで力強い和音での導入、そして活き活きとしたリズムの伴奏にのって柔らかな歌が始まる。中間部にはホタの形式をまねて、コプラが登場する。朗々とした歌は、ここでは「大きく、大袈裟に」と明記されている。もともとオリジナルの楽譜には「この作品は活気をもって、とても自由に、表情を大袈裟に表現して弾かなければならない」というアルベニス自身の言葉が書かれたが、後に消された跡がある。ほとんどがオクターブに広がる和音が使われ、ダイナミックな作品であるが、メロディラインは非常に甘美である。艶のある伸び伸びとした美声で歌われるコプラも歓喜と至福に包まれる。なお、冒頭の Allegro non troppo は自筆譜では Allegro になっている。

　セヴラックがこの曲を完成させた日付は判らないが、1912年に Mutuelle 出版より第1版が出版されている。自筆譜は現存し、照らし合わせてみると、この第1版の取り扱いが杜撰であることが判る。《イベリア》の第1巻でセルヴァが勝手に書き換えた経緯を鑑みると、ナバラの出版についても彼女の手が入ったのではないかと推測できる。

　第1版は、アーティキュレーションに200を上回る間違い、または省略がある。自筆譜での細かいアーティキュレーションの書き込みを見れば、アルベニスが愛情を込めてこの作品と向かい合っていたことがよく判る。1つの例として69-70小節目の高音部譜表で2つの声部に分かれているところが、第1版では1つの声部としてまとめられている。73-74、77-78小節目からも次にタイが見える。109小節目右手の1拍目にタイが無いが、自筆譜では前の小節からタイがかかっている。

♫ 106-107 小節

♫ 108-111 小節

　アルベニスが、この作品を否定こそしないが、他の 11 曲とは釣り合わないと感じていたのは、もともとホタには伴奏の和声がトニックとドミナントを繰り返すという特徴があり、その特徴を重んじることにより《ナバラ》は大衆的で物足りない作品に留まらざるを得なかったのではないかと思われる。だからと言って、彼が 1897 年以前のように、即興的に短時間で書いた作品ではなかったことが判る。

　現時点で、印刷楽譜で原典版が世界でも出版されていないため、興味のある方は Barcelona Biblioteca de Catalunya でご覧になるか、私の論文『アルベニス未完の《ナバラ》研究　書簡と自筆譜、ホタ・アラゴネーズを巡って』（正誤表あり）をネット検索してご参照頂きたい。

この曲は友人のピアニスト・教育者のマルグリット・ロンに捧げられた。セヴラックの他にボルコムとジェームス・パイッサによる補筆譜が出版されていたが、現在は手に入りにくい。

　ナバラは確かに彼の言葉通り通俗的かもしれないが、青く大きな空と豊かな緑のもとに集う喚起に沸いた人々の表情が感じられ、晴れやかで勇気がみなぎってくる作品である。

❖ T.107 アスレホス Azulejos（装飾用タイル）

> 作 1909 年　版 1911 年 Édition Mutuelle　構 A-B-A-Coda　献カルロス・ド・カステーラ Carlos de Casterá　「ミの旋法」　3/4　Andante　10'15"　遺作　CD 3

　本来この作品は、組曲《アスレホス》の〈前奏曲〉として 1909 年に書き始められた。アスレホスとは、陶器の青いタイルを意味し、イスラムの建築に使われている青タイルを指す。組曲として計画されたものの、結局作曲されたのは〈前奏曲〉だけだったため、この作品が《アスレホス》の名で知られている。

　アルベニスの没後、ロジーナはグラナドスを訪ね、この作品の完成を依頼した。生前に書かれていた 51 小節のほか、残されていたスケッチや消された譜を頼りに、グラナドスは 1910 年に完成し、1910 年 6 月 10 日に《イベリア》の流布に精力的だったカステジャ伯爵夫人へ、また 1910 年 12 月 11 日にマラッツへ報告の手紙を書いている。翌年に Mutuelle 出版から出版された。コレは次のように述べている。

　「アルベニスはスコラでショーソン、ダンディ、デュカス、フォーレといった巨匠たちに出会い、ダンディの作曲のコースで 5 度圏の転調プロセスの必要を学び、「大きなバリエーション」についても学んだであろうが、仕組みを理解しなかったとしても少なくとも彼は自分なりの方法で変化する必要性を感じたであろう。カステーラのような洞察力のある友人は、たとえ彼が道を誤ったとしても、原始的でリズミカルなテーマを段階的に転調させることによって、銀細工を彫刻するのがよいだろうと助言したのではないだろうか。アスレホスのアイデアは、悲しいかな、アルベニスによっ

て好んで受け入れられたが、あぁ！使われることなく失われていくだろう。そうさせないように、グラナドスは、このアイデアを発展させようとした。」
（コレ p.103）

🔱 1-3 小節

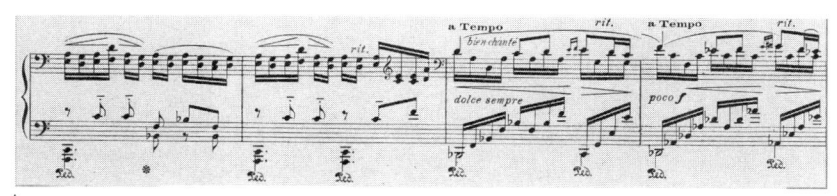

🔱 19-22 小節

　冒頭の神秘的なフレーズは、全体に広がる重要なテーマであり、すでに5小節目からテーマがアラベスク模様のなかに絡みこんでいく。アンダンテであるため落ち着いた曲調であるのだが、狭い音域で重なり絡み合うようにテーマと対旋律がぶつかっているため、音色の変化を充分に表現できるテクニックが要求されている。微妙に変化するハーモニーの中で、対旋律が音型を変える。連綿と色彩のグラデーションは背景を変化し続け、瞑想の世界に我々をいざなう。ピアニストにとっては複雑な綾を一度ほどき、それぞれの声部の美しさを紡いで、もう一度、多様な音色を表現するテクニックで綾を組みなおす努力が必要である。重なり合った声部を表現するために、どのような指使いをしたらよいのか、それさえも頭を抱える。アルベニスは51小節目までの自筆とスケッチしか我々に残していないのだが、すでにそれらの素材だけでも幽玄の世界が表現されている。最終的な自筆譜が残っていないため、どこがアルベニスでどこがグラナドスであるかは判らない。

グラナドスはロジーナから受け取った遺稿を「素晴らしい」作品と述べ、「布の中にくるんだ金のように」大事に残した、と語っている。神秘的で美しく素晴らしい作品である。

6 舞台作品

◇ T.1 歳をとるにつれ！¡Cuanto más viejo ！

> 作 1882年頃　初 1882年2月15日ビルバオ劇場　構 サルスエラ　1幕　楽譜は失われたものと思われる　テ マリアノ・サピーノ・ガリバイ Mariano Zapino Garibay　自筆譜なし

　《Amor que empieza》と《Ya somos tres》と共に2月15日に初演されたと Noticiero Bilbaíno 紙に記事が掲載された。

◇ T.2 愛らしいカタルーニャの人
Catalanes de Gracia

> 作 1882年頃　初 1882年3月28日マドリッド、エスラバ劇場。4月9日まで上演が続いた　テ レオポルド・パロミノ・デ・グスマン Leopoldo Palomino de Guzmán　構 サルスエラ　1幕　楽譜に関しては不明

◇ T.3 救済の歌 El Canto de Salvación

> 作 1886年頃　献 不明　構 サルスエラ　2幕　作品の存在に関しては不明

　アラルコンのパンフレット（1886年）に記載されていた。1889～91年にアルベニス自身が3曲のサルスエラを書いたと述べていたらしい。

❖ T.4 お忍びの御婦人 Incógnita

作 1892 年ロンドン　初 1892 年 10 月 6 日ロンドンのリリック劇場。1893 年 1 月 13 日まで 103 回の再演をした　版 1892 年 Hopwood & Crew,Cop 社　ロンドン（Finale のみ）　テ シャルル・ニュイッテル Nuitter とボーモン Beaumont 英語（オリジナルはフランス語）・原作　心と手 Le Coeur et la Main　構 2 幕

❖ Act. Ⅱ Final

　自筆譜は T5.《魔法のオパール》に属する作品のなかに「Cuartete（原文ママ）」として見つかった。Final のみでそれ以外の Act Ⅱ は見つからない。喜歌劇《Le Coeur et la Main》に加えられた。オリジナルの作曲家は Charles Lecocq。

❖ T.5 魔法のオパール The Magic Opal

> 作 1892 年ロンドン　初 1893 年 1 月 19 日同年 3 月 4 日まで 44 回公演　リリック
> 劇場　版 1893 年 Joseph Williams, Londres, ピアノと声楽用　テ Arthur Law　英
> 語　構 オペラコミック 2 幕
> 序曲 1. A.Opening Chorus 1. B.Star of my life　2. Duet［Trabucos y Alzaga］3.
> Chorus 4A. Chorus 4B. Duett（ドイツ語で書かれる）　4C. Song with chorus 5. Chorus
> & Solo 6. Duet & Chorus 7. Valse Song 8. Trio 9. Duet 10. Song&Chorus 11. Song
> 12. Finale.Act Ⅰ 13. Intermezzo 14. Chorus of Brigands 15. Recitative & Ballet 16.
> Chorus & Drinking Song 17. Legend of the Monastery 18. Quartett 19. Duett 20.
> Solo & Chorus 21. Song 22. Pas de Trois 23. Duet 24. Finale. Act Ⅱ
> 献 Madam　H.Löwenfeld　序曲は T.19《交響的情景》第 1 曲〈村にて〉と同曲。
> 自筆譜あり　付録　Chorus ,Recit&Aria

　自筆譜第 2 バージョンの 6、8、23 番を変更し《魔法の指輪》とタイト
ルを変えた。ただし、それは出版はされなかった。

❖ T.6 哀れなジョナサン（ヨナタン）Poor Jonathan

> 作 1893 年（オリジナルはカール・ミレッカーが 1889 年作曲）ロンドン　初 1893
> 年 6 月 15 日ロンドン・ウォールズ・プリンス劇場 6 月 30 日まで 14 公演　テ オリジ
> ナル：Hugo Wittmann, J.Bauer　アレンジ：Charles Brookfield（Harry Greenbank
> の歌の場面）2 幕　構 1.Intermezzo. 2. Ballet. 3. Duet. 4.Song.　自筆譜あり

　カール・ミレッカー Karl Millöcker（1842-99）作曲の同名の作品にアル
ベニスが曲を加えた。3 週間で 16 曲を作曲したと妹に手紙を書いている。

❖ T.7 フロリダの聖アントニウス
San Antonio de La Florida

> 作 1894 年パリ・パッシー　初 1894 年 10 月 26 日マドリッド　アポロ劇場　11 月
> 11 日まで 15 公演、12 月 17 ～ 21 日に 5 公演　版 1894 年または 95 年・J.Bta.Pujol
> y Cía 社（声とピアノ用）　テ Eusebio Sierra　スペイン語　構 サルスエラ 1 幕　の
> ちに 2 幕
> 1a. 前奏曲、レチタティーボと合唱 Preludio, Recitativo y Coro　1b. ガブリエルと合
> 唱 Gabriel y Coro. ガブリエルのソロ Solo de Gabriel　2. 執行官とボランティアのロ
> ンダ Ronda de Alguaciles y Voluntarios　3a. 小鳥の歌、情景 Canción del pajarito.
> Escenas　3b. デュオ：イレーネとエンリケ Dúo: Irene y Enrique　4. 執行官の出発、
> インテルメディオ（幕間）Salida de los Alguaciles. Intermedio　5. 結婚式の情景、
> セビリャーナス Escena de la boda. Sevillanas　6. 五重奏 Quinteto　7. マーチ　最後
> の情景 Marcha. Escena final　自筆譜あり

❖ T.8 ヘンリー・クリフォード Henry Clifford

> 作 1893-95 年　ティアナ、バルセロナ、パリ　初 1895 年 5 月 8 日、バルセロナ・
> リセウ劇場。5 月 10 日に再演　版 1895 年・J.Bta.Pujol y Cía 社　テ Francis
> Burdett Money Coutts　英語　ト書きはフランス語　初演でのタイトルはイタリ
> ア語版で Enrico Clifford　構 オペラ 3 幕
> 1. 前奏曲 Preludio　2. 第 1 幕合唱 Atto I Coro　3. 第 1 幕デュオ Acto I Duo　4. 第
> 一幕デュオ＆トリオ Acto I Duo&Trio 5. 第 1 幕シーン V Acto I Scena V　6.
> 第 1 幕シーン VI　Acto I Scena VI　7.　第 1 幕シーン VII　Acto I Scena VII　8.
> 第 2 幕　運命のボール Acto II　Ballo delle Fate　9.　第 2 幕デュエット Acto II
> Duetto　10.　第 2 幕第 3 Acto II n.3　11. 第 2 幕第 4　Acto II n.4 12. 第 2 幕第 5
> Acto II n.5 13. 第 3 幕前奏曲　Acto III　Preludio 14.　第 3 幕合唱　Acto III
> Coro　自筆譜あり。
> 編 声楽ソロ、コーラス、オーケストラ（Picc.、Fl.、Ob.、イングリッシュ・Hr.、
> Cl.B 管、バス・Cl.、Fg.、コントラ Fg.、Hr.F 管、Hr.Es 管、ピストン Trp.B 管、
> Trb.、バス Trb.、Tub.、Timp.、Hp.、弦楽、踊りにはトライアングル、タムタム、
> シロフォンが含まれる　登 Henry Clifford、Sir John St.John、Lady St.John、
> Colin、Annie、Lady Clifford、使者、伝令官、子供、男性、女性

冒頭はピアノ曲 T.101D〈コルドバ〉の 38 小節と同じ和声である。

❖ T.9 ペピータ・ヒメーネス Pepita Jiménez

> 作 1895 年パリ　第 2 バージョンはニース　1904 年 1 月までの間に何回も書き直され、自筆譜は 5 バージョンが残されている　初 1896 年 1 月 5 日 7 回バルセロナ・リセウ大劇場　第 2 版（プラハ）1897 年 6 月 22 日 3 公演ドイツ州立新劇場　最終版（ブリュッセル）1905 年 1 月 3 日 3 公演モネ劇場　版 1896 年・J.Bta.Pujol y Cía 社　テ Francis Burdett Money Coutts（元となる同名小説は作家 Juan Valera による）初演は英語、その後、イタリア語、ドイツ語、フランス語に翻訳された。構 コメディア・リリカ　1 幕 2 場　最後のバージョンでは 2 幕 3 場（1 幕 1 場、2 幕目は 2 場）　編 声楽とオーケストラ（Picc.、Fl.2、Ob.2、イングリッシュ Hr.、Cl.B 管 2、バス Cl.、Fg.2、コントラ Fg.、Trp.1、Trp.F 管 2、Hr.3、Hr.Es 管 4、Trp.2、Trb.2、バス Trb.、Tub.、Timp.、大太鼓、シンバル、Hp.、弦楽　登 Don Luis de Vargas（T）、Don Pedro de Vargas（Br）、El Vicario（Bs）、El Conde Genazahar（Br）、Pepita Jiménez（S）Antoñona（Ms）、公務員 2、子供たち、村人、音楽家達、召使たち　自筆譜あり

◆ T.10 海と空 Mar i Cel

> 作 1895-97 年　テ Angel Guimerá　カタルーニャ語　構 オペラ　登 Osman、Mahomet、Joinat、Hassen、合唱　ホ短調　12/8　自筆譜（断片）あり

　1895 年、アルベニスはギメラによるカタルーニャの悲劇をオペラにすると『The Artistic Illustration』誌で述べていたが、結局書かれたのは 9 ページのみだった。

◆ T.11 セレナード La sérénade

> 作 1899 年パリ　ドラマ・リリコ　イ長調　3/4　自筆譜（断片）あり。その他の情報はない

T.12 アーサー王 King Arthur

イギリスの伝説アーサー王に触発されクーツが書いた3部作。

◈ T.12A マーリン Merlin

作 1898-1902 年パリ、オートゥイユ　初 1905 年 2 月 13 日アルベニス自身のピアノ伴奏、ブリュッセル、Tassel 邸　1950 年 12 月 18 日（オーケストラバージョン）バルセロナ、チボリ劇場　1998 年 6 月 20 日（オーケストラで英語バージョン）マドリッド国立公会堂　版 1906 年 Édition Mutuelle　テ Money Coutts　英語　ブリュッセルではフランス語、バルセロナではスペイン語で歌われた。　構 3 幕オペラ　献 Money Coutts　自筆譜あり　構 1. 前奏曲 Preludio　2. 第 1 幕 Acto I　3. 第 1 幕 Acto I　4. 第 1 幕フィナーレ Acto 1.Final　5. 第 2 幕第一情景 Acto II .Escena 1a　6. 第 2 幕 II　Acto II　7. 第 3 幕前奏曲 Acto III　Preludio　8. 第 3 幕　サラセン人の踊り Acto III　Danza Sarracena　9. 第 3 幕 Acto III　編声楽とオーケストラ　Picc.、Fl.3、Ob.2、イングリッシュ Hr.、Cl.B 管 3、バス Cl.B 管、Fg.3、コントラ Fg.、Hr.F 管 4、Trp.C 管 3、Trb.3、バス Trb.、Tub.、Timp.、timbales-cromáticos、タムタム、カホン、Hp.2、弦楽　登 Merlin（Br）、el Rey Roth de Orkney（B）、Gauvain（T）、Mordred（B）、Arthur（T）、Sir Ector de Maris（Bs）、Sir.Pellinor（Br）、Kay（T）、el Arzobispo de Canterbury（Bajo cantante）、Morgan（Ms）、Nivian（ドラマティック S）

◆ T.12B ランスロット Launcelot　未完

作 1902 年 9 月　テ Money Coutts　英語　構 3 幕オペラ（第 2 幕までで未完）　自筆譜あり　1. 第 1 幕前奏曲　Acto I　Preludio　2. 第 1 幕 Acto I「アーサーはランスロット、ガウェイン、パーシバル等と共に入場し、騎士、数名の修道士が続く」　3. 第 1 幕 Acto I「修道士たちは聖杯の賛歌を高らかに歌う」　4. 第 1 幕 Acto I「聖杯の顕示」　5. 第 2 幕 Acto II　前奏曲 Preludio

◇ T.12C グエネベレ Guenevere

オペラ（メモのみ）トーマス・マロリー Tomas Malory の「アーサー王の死 The Morte d'Arthur」を基にした Coutts の台本による。

◆ T.13 女王 La Real Hembra

作 1902 年マドリッド 　テ Cristóbal de Castro 　韻文によるサルスエラ　スペイン語　自筆譜あり　Cristóbal は脚本を第 1 幕だけ書き、その後新聞社の海外特派員として海外に行き、作品は未完となった 　構 Preludio, N.3.Coro de trabajadores、労働者のコーラス 　登 Joselillo, Antoñico,Carmen

◆ T.14 モレーナ La Morena

作 1905 年ニース　合計 22 小節のみ 　テ不詳 　構 4 幕ドラマ・リリコ

　ブリュッセルでの《ペピータ・ヒメネス》公演の折りに、新しい企画として Alfred Mortier がアルベニスに渡した台本であるが、未完である。

◆ T.15 歌の中の歌 The Song of Songs（断片）

作 1905 年頃　合計 21 小節のみ。 　テ Money Coutts 　ト書きは英語 　構この作品がオペラになるのか、付随音楽になるのか判らない　自筆譜あり

　クーツはアルベニス宛書簡で 1905 年 5 月 30 日「詩を書く」、6 月 20 日には、「新しい言葉に変えたい」と言及した。1906 年には彼の希望でロンドンの John Lane より古代ヘブライ人の抒情的な民族劇『歌の中の歌』という版が出版された。

7 オーケストラ作品

　現時点では、オーケストラ作品については、アルベニス自身が作曲して
オーケストレーションしたものか、他の作曲家によって編曲されたものか
（それがアルベニスによって委嘱されたのか）、判断することは難しい。

❖ T.16 ピアノとオーケストラのためのスペイン狂詩曲 Rapsodia Española para piano y orquesta

> 作 1886 年　初 1887 年 3 月 21 日 Salón Romero　マドリッド　pf：アルベニス、
> Tomás Bretón の指揮によるコンサート協会オーケストラ　構 1. イントロダクショ
> ン　2.Petenera de Mariani、3.Jota original　4.Malagueña de Juan Breva　5.
> Estudiantina　編 ピアノソリスト、オーケストラ：Picc.、Fl.2、Ob.2、Cl.A 管 2、
> Fg.2、Hr.D 管 2、Trp.2（コルネット A 管）、Trb.2、バス Trb.、Timbales（A-D）、
> 大太鼓、シンバル、カスタネット、弦楽　作品 70　14'00"　自筆譜あり（他者の加
> 筆あり）T.71 参照

　ピアノ版でこの作品を作曲し終える前に、ブレトンにオーケストレー
ションを依頼し、Juan Lamote de Grignon、アルベニス自身による編曲
とブレトンの編曲、現在では、George Enescu、Alfredo Casella、
Cristóbal Halffter のオーケストレーション、Juan Lamote de Grignon の
吹奏楽用も存在する。

❖ T.17 ピアノ協奏曲第1番
1er Concierto para piano y orquesta
（幻想的協奏曲 Concierto Fantástico）

作1886～7年　初アルベニス自身のピアノ、Tomás Bretón の指揮によるコンサート協会オーケストラで1887年3月21日 Salón Romero　マドリッド　版1887年Romero 社　マドリッド　アルベニスの生前、何度もオーケストラと共に演奏されたが、出版されたのは2台のピアノのためのバージョンのみだった。構3楽章　作品78　イ短調　4/4　Andante 24'00"　自筆譜なし　第1楽章　イ短調　12/8　Allegro ma non troppo　第2楽章　ニ短調　6/8　Andante　第3楽章　ロ短調　6/8　Allegro　編ピアノソリスト、オーケストラ：Fl.2、Ob.2、Cl.A 管2、Fg.2、Hr. D 管2、Trp.2（コルネット A 管）、Trb.2、バス Trb.、ティンパニー（A-D）、弦楽　T.77 参照

　T.77 の編曲をブレトンに依頼したが、最初にアルベニスが行ったオーケストレーションがどのようなものだったかは不明。

◇ T.18 性格的組曲 Suite Característica

作1888 頃　自筆譜なし

　それぞれ別に書かれた作品を集めて、このタイトルを付けたと考えられる。この作品はアラルコンのカタログ第29番の T.29《6重奏のための演奏会用組曲》であろう。1890年11月10日ロンドン、『Morning Post』に11月7日 St.Jame's Hall で開催されたブレトン指揮によるコンサートについて「スケルツォ、アランブラ宮殿、キューバ・ラプソディからなるオーケストラのための Suite Característica から始まった」と掲載された。

T.18A スケルツォ Scherzo

　この作品は T.57《ソナタ第 1 番》のスケルツォであり 1889 年 3 月 7 日マドリッドのテアトロ・デ・ラ・コメディアで作品 37 として演奏された。前述の『Morning Post』の記事は書き間違いと考えられる。

T.18B アランブラにて En La Alhambra

　T.72D〈アランブラにて〉と同じ曲の可能性がある。また、T.29《6 重奏のための演奏会用組曲》の 2 曲目〈モーロ人のセレナード〉、T.60《アラブのセレナード》の可能性もある。

T.18C キューバ狂詩曲 Rapsodia Cubana
〔初〕1881 年 1 月 16 日ハバナ

　ピアノ作品の T.46《ラプソディア・クバーナ》と同じ可能性がある。これはロメロに《Suite de Concierto para Sexteto》の〈Capricho Cubano〉として売られた。

❖ T.19 交響的情景 Escenas Sinfónicas

〔作〕1888〜89 年　〔初〕1889 年 3 月 7 日 Teatro de la Comedia　マドリッド　Tomás Bretón 指揮。〔版〕出版譜は無いが、各パート譜が残っている。自筆譜は他者によるもの　〔編〕オーケストラ：Picc.、Fl.2、Ob.2、Cl.2、Fg.3、figle フィグレ、Hr.4、Trp.2（コルネット）、Trb.3、Timp.、トライアングル、大太鼓、Hp.2、弦楽

　1889〜1890 年にパリとロンドンで行われたアルベニスのコンサートで度々演奏された。

T.19A 村にて En la Aldea
〔作〕1888 年 8 月 22 日ティアナ　ホ長調　3/4　Allegro ma non troppo

　1889 年 4 月 25 日にパリの la sala Érard で行ったコンサートでは Au village と訳され、Fête villageoise Catalane または、La Fiesta de Aldea

と命名された。T.5《魔法のオパール》の序曲と同曲。

T.19B 牧歌的な時期 Idilio
二長調　4/4　Andante quasi Allegro　前述のコンサートでは Idylle と翻訳された

T.19C セレナード Serenata
イ短調　3/4　Allegretto　前述のコンサートでタイトルは Sérénade と訳された

　1889 年 3 月 7 日 Teatro de la Comedia のコンサートについて〈El Liberal〉は、セレナータはヴァイオリンとオーケストラの作品で、アルボスが演奏し、聴衆は再上演を望んだと報道した。

T.19D 田園風な踊り Baile Campestre
ホ長調　3/4　Molto Allegro　前述のコンサートで Bal champêtre と訳された

❖ T.20 秋 L'automne

> 作 1889 年頃（ピアノ作品として）T.96 を参照　版 1890 年 J.B.Pujol y Cía 社　作品 170　ト短調　3/4　Andantino　12'45"

　第 1 版はピアノバージョンで出版。オーケストレーションは Antonio Nicolau に任せた。このオーケストレーションは 7 月に初演されたようだが、はっきりした記述はない。B:O.C. に残っている自筆譜はアルベニスの手によるものではない。1890 年 9 月 8 日の日付でブレトンはアルベニスに「2 回リハーサルを行った。ワルツは大変美しいが、楽器編成は酷い」と手紙を送っている。2 つのオーケストレーションがある。

◆ T.21 ピアノ協奏曲第 2 番
2° Concierto para piano y orquesta

> 作 1892 年ブロードステアーズ　イギリス　変ホ長調　2/4　Allegretto　自筆譜あり

　17 小節目からのピアノソロパートと伴奏用の第 2 ピアノパートを含むたった 6 小節のみ現存する。第 2 パートに楽器編成は指示されていない。

T.22 アランブラ The Alhambra

　ピアノ曲 T.102《アランブラ》を参照。1882 年に思いつき、1896 年 12 月にパリで交響組曲として構想された。交響詩的な性格を際立たせるために、クーツに詩を書くように依頼した。自筆譜 1 ページ目には ¡La Alhambra!　Poeme Symphonique de F.de Money-Coutts　Musique de I.Albéniz と書かれ、No.1 ～ No.5 まで下記のタイトルが書かれ、もう 1 曲は No. 6 とナンバーだけ書かれタイトルは書かれていない。これらのタイトルのうち 2 曲を作曲しようとした。

◆ T.22A ラ・ベガ（沃野）La Vega
作 1897 年パリ　テ Money-Coutts　変イ短調　3/8　Allegretto　自筆譜あり

　オーケストレーションされたのは合計 90 小節のみだった。残された 13 ページのスコアにはピアノパートは登場しておらず、オーケストラのみであり、アルベニスがオーケストレーションに自信を持ち始めたのではないかと思われる。出版はピアノソロバージョン。

◇ T.22B リンダラハ Lindaraja

　《アランブラ》の表紙にタイトルが書かれている以外、情報はない。

◆ T.22C ヘネラリーフェ Generalife
作 1897 年 2 月 18 日パリ

26 小節までオーケストレーションされているが、それ以降は未完成である。ピアノソロバージョンで T.103A《スペイン（思い出)》の〈前奏曲〉として出版された。T.103A を参照。

◇ T.22D サンブラ Zambra

　《アランブラ》の表紙にタイトルが書かれている以外、情報はない。

◇ T.22E アラルメ！¡Alarme!

　《アランブラ》の表紙にタイトルが書かれている以外、情報はない。

❖ T.23 オーケストラ小組曲 Petite Suite d'Orchestre

　以下のセレナーデだけが作曲された。1898 年夏、医師の処方箋によって、フランスのロレーヌ地方の南、Plombières 温泉に滞在していたことが判る。

T.23A ロレーヌ地方のセレナーデ Sérénade Lorraine

作 1898 年プロンビエール ホ短調　3/4　Andantino　7'15"　献 Gustav Mouchet　自筆譜 あり　Fl.2、Ob.2、Cl.2、Fg.2、Hr.F 管 2、Trp.2、Trb.2、Timbales (H-E)、弦楽 版 1890 年 J.B.Pujol y Cía 社　作品 170　ト短調　3/4　Andantino　12'45"

　I' Orfeó Català に自筆譜が残っているが、初演、出版の記録はない。No.1 と書かれており、続けて作曲する予定だったと思われる。

T.24 カタロニア Catalonia

　カタルーニャの民謡を題材にした壮大な組曲を考え、アラゴン王国の中世の騎士アルモガバルの名から Rapsodia Almogávar というタイトルを考えたが、カタルーニャの古い名称 Catalonia に変更した。第 1 曲以外は断

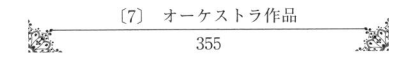

片のみ。

◆ T.24 A　カタロニア第 1 番 Catalonia n.1

作 1899 年 4 月 20 日　初 1899 年 5 月 28 日パリ　Nouveau Théatre　版 1899 年　A. Durand et Fils 社　変ホ長調，3/8　Allegro（印刷では Allegretto）　6'15"　献 Ramón Casas　自筆譜あり　編オーケストラ：Picc.、Fl.2、Ob.2、イングリッシュ・Hr.、2Cl. B 管、バス・Cl.、Fg.3、Hr.F 管 2、Hr.D 管 2、Trp.4、Trb.3、Tub.、Timp.、カホン、トライアングル、シンバル、大太鼓、Hp.2、弦楽。ルネ・デ・カステーラにより 4 手連弾に編曲され 1908 年に Durand 版より出版された。

　自筆譜は Bibliotaca Catalunya にあり、最後のページに「Fin. Paris Auteuil 20 Avril 1899.」そしてサインが書かれている。その前、数小節が空になっているが、残されたシートから、完成され初演も出版もされた。

◆ T.24B カタロニア第 2 番 Catalonia n.2

作 1899 年パリ　献 José María Sert　変ホ長調　12/8　Andante　自筆譜あり。43 ページの最初の小節で途切れ 44 ページで続き、再び最後のページで途切れている

◆ T.25 風車の冒険 Aventura de los molinos

作 1900 年頃　ト長調　4/4　Andante　自筆譜あり

　スコアにタイトル、楽器名は書かれているが、曲は 12 小節だけ（チェロとコントラバス）だけ書かれており、そのあとはタセット（休み）である。タイトルはセルバンテスの《ドン・キホーテ》に影響を受けている。

T.26 イベリア Iberia　1907年

◇ T.26A エボカシオン Évocation

1907年に演奏されたが、オーケストレーションは残っていない。

◆ T.26B エル・プエルト El Puerto

作 1907年ニース　編 Picc.、Fl.2、Ob.2、Cl.B管2、Fg.3、Hr.F管4、Trp.C管2、Trb.2、Tub.、Timp.（D-A）、シンバル、トライアングル、Hp.、弦楽　ニ長調　6/8　Allegro comodo　4'10"　自筆譜あり

1907年にモンテカルロでのコンサートのために《Iberia 1er suite d'orchestre》を作曲し、〈El Puerto〉と名付け、ここで「組曲」という言葉を使っている。第1組曲となっているが、オーケストラ用に編曲されたのは〈Évocation〉、〈El Puerto〉の2曲だけで、1907年モンテカルロで友人の Leon Jéhin 指揮で演奏され、その後ロンドン、バルセロナで演奏された。しかし、〈Évocation〉の楽譜は残されていない。

友人のアルボスは「1907年のことだったろう。アルベニスはエボカシオンとエル・プエルトをオーケストレーションした。と手紙をくれた。モンテカルロのオーケストラと試してみたところ、それは音が鳴らず上手くいかなかった。彼は私にオーケストレーションするように頼んだ。」と述べている。

アルベニスのオーケストレーションについてトーレスは次のように述べている。

「そのスコアは決してアマチュアのようなものではなく……もともとピアノのために書かれた音符を音色で表現するだけでなく、アルベニスが長年の経験を通じて習得した、純粋にオーケストラの豊かで洗練されたニュアンスを備えたピアノ楽譜を再現する、堅実で華麗なオーケストレーションである。彼のオーケストレーションには、かなりの熟練を明らかにする痕跡が多数あり、さらに、彼が提案する解決策のいくつかは、アルボスに

よるのちのバージョンに登場するものと驚くほど似ている。アルボスは、アルベニスの素材を知っていたかどうかについて何も述べていないが、その可能性は非常に高い。」

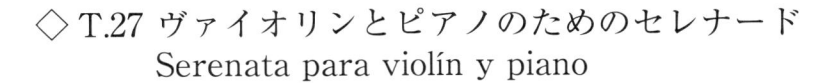

◇ T.27 ヴァイオリンとピアノのためのセレナード
Serenata para violín y piano

> 作 ガリシア州の自治体ポンテベドラ（詳細不明）1882 年の新聞の切り抜き、またビーゴやガリシアの新聞でアルボスと 6 重奏団のコンサートツアーとその前夜のコンサートの記事が残っており、アルベニスとアルボスの演奏が絶賛されている。そこにこの作品がセレナータ・ナポリターナ Serenata Napolitana と書かれている。楽譜に関しての情報はない。

◇ T.28 トリオ第 1 番 Primer Trío

> 作 1883 年頃　1886 年 1 月にアラルコンが発行した小冊子にこの作品の名前が掲載されていたが、この作品の存在を証明するものはない。

◇ T.29 6 重奏のための演奏会用組曲
Suite de concierto para sexteto

T.29A スケルツォ Scherzo

作 1890 年頃　1890 年の 11 月 10 日の Morning Post に 11 月 7 日 'St.Jame's Hall での記事が残っている。そこには、ブレトン指揮によるモーツァルト、シューマン、ブレトン、チャビ、リスト、そしてアルベニスのいくつかの作品すなわち《第 1 交響曲》からの〈スケルツォ〉と《Rhapsodie Cubaine》初演について書かれている。しかし第 1 交響曲というのは新聞記者の編集ミスで、《ソナタ第 1 番》の〈スケルツォ〉である。

T.29B モーロのセレナード Serenata Morisca

　この組曲は《性格的組曲 Suite Característica》の名前でオーケストレーションされ、そして T.60《アラブのセレナード Serenata Arabe》として T.29C と共にロメロに売られた可能性がある。

T.29C キューバ奇想曲 Capricho Cubano
作 1883 年頃。

おそらくサンタンデールで作曲された。アルベニスが 1883 年 2 月 3 日
に《アラブのセレナーデ》と共にロメロに売却した《性格的組曲》の T.18C
〈キューバ狂詩曲〉と同じ曲であると考えられるだろう。しかし、《スペイ
ン組曲》の〈Cuba クーバ〉（サブタイトル〈カプリーチョ・クバーノ
Capricho Cubano〉）と同一視することもできる。

❖ T.30 子守歌 Berceuse

作 1890 年　初 1891 年 1 月リーズ　版 1891 年　Stanley Lucas, Weber & Co 社
編成：チェロ（またはヴァイオリン）とピアノ　作品 102　献 ムンク Munck　イ
長調　3/4　Allegretto ma non troppo　6'00"　自筆譜なし　《夢 Rêve》の T.99A
〈子守歌〉とは異なる

◆ T.31 愛の詩 Poèmes d'amour

作 1892 年 6 月ロンドン　初 1892 年 6 月 20 日リリック・クラブ　ロンドン　テ ア
ルモン・シルヴェストル Armand Silvestre　フランス語　ジャスティン・ハント
リー・マッカーシー Justin Huntly McCarthy による英語翻訳　自筆譜あり　編 朗
読者、室内楽：Fl、Ob.、Trp. F 管、弦楽カルテット、ハーモニューム、ピアノ

　アルベニスの知られていない作品の 1 つであり、残された自筆譜には無
秩序で識別できないものが含まれている。例えば、第 2 番の最初のページ
に no.2 に加えて青鉛筆で et Final と書かれている（タイトルが〈第 2 番
と終楽章〉という意味になる）。しかし、4 ページ目には、判別できない
文字に加え pour 9（9 のために）と書かれ、7 ページ目には no.9 と書かれ、
9 番らしい曲が続いている。そして 10 ページ目に「2 番を弾いて終わる」
と書かれ、no.3 に続いている。直筆譜は 8 番の続きに 9 番は書かれていな
いため、第 2 番の途中に書かれた no.9 という番号が第 9 曲を示したもの
であろう。なお、XI（11 番）まで書かれているが、いったい 2 番のどの
部分が Final に当たるのか判らない。出版の情報はなく、今後も調査と整
理が必要である。ロンドンのパトロンであるローウェンフィールドからサ

ラ・ベルナールのリサイタルのために依頼された作品である。

T.31A　愛の詩 1　Poèmes d'amour 1　　4/4　　Andante　3'10"
T.31B　愛の詩 2　Poèmes d'amour 2　　3/4　　Andante　3'20"
T.31C　愛の詩 3　Poèmes d'amour 3　　4/4　　Andantino　1'15"
T.31D　愛の詩 4　Poèmes d'amour 4　　6/8　　Allegretto　1'20"
T.31E　愛の詩 5　Poèmes d'amour 5　　3/4　　Andante　1'45"
T.31F　愛の詩 6　Poèmes d'amour 6　　3/4　　Andantino　1'15"
T.31G　愛の詩 7　Poèmes d'amour 7　　6/8　　Allegretto　1'40"
T.31H　愛の詩 8　Poèmes d'amour 8　　3/4　　Andantino　2'00"
T.31I　愛の詩 9　Poèmes d'amour 9　　2/4　　Andantino　1'10"
T.31J　愛の詩 10　Poèmes d'amour 10
T.31K　愛の詩 11　Poèmes d'amour 11　　3/4　　Adagio　2'15"
T.31L　愛の詩ファイナル Poèmes d'amour Final　　6/8　　Allegretto　1'15"

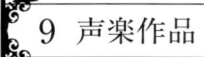

9 声楽作品

◇ T.32 ロマンセ Romanzas

アルベニス自身がプリメラ・ロマンツァ Primera　Romanza と特徴付けているもので、伴奏メロディの練習程度の内容である。

T.32A すみれの花束 Un Ramo de Violetas
作 1878 年ブリュッセル　テ Diego V.Tejera　カスティージャ　スペイン語

アラルコンの 1886 年に書かれた小冊子での情報のみ。

T.32B メッゾソプラノのための 4 つのロマンセ
Cuatro Romanzas para mezzo-soprano

作 1886 年頃おそらくブリュッセル　テ不詳　フランス語　アラルコンによって紹介された以外情報なし

T.32C カタルーニャの 3 つのロマンセ
Tres Romanzas Catalanas

作 1889 年頃　テ作者不詳、カタルーニャ語、アラルコンの情報のみ

◆ T.33 ベッケルの抒情詩 Rimas de Bécquer

作 1886 年頃　テグスタボ・アドルフォ・ベッケル Gustavo Adolfo Bécquer　スペイン語　作品 7

作品 7 という番号は 1888 年にアルベニスがバルセロナのサラ・エラールでのコンサートで演奏した Seis pequeños valses にも使われている。自筆譜は失われたが、朗読用と歌の 2 種類の版が出版され、それぞれは調が異なっている。

T.33A 嘆き悲しむアウラに口づけを　Besa el Aura que gime...
(歌) ホ長調　4/4　Moderato　(朗) 変ト長調　1'15"

T.33B サロンの暗い隅から Del salón en el ángulo oscuro
(歌) イ短調　6/8 Vivo (朗) ハ短調　1'

T.33C 影に隠れて　Me ha herido recatándose en la sombra
(歌) ヘ短調　4/4　Andante　(朗) ト短調　1'05"

T.33D 胸に寄りかかり…　Cuando sobre el pecho inclinas...
(歌) ヘ長調　4/4　Moderato　(朗) 変イ長調　1'15"

T.33E どこから来たのか　¿De dónde vengo...?
(歌) ホ短調　12/8　Agitato molto　(朗) ヘ短調　1'15"

◇ T.34 救世主 El Cristo

> 作 1886 年頃。アラルコンがこの作品の「イントロダクション」「救世主の朗読とアリア」に関して記載していたが、作品は存在しない

❖ T.35 死者のための祭式の詩篇 VI
Salmo VI , del Oficio de Difuntos

作 1885 年 12 月マドリッド　初 1994 年 4 月 21 日アドルフォ・グティエレス・ビエホ Adolfo Gutiérrez Viejo 指揮、国立スペイン合唱団、国立オーディトリオ、マドリード　版 Instituto de Bibliografía Musical 1994　テ ラテン語　構 混声 4 部合唱　献 マリア・クリスティーナ María Cristina　ヘ短調　4/4　Adagio　6'10"　自筆譜あり

　一連の詩篇と聖書の言葉により構成されている。1886 年にマドリッドでアルフォンソ 7 世王崩御に際し、マリア・クリスティーナ女王に捧げた 53 曲からなるコレクションの中の 44 番目の作品として納められた。

❖ T.36 6 つのバラード Seis Baladas
マルケサ・ボラーニョス閣下夫人のイタリア語による
Palabra italianas de la Excma.Sra.Marquesa de Bolaños

作 1888 年頃マドリッド　テ マルケサ・ボラーニョス　イタリア語　構 歌とピアノ
自筆譜なし

T.36A 舟歌 Barcarola
変イ長調　6/8　Allegretto non troppo　2'20"

T.36B 遠景 La Lontananza
ト短調　2/4　Agitato　2'30"

T.36C バラの贈りもの Una rosa in dono
変イ長調　4/4　Andantino　1'30"

T.36D 貴方の眼差し Il Tuo sguardo
変ロ長調　4/4　Andantino tranquillo　3'20"

T.36E 私は死んでしまう ¡Moriró !
ヘ短調　4/4　Andante　2'25"

T.36F 夢で再会 T'ho riveduta in sogno
ヘ長調　12/8　Allegro　3'10"

❖ T.37 バルブリーヌの歌 Chanson de Barberine

作 1889 年にマドリッド（？） テ アルフレッド・ド・ミュセ Alfred de Musset フランス語 1835 年 8 月 1 日出版の Revue des Deux Mondes で、2 幕喜歌劇として「バルブリーヌの糸巻き棒」に発表されたものであるが、1850 年に別個に「新しい詩集 Poésies Nouvelles」としてパリで出版されたものを使用。 構 歌とピアノ 献 Chista（原文ママ → Christa）de Morphi ニ短調 6/8 Allegretto 2'10" 自筆譜はアルベニス以外の他者のもの

◆ T.38 ラグーン Lo Llacsó

作 1896 年 4 月 1 日パリ 曲は 11 小節までしか書かれていない。 テ アペル・メストゥル Apeles Mestres 構 3 幕「オーケストラ・合唱・ソプラノ・メゾ・テノール・バリトンのための交響的詩」と書かれている。タイトルに Lo Llacso Poema sinfonico（原文まま）と書かれる。へ短調 4/4 自筆譜あり

❖ T.39 ネリーへ To Nellie

作 1896 年 版 1896 年 Heugel & Cie. テ マニー・コーツ Money-Coutts 英語 全てのテキストは《詩 Poems》（London、John Lane 1896）から引用 構 歌とピアノ No.4 以外は自筆譜あり

T.39A 家 Home
パリで作曲 変ニ長調 3/4 Allegretto ma non troppo 1'25"

T.39B 相談 Counsel
オートィユ Auteuil で作曲 変ロ短調 4/4 Andantino 2'15"

T.39C 5 月の日の歌 May-Day Songs
オートィユ で作曲 変ホ長調 6/8 Allegretto 1'40"

T.39D ネリーへ To Nellie
テ Poems のほか、Selected Poems,《The Shrine》というタイトルの詩集から引用 ロ短調 2/4 Andantino 2'15" 自筆譜なし

T.39E 慰めの歌 A Song of Consolation
1896 年 4 月 2 日に作曲　ニ長調　9/8　Andante ma non troppo　2'25"

T.39F 歌「愛は全ての人にやってくる」A Song [Love comes to all]
1896 年 3 月 28 日に　オートィユで作曲　変ホ長調　6/8　Allegretto　2'55"

T.40 6 つの歌　Six Songs

作 1896-1903 年　編 歌とピアノ　テ マニー・コーツ Money-Coutts　英語　自筆譜あり

　内容から T.39 ネリーへ To Nellie の続編として Six Songs を作曲したと考えられる。

◆ T.40A エレーヌ、貴女は永遠に去ってしまったのか？
Art Thou gone For Ever, Elaine ?
作 1896 年パリ　テ「Elaine」というタイトルの詩から引用。変ロ短調　3/4　Andantino 3'30"

◆ T.40B 私のものになってくれますか？ Will you be mine?
作 1897 年 Brighton　テ マニー・コーツと書かれているが何から引用しているか不明　変イ長調　4/4　Allegretto　2'25"

◆ T.40C 別れ！Separated ！
作 1897 年 Brighton　テ マニー・コーツ　「Poems」より引用　イ長調　3/4　Allegretto　3'25"

◆ T.40D 歌「好きなだけ愛して笑ってください」
A song [Laugh at Loving as you may]
作 1896 年 4 月 25 日パリと Auteuil　テ A Song というコーツの Poems から引用。版 1998 年　Ed,de A.Cardó y F.Torres　バルセロナ　最初の 1 〜 2 ページが欠けており、最後の 20 小節のみが残されている　変ホ長調　2/4　自筆譜あり

❖ T.40E 毛虫 The Caterpillar

作1903 年　テムサ・ベルティコルディア Musa Verticordia（諸説あり）　マニー・コーツの英語テキストを基に、「La Chenille」のタイトルでヘンリー・バーリー Henry Varly によるフランス語版がある。アルベニスの没後 4 年の 1913 年に T.40F と共に Two Songs として Mutuelle 出版から出版された。ト短調　4/4　Andantino　ma non troppo mosso　2'15"　自筆譜なし

❖ T.40F 神からのプレゼント The Gifts of the Gods

作1897 年　版1913 年 Édition Mutuelle　テPoems より。マニー・コーツの英語テキストを基に、「La Chenille」のタイトルでヘンリー・バーリーのフランス語版がある。T.40E と共に出版された　ヘ短調　6/8　Allegretto　1'50"　自筆譜なし

❖ T.41 散文による 2 編 Deux morceaux de prose

作1897 年頃　版1897 年 A.Díaz y Cía　テピエール・ロティ Pierre Loti フランス語　構歌とピアノ

T.41A 黄昏 Crépuscule
版Deux morceaux de Prose としてサン・セバスティアンの A.Díaz y Cía. のほか Max Eschig より 1930 年に出版された　変イ長調　3/8　Andante　2'10"

T.41B 悲しみ Tristesse

献オリヴィア・ド・ムユア夫人 Olivia de Moyua　Max Esching ではイグナシオ・タブヨ Ignacio Tabuyo アルベニス没後、未亡人はこの作品を T.84《木の下で》と T.102A〈ラ・ベガ〉と共に A.Díaz y Cía から権利を取り戻した　変ト長調　3/4　Andantino　2'45"　自筆譜なし

◆ T.42 愛もそうです Il en est de l'Amour

作 1897 年　テ シャルル・アルベール・コスタ Charles Albert Costa de Beauregard　フランス語　歌とピアノ　版 E.Baudoux & Cie　パリ　1897　献 エルネスト・ショーソン夫人　ニ長調　4/4　Andantino　1'15"　自筆譜なし

◆ T.43 ネズミたちの議会 Conseil tenu par les rats

作 1894 年または 99 年頃　歌とピアノ　テ Jean de La Fontaine フランス語　自筆譜は 1 ページ目のみ（15 小節）。次のページは失われたように見える。歌とピアノ　変ホ長調　6/8　Allegretto

◆ T.44 4つのメロディ Cuatre Mélodies

作 1908 年パリ　献 フォーレ　テ マニー・コーツ　英語　アルベニスに献呈したムサ・ヴェルティコルディア Musa Verticordia（London　1904）から引用　ミシェル・ドミトリ・カルヴォコレッシ Michel-D.Calvocoressi によるフランス語翻訳あり　直筆譜あり

T.44A 病気でも健康でも In Sickness and Health

作 1908 年 9 月 25 日パリ　テ ムサ・ヴェルティコルディア からの引用。英語およびカルヴォコレッシによるフランス語翻訳。初版のフランス語では Quando je te vois soufrir（君が苦しむのを見るとき）となっている。

T.44B 取り戻した楽園 Paradise Regained

作 1908 年 10 月 3 日パリ　テ ムサ・ヴェルティコルディア からの引用。英語およびカルヴォコレッシによるフランス語翻訳。初版のフランス語では Le Paradis retrouvé となっている。

T.44C 隠れ家 The Retreat

作 1908 年パリ 10 月 9 日　タイトルは初版のフランス語では Le Refuge による La Retraite が加えられている。テムサ・ヴェルティコルディアからの引用　アルベニスの最期の作品と思われる。このテキストは To Isaac Albéniz と献呈されている。

T.44C　〈隠れ家〉の自筆譜

T.44D 侮辱された愛 Amor,Summa Injuria

作 1908 年 9 月 11 日パリ　テ ムサ・ヴェルティコルディア　英語とカルヴォコレッシによるフランス語翻訳　変ニ長調　3/4　Allegretto ma non troppo

　　1908 年 1 月に完成した《イベリア》第 4 巻 T.105 K〈ヘレス〉は筆がふるえているが、その 8 ヶ月あとの作品であるにもかかわらず、筆跡はしっかりしている。

あとがき

　2024 年は震度 7 という大変な能登半島地震で始まりました。災害、感染症、地球温暖化、そして戦争の脅威によって、私たちは希望を持って生きることが難しくなりました。

　世界中に不安が広がる今、芸術が負うものは大きいと感じます。今更、その意義を挙げる必要はないと思いますが、音楽は精神的な支えであってほしいと願っております。

　音楽に限らず、色々な分野のスペイン作品から、我々は喜びと悲しみを強く共感することができるのではないかと考えています。

　それは、これまでにも述べてきたように、スペインには灼熱の夏と氷のような冬を繰り返す石だらけの恵まれない大地の存在があり、それがスペイン作品の背景には必ずと言っていいほど感じられます。そしてスペインの文化にはカトリック、イスラム、ロマ、それぞれの文化が混ざっていますが、土地に根ざしたスペイン音楽をともに奏でることが異文化理解への気付きにつながり、共通の想いの醸成にも役立っているのではないでしょうか。それは世界平和の維持に大切なものだと思います。

　拙著は、アルベニスの魅力をお分けしたいという気持ちで書き始めたものですが、同時に異文化理解への呼び水となることを願っています。

　この研究には、音楽学者である Jacinto Torres Mulas 氏から多大な協力を得、Aaron Walter Clark 氏からも詳細な説明を頂き、音楽学者石田一志氏のご指導によって完成することができました。

　色々な情報をご提供頂いた在日スペイン大使館 Fidel Sendagorta Gómez de Campillo 大使、Fernando Curcio Ruigómez 文化参事官、Jesús Miguel Sanz 前文化参事官と文化部の皆さま、心を込めた編集をしてくださった酒井まり様、青野泰史様、スペイン語のチェックに協力してくれた我が日本スペインピアノ音楽学会理事の日裏晶子様、青山瑠美子様、そして出版のきっかけを作ってくださった小野寺粛様に心より御礼を申し上げます。

2024 年 11 月　上原由記音

アルベニス年表

年	月日	出来事
1817		父アンヘルがビトリアに誕生。
1833		
1846		
1847		アンヘルはジローナの税務官として働く。
1849〜50		49年にアンヘルはドローレスと結婚、50年長女エンリケータ誕生。
1852〜53		52年にログローニョに転居、53年にナバラに転居、2女クレメンティーナ誕生。
1854		アンヘルはビトリアに戻る。55年に3女ブランカが生まれる。
1859		アンヘルはカンプロドンの税関管理者として働く。
1860	5月26日	イサーク・マヌエル・フランシスコ・アルベニス、カンプロドンに誕生。
1864		バルセロナのロメア劇場でデビュー。アンヘル解雇。
1865		就職しその後も失職、就職を繰り返す。
1867		アルベニス一家はマドリッドに住む。アンヘルは8月より1年間失職する。イサーク自身は6歳（1861年生まれと偽る）から8歳までパリ音楽院に在籍したと書いているが虚偽と思われる。エンリケータ亡くなる。
1868		8月から1年間アンヘルは失職する。
1869	2月15日	マドリッド国立音楽院に入学申請をし、アヘロ教授のソルフェージュのクラスに登録する。5月に試験に合格するが出席せず。1870年まで空白となる。
	8月23日	アンヘルはカセレスの経済省第三事務所に着任。
1870	8月24日	アンヘルは音楽院長に。1869〜70年に中断していた学業を、1870〜81年に続けられるように申請し、登録した。
1872	2月〜11月	『アルバム』を持ち、アンダルシアを演奏旅行。
1873	3月12日	アンヘル、マドリッドの国家会計検査総局に勤める。
	11月	エル・エスコリアル、カスティージャ、レオン、アストリアス、ガリシアで演奏。
1874	6月6日	ソルフェージュ第2コースの試験欠席、登録料未納。
	10月16日	姉ブランカがレティーロ公園で自殺。
1875	4月2日〜17日	アルバセテ、アリカンテ、ムルシアでコンサートを行い、献辞と詩が『アルバム』に書かれる。
	4月30日	アンヘルはカディスから乗船。5月19日にキューバ国庫会計2課に就任。
	5月21日〜11月5日	プエルト・リコ、キューバで演奏活動を行う。11月から1876年5月までは不明。
1876	5月2日〜6月24日	メンデルスゾーン・バルトルディ音楽大学に在籍。
	10月17日	ブリュッセル王立音楽院に入学する。
1878		
1880	3月14日	アンヘルは病気のためハバナの仕事を辞める。
	8月〜9月	8月12日にプラハ、ウィーン、ブダペストに向かう。

主な作品（未完成＆無くなった作品も含む）	社会の出来事
	フェルナンド7世死去、イサベル2世即位。第1次カルリスタ戦争（〜1839）。
	第2次カルリスタ戦争（〜1849）。
	モロッコでアフリカ戦争勃発。
	第2次カルリスタ戦争勃発。カルロス・ルイスと弟フェルナンド、王位継承権利を放棄し、終戦。
	プリムのクーデター。
	ナルバーエス死去、プリム等クーデター。女王イザベル2世亡命、ブルボン王朝終焉。《名誉革命》。1874年まで〈革命の6年間〉。オドンネル死去。
T.45）ピアノのための軍隊行進曲	セラーノによる臨時政府。「1869年憲法」制定。
	アマデオ1世即位、プリム首相暗殺。普仏戦争。
	第3次カルリスタ戦争（1872〜76）。
	アマデオ1世退位。第1共和政樹立。ワーグナー協会設立。
	セラーノ内閣成立、第一共和政崩壊、アルフォンソ12世即位、カノバス保守党内閣成立。
	カルリスタ戦争終結。新憲法承認。
T.32A）すみれの花束	第3回パリ万国博覧会開催。

	9月15日	マドリッドに帰る。
	10月25日	イサークは指令待機中として徴兵事務所に入る。
	12月	キューバのハバナで、ルーブルサロンでコンサートを行う。
1881	1月7日	アンヘルの退職が決まる。
	1月16日	T.46《ラプソディア・クバーナ》をハバナで初演。
1882	1月	ガスタンビデのオペラに出演し、劇作曲家を志す。
	2月1日	女王に謁見する。
	2月15日	サルスエラ T.1《歳をとるにつれ！》をテアトロ・デ・ビルバオで初演。
1883	1月	バルセロナに転居。
		この間にロッシーナと結婚し、アルボス6重奏団と演奏旅行する。ベドレイに学ぶ。
1884-85		84年、ブランカ（長女）が生まれる。
1885		マドリッドに転居。11月4日、王宮で演奏する。
1886	1月24日	サロン・ロメロで演奏会開催。
		アララコンにより小冊子が出版される。
	3月30日	音楽院のピアノアシスタント教員に就任。
	4月4日	長女ブランカが1年8ヶ月で亡くなる。
	9月11日	長男が生まれる。
	11月11日	芸術院長よりエンコミエンダ章を授与される。
1886-87		
1887		夏頃、二女クリスティーナ誕生（？）。
1888	1月19日	二女クリスティーナが亡くなる。
	4月15日	疝痛に苦しむ。
	8月2日	バルセロナの万国博覧会のフランス・セクションで20のコンサートを行う。
1889		イギリスでロンドンやその他の都市でコンサートを行う。
	6月13日	Prince's Holl Piccadelly で初のコンサート。
	7月23日	三女エンリケータがマドリッドで生まれる。
1890	4月20日	四女ラウラがバルセロナで生まれる。夏からイギリスのブロンプトンに住み、数々のコンサートを行う。
1891		セント・ジェームズ・ホールにて10回のシリーズ演奏会を行う。
1892	1月19日	リリック劇場で T.5《魔法のオパール》初演。
	3月1日	ベルリンで演奏するが不評。

T.46）ラプソディア・クバーナ	ピカソ誕生。 マドリッドで《ローエングリン》初演。
	ガウディのサグラダ・ファミリア教会建設開始。
T.28）トリオ第1番 T.29C）キューバ奇想曲 T.52）ホタのモチーフによる幻想曲 T.53）演奏会用エチュード T.54）結婚行進曲 T.55）舟歌 T.56）2つのカプリーチョ T.57）ソナタ第1番 T.61C）セビーリャ	
T.58）3つのマズルカ T.59）モーロ組曲 T.60）アラブのセレナード	
T.35）死者のための祭式の詩篇Ⅵ T.62A）ガボット T.62B）メヌエット T.61A）グラナダ T.93）カディス（ガディタナ）	アルフォンソ12世死去、マリア・クリスティーナ摂政開始。デュークードレイ『バス・ブルターニュ地方の30の民謡』発表。
T.3）救済の歌 T.32B）メッゾソプラノのための4つのロマンセ T.33）ベッケルの抒情詩 T.34）救世主 T.61H）カタルーニャ クーバ T.63）かけがえのない歌姫 T.64）バルビナ・バルベルデ T.65）ソナタ第2番 T.66A）サラバンド T.66B）チャコーナ T.67）7つの長調によるエチュード T.68）6つのサロンのマズルカ T.70）苦悩 T.16）& T.71）ピアノとオーケストラのためのスペイン狂詩曲 T.72D）旅の思い出 T.73）メヌエット T.74）メヌエット第3番 T.75）ソナタ第4番 T.76）いにしえの組曲第3番	保護関税主義強化。貧富の差が広がる。
T.17）ピアノ協奏曲第1番 T.72）旅の思い出（A-C、G） T.77）ピアノ協奏曲 n.3	
T.72）旅の思い出（E-F) T.78）6つのスペイン舞曲 T.79）マジョルカ T.80）思い出 T.81）サロンのマズルカ T.82）やさしいハバーナ T.83）コティヨン	ポリニャック夫人がサロン・コンサートを開催し始める。
T.18）性格的組曲 T.19）交響的情景（1888-89) T.36）6つのバラード T.86）12の性格的小品集（A,E,F,I-K) T.86）性格的作品集（G,H,L) T.87）2つのサロンのマズルカ T.88）ソナタ第6番 T.89）ソナタ第7番	社会労働党系労働組合 UGT（労働者総同盟）設立。
T.20）秋 T.96）秋のワルツ T.32C）カタルーニャの3つのロマンセ T.37）バルブリーヌの歌 T.84）木の下で T.61D）カディス T.86L）朱色の塔 T.90）スペイン組曲 第2集 T.91）ジプシーの踊り T.92）古いスペインの踊り T.94）2つの性格的小品	第4回パリ万国博覧会開催。
T.29）6重奏のための演奏会用組曲（1890-91) T.30）子守歌 T.100）ミニチュア・アルバム	自由党政権下で男子普通選挙。
T.101）スペインの歌（A-C)	
T.31）愛の歌	

	6月	ロンドンで、サラ・ベルナールの朗読の付随音楽を担当。
1893	末	バルセロナに一時滞在し、演奏活動を行う。その後、パリに居を移す。
1894		パリで引越を続けたのち、6月にエルランジュの新居に入る。 11月に T.5《魔法のオパール》パリで上演。
1895	5月8日	バルセロナで T.8《ヘンリー・クロフォード》の初演。
1896	1月5日	バルセロナで T.9《ペピータ・ヒメネス》の初演。フランスの音楽家と親交を深める。
	10月15日	スコラ・カントルムのダンディのクラスに登録し、特に対位法を学ぶ。
1897	3月22日	プラハに滞在する（〜4月7日）
	5月1日	パレストリーナの楽譜を借りる
	5月16日	プラハ（〜7月1日）《ペピータ・ヒメネス》の第2版初演。
1898	12月	スコラ・カントルムのアシスタント教授就任（〜1900年）国民音楽協会でアルベニスの作品をダンディが紹介。
1899		健康状態悪化。
1900	4月1日	母ロジーナが82歳で亡くなる。年末、又は翌年はじめにスコラを退職する。
1902	1月11日	ペドレイの祝宴に参加。T.12A〈マーリン〉上演できず。
1905		ブリュッセルで《ペピータ・ヒメネス》《フロリダのサン・アントニオ》大成功。ニースで静養。T.105《イベリア》作曲開始。
1906	5月9日	セルヴァが《イベリア》第1巻を初演。
	11月5日	ジョアキンが T.105F〈トリアーナ〉を初演。
1907	9月11日	セルヴァが《イベリア》第2集を初演。
		パリでトリーナと会う。年末にマラッツが発病。
1908	1月2日	セルヴァが《イベリア》第3集を初演。
		イタリア小旅行後、パリに戻る。
1909	5月18日	2月2日セルヴァが《イベリア》第4集を初演。3月保養地カンポ・デ・ル・バンに移り、5月死去。

T.6) 哀れなジョナサン　T.8) ヘンリー・クロフォード（1893-95）T.101E) セギディーリャス	ジョアン・ミロ誕生。
T.7) フロリダの聖アントニウス　T.43) ネズミたちの議会	サラ・ベルナール演じる『ジスモンダ』のポスターをアルフォンス・ミュシャが描く。
T.10) 海と空（95-97）T.9) ペピータ・ヒメネス第1版	キューバで対スペインの反乱激化95年。
T.9) ペピータ・ヒメネス2幕版　　T.38) ラグーン　　T.39) ネリーヘ　T.40) 6つの歌（1896-1903）	フィリピン独立反乱激化、スコラ・カントルム設立。
T.22A) & T.102A) ラ・ベガ　T.22C) ヘネラリーフェ T.103A)前奏曲　T.41)散文による2編　T.42)愛もそうです	カノバス首相暗殺。
T.12A) マーリン（1898-1902）　T.23) オーケストラ小組曲	米西戦争で敗北、キューバ独立、アメリカにフィリピン売却。「98年世代」の誕生。
T.11) セレナード　T.24) カタロニア　T.43) ネズミたちの議会（1894 ？）	
T.25) 風車の冒険	
T.12B) ランスロット　T.13) 女王	アルフォンソ13世親政開始。
T.14) モレーナ　T.15) 歌の中の歌　T.104) イヴォンヌの訪問　T.105) イベリア（A-C）	ローマ賞コンクールのラヴェル事件、フォーレ、パリ音楽院長に就任。
T.105) イベリア（D-I）	モロッコの植民地領を拡大。
T.26A) エボカシオン　T.26B) エル・プエルト T.105) イベリア（J,L）	反政府勢力「カタルーニャの連帯」結成。
T.44) 4つのメロディ　　T.105) イベリア（K）	
	「悲劇の一週間」。モロッコ戦争。

主要参考文献

 ## Ⅰ．書簡・日記

- Albéniz,Isaac, *Album*（アルバム）（Museu de la Música de Barcelona 所蔵）
- Albéniz, Isaac, *Viaje de Hungría libro 2º*, 1880（Museu de la Música de Barcelona 所蔵）
- Albéniz, Isaac, *Viaje de Hungría libro 3º*, 1880（Museu de la Música de Barcelona 所蔵）
- Albéniz,Isaac, *Memòries, diaris i agendes*, 1880（Museu de la Música de Barcelona 所蔵）・・・1880 年ハンガリーでのイサーク・アルベニスによる直筆の日記。乱雑な文字で、旅の行程、街、博物館、ホテルのこと、そして自分の体調などが書かれている。書き損じや、読めないほど詰めて書かれた文字、劣化による判別不能な部分もある。
- Albéniz,Isaac, *Llibreta amb transcripció manuscrita dels quatre quaderns de viatge d'Isaac Albéniz*（Museu de la Música de Barcelona 所蔵）・・・上記の日記をイサークの義理の息子フリオ・モヤ Julio Moya がまとめて書き直したもの。
- Clark Walter　2024 年 3 月 24 日　筆者宛て書簡
- Impresiones y Diario, *de viaje*・・・イサークが 1880 年から書き始めた旅行日記、思想を書いた手書きのノートで、親密な印象を書き留めたもの。E. フランコ Franco によってイサーク・アルベニス財団 Fundación Isaac Albéniz より 1990 年に出版された（2 月の部分は掲載されていない）。
- Torres Mulas, Jacinto, 2021,2023,2024, 筆者宛て書簡（本文では、「トーレス」と表記）
- Torres Mulas, Jacinto　2021 年 8 月 30 日，2023 年 2 月 5 日，2024 年 12 月 4 日　筆者宛て書簡

▫ Alonso, María García, "*Isaac Albéniz. En El patrimonio musical*", 1997, Los archivos familiares（1898-1936）. Fundación Xavier de Salas, pp. 55-77.

▫ Clark,Walter A, *Albéniz en Leipzig y Bruselas: Nuevas luces sobre una vieja historia*, 1991.

▫ Clark,Walter A, *Isaac Albéniz Retrato de un romántico*, 1999, Oxford University Press（イサーク・アルベニス　或るロマン主義者の肖像）・・・アルベニスの生涯については、先行研究の比較も行われ、トーレスの資料も参考にして書いているが、トーレス（2001）に比べるとデータが若干異なる。主要作品についても解説されている。

▫ Clark,Walter A, "*Semblanzas de compositores españoles 9,Isaac Albéniz*" *la Revista nº 405*, 2011, Fundación Juan Marche.

▫ Collet, Henri , *Albéniz et Granados,* 1926, París: Librairie Felix Alcan・・・アラルコンの記述を「好奇心をそそる不自然な詳細」と指摘しながらも、大部分その内容を引き継いでいる。しかし、その他に新聞記事やインタビュー、イサークの親族や、スコラカントゥルムでの弟子ルネ・ドゥ・カステーラ René de Castéra 等の証言が加えられている。コレ自身による作品分析も執筆している。本文では、「コレ」と表記。

▫ Cuadernos de Música Iberoamericana ,16, 2008, pp.107-138.

▫ García Martínez, Paula, *Epistolario Albéniz- Malats El estreno de Iberia en España,* 2009, Universidad de Oviedo.

▫ García Martínez, Paula, *Isaac Albéniz y la difusión de la cultura española en parís, a través del género epistolar,* 2010, Anuario musical n.65.

▫ García Martínez, Paura, *Joaquín Malats y Miarons,* Cuadernos de Música Iberoamericana, 16, 2008, pp.114-142.

▫ Gautier, André, *Albéniz,* 1981, Espasa-Calpe.S.A　Madrid.

▫ Guerra y Alarcón, Antonio.1886 *Isaac Albéniz Notas crítico-biográficas de tan eminente pianista.*（イサーク・アルベニス　秀逸なピアニストの評伝のノート）Madrid: Escuela Tipográfica del Hospicio・・・1886 年に書かれたイサークの伝記第 1 号である。しかし、おそらく広く宣伝効果を狙った「戦略」としてイサーク自身が語った嘘を含んだ夢物語を、アラルコンがそのまま記述したものと思われる。1936 年に再版された。

▫ Iglecias, Antonio, *Isaac Albéniz su obra para piano*, 1.2 1987.

▫ Kahan, Sylvia Winnaretta *Singer Polignac Princesse,mécèna et musicienne* 2018 Les presses du réal.

▫ Laplane, Gabriel, *Albéniz, sa vie, son œuvre*. 1958, Éditions du Milieu du Monde, 1956.

▫ Mast,Paul Buck, *Style and structure in by Isaac Albéniz*, 1974, Eastman School of the University of Rochester.

▫ Morán, Alfredo, *Joaquín Turina a través de sus Escritos*, 1983, Madrid: Alianza, p. 73.

▫ Nectoux,Jean Michel, *Albéniz et Fauré, correspondance inédite*, 1977, Travaux de l'Institut d'éstudes ibériques et latino-américaines,Strasbourg ⅩⅥ - ⅩⅦ, 1976-77 p.159-186.

▫ Quesney, Cécile, *Blanche Selva naissance d'un piano moderne* 〈*Blanche Selva et Isaac Albéniz: un* 《*tyran des pianistes*》 *et son interprète dévouée*〉 *de Jean-Marc Warszawski*, 2009, Symétrice France（ブランシュ・セルヴァとイサーク・アルベニス　暴君とその献身的なピアニストたち）・・・ジャン・マルク・ヴァルシャフスキー編纂による『Blanche Selva naissance d'un piano moderne（ブランシュ・セルヴァ　現代ピアノの誕生)』からの抜粋。《イベリア》をめぐるアルベニスとセルヴァの関係をセルヴァの側から知ることができる。

▫ Quesney, Cécile, *Isaac Albéniz et la Schola Cantorum. Aspects d'une collaboration , Étudier, enseigner et composer à la Schola Cantorum（1896-1960）*, 2022, Universite de Lorraine（イサーク・アルベニスとスコラカントゥルム　コラボレーションの観点)・・・セシル・ケスニー によって 2022 年に発表された論文で、アルベニスがパリとカタルーニャの架け橋になって活動していた様子が判る。

▫ Raux-Deledicque, Michel, *Albéniz Su vida inquieta y ardorosa*, p.437 1950, Buenos Aires: Ediciones Peuser.

▫ Ruiz Albéniz,Victor, *Isaac Albéniz*, 1948. Madrid: Comisaria General de Música. 65520.

▫ Sanz García, *Laura Isaac Albéniz y La difusión de La cultura española en Paris, A través del género epistolar*, 2010, Anuario Musical, N.º 65, 111-132 Universidad Carlos III de Madrid p112.

▫ Sobrino, Ramon, *"El epistolario inédito de Tomás Bretón a Isaac Albéniz（1890-*

1908） :*nuevos documentos sobre la música española en torno al 98"Cuadernos de Música Iberoamericana volumen 5*, 1998.

▫ Sola- Morales de Josep.M, *La sang gironina-gaditana d'Isaac Albéniz*, 1981, Anals de L'Institut d'Estudis Gironins. pp233-253.

▫ Soria Antonio, *Joaquín Turina（1882-1949）Aportaciones al modernismo musical española, su obra para piano*, 2004, Universitat de València.

▫ Torres Mulas, Jacinto, *"Concentración vs. dispersión de fondos documentales. El desdichado caso de Isaac Albéniz"en El patrimonio musical*, 1998, Los archivos familiares（1898-1936）.

▫ Torres Mulas, Jacinto, *IBERIA de Isaac Albéniz, Al través de sus manuscritos*, 1998, EMEC-EDEMS・・・自筆譜によるイサーク・アルベニスの《イベリア》をめぐり客観的データに基づいた《イベリア》の作曲過程、そのテーマのアイデンティティに関する魅力や影響についても書かれている。

▫ Torres Mulas, Jacinto, *Catálogo Sistemático Descriptivo de Las Obras Musicales de Isaac Albéniz*（イサーク・アルベニス音楽作品の体系的記述の目録）2001・・・トーレスによりまとめられたアルベニス全作品のカタログ。全作品の作曲年、作曲場所、初演年月日・場所、演奏者名、著作権登録年月日、出版年と出版社、作品登録日、初版や再版の情報、作品に関わる注意事項などを含め解説がされている。資料の出処も明らかにされており、現時点でデータとして最も参考になる。

▫ Torres Mulas, Jacinto y Ester Aguado Sánchez, *Las claves madrileñas de Isaac Albéniz*, 2008, Ayuntamiento de Madrid ・・・トーレスとエステル・アグアド・サンチェスの共著。アルベニス自身の日記やメモ、自筆譜、父親の勤務管理表、父親による音楽院入学申請の手紙、新聞記事、年表、友人アルボスによる思い出やトマス・ブレトン Tomás Bréton の日記などが紹介され、史料のいくつかは写真として掲載されている。ファクシミリについても解説。現時点で資料として最も信憑性が高い。マドリッド市から出版。

▫ Torres Mulas, Jacinto, *Isaac Albéniz en su centenario*. Madrid, 2009, ORCAM, comunidad de Madrid.

▫ Torres Mulas, Jacinto, *"Las voces y los ecos: UN SIGLO DE HISTORIOGRAFÍA ALBENICIANA*, 2010, Annales de la Real Academia de Doctores de España Volumen 14, n.º 2, pp. 143-160.

▫ Torres Mulas, Jacinto, *"Isaac Albéniz y los hermanos francmasones," en Masonería: Represión y exilios. XII Symposium internacional de Historia de la Masonería*

Española, 2010,（Almería 2009）Zaragoza: Gobierno de Aragón 2010 p.601-625.

▫ Turina, Joaquín. Ed. Antonio Iglesias, *Escritos de Joaquín Turina,*（ホアキン・トゥリーナの著作）より「Estudio y noticia albenizianas（アルベニス研究と情報）」1982, Editorial Alpuerto・・・トゥリーナが1942年マドリッドのアテネオでの講義開会式のために書いた文書をアントニオ・イグレシアスがまとめたもの。1982年の出版。トゥリーナはセビージャ出身の作曲家で、晩年のイサークの仕事を目の前で見ていた。彼の遺志を継ぎスペインのエッセンスを基に多くの作品を残している。

▫ Warszawski Jean-Marc, *Blanche Selva naissance d'un piano moderne* Symétrie, 2010.

▫ 青木文夫 『カンテホンドの世界 パセオ・フラメンコの連載を終了して』 2009 福岡大学研究部論集 A9（7）

▫ アルベルト・ガルシア・レジェス『アンダルシア フラメンコ・ガイド』 2005 訳:（有）アルテシア アンダルシア州政府

▫ アントニオ・ドミンゲス・オルティス 訳:立石博高 『スペイン 三千年の歴史』 2006 昭和堂

▫ 井上さつき・今谷和徳 『フランス音楽史』 2010 春秋社 335p. 387p.

▫ 井上さつき 『パリ万博「音楽展」における「オルフェオン」』 2007 愛知県立芸術大学紀要 No. 37

▫ 井上さつき 『1878年パリ万博音楽展』 2003 愛知県立芸術大学紀要 No.33

▫ 井上さつき 『音楽の政治化:1889年パリ万博』 2005 愛知県立芸術大学紀要 no.35

▫ 岩本和子 『ベルギー王立モネ劇場の歴史的役割（2）ワーグナー受容から独自性の確立へ』 2004 神戸大学国際文化学部紀要 22/23 27*-57* 2004-11 神戸大学国際文化部

▫ ウラディミール・ジャンケレヴィッチ『遙かなる現前 アルベニス・セヴテック・モンポウ』 2022 訳:近藤秀樹 春秋社

▫ 大槻真 『スペイン民族音楽「ファンダンゴ」』 静岡大学教育学部研究報告 第46号 1996

▫ 仮屋浩子 『19世紀後半から半世紀転換期にかけてのバルセロナにおける都市と劇空間』 2016 明治大学教養論集 517号 pp.49-65

▫ 佐野栄一 『バルザックの時代の一フラン』 2005 流通経済大学 （論文）

▫ 椎名亮輔 『デオダ・ド・セヴラック 南仏の風、郷愁の音画』 2011 アルテスパブリッシング

▫ 椎名亮輔　『1909 年バルセロナにおける「フォーレ音楽祭」について』　2023　日本
　　　スペインピアノ音楽学会誌　第 7 号
▫ 椎名亮輔　『フェデリコ・モンポウ静寂の調べを求めて』　2024　音楽之友社
▫ ジャン・ネクトゥー『評伝フォーレ』　2000　訳：日高任子、宮田文子　新評論
▫ ジャン・パスラー　J. Pasler　『世紀末とナショナリズム　西洋の音楽と社会　第 8
　　　章　パリ：対立する進歩の概念』1990　音楽之友社　　p.204
▫ ジョン・ルカーチ　訳：早稲田みか　『ブダペストの世紀末 – 都市と文化の歴史的肖
　　　像』　1991　白水社
▫ ソルター・ライオネル　『市民音楽の抬頭』「第 6 章スペイン：動乱の国家」　1996
　　　訳：尾方一郎　音楽之友社
▫ 田澤耕『物語カタルーニャの歴史』2000　中公新書
▫ 立石博高、関哲行、中川功、中塚次郎　『スペインの歴史』　1998　昭和堂
▫ 浜田滋郎　『フラメンコの歴史』　1983　晶文社
▫ 浜中康子　『栄光のバロック・ダンス』　2001　音楽之友社
▫ 福島睦美　マラッツ　『組曲《イベリア》の演奏家：アルベニスとの往復書簡を中心に』
　　　2008　エリザベト音楽大学研究紀要第 28 巻
▫ 福島睦美　『アルベニスとマラッツの往復書簡から見る《イベリア》の作曲』　2014
　　　エリザベト音楽大学研究紀要第 34 巻
▫ ミゲル・デ・ウナムーノ　『ウナムーノ著作集 1　ヨーロッパ化について』　訳：桑
　　　名一博　1972　法政大学出版局
▫ 八嶋由香利　『スペインにおける伝統的社会の変容と人の移動：カタルーニャの交易
　　　ネットワークとキューバへの移住』　2007　三田史学会　　vol.75 no.4 pp65-104
▫ 柳田孝義　『名曲で学ぶ和声法』　2014　音楽之友社
▫ 吉村正和　『フリーメイソン』　1989　講談社現代新書

 ### Ⅲ . 自筆譜

▫ Isaac Albéniz -Iberia・Facsímil・・・Edición facsímil de los manuscritos y estudio
　　　histórico-documental a cargo de Facsimile edition and historical –
　　　documental essay by Jacinto Torres
▫ Revision integral de Guillermo González EMEC-EDEMS

T.53 Estudio de concierto（Deseo）・・・Biblioteca de Catalunya

T.61B Cataluña・・・Madrid, Biblioteca de Real Conservatorio

T.69 Sonata n° 3 , 3 mov.・・・Biblioteca de Catalunya

T.76A Suite ancienne n° 3（Minuetto）・・・Madrid, Biblioteca de Real Conservatorio

T.98 Sérénade Espagnole・・・Biblioteca del Orfeó català

T.102 The Alhambra（'La Vega'）・・・Biblioteca de Catalunya

T.105A Évocation（Prélude）・・・Biblioteca de Catalunya

T.105C Fête-Dieu à Séville（Seville）・・・Biblioteca del Orfeó català

T.105D Rondeña・・・Biblioteca del Orfeó català

T.105E Almería・・・Biblioteca del Orfeó català

T.105F Triana・・・Biblioteca del Orfeó català

T.105G El Albaicín・・・Biblioteca de Catalunya

T.105H El Polo・・・Biblioteca del Orfeó català

T.105J Málaga・・・Biblioteca de Catalunya

T.105K Jérez・・・Biblioteca de Catalunya

T.105L Eritaña・・・Biblioteca de Catalunya

T.106 Navarra ・・・ Biblioteca de Catalunya

 ## Ⅳ.その他

- https://arxiu.museumusica.bcn.cat/isaac-albeniz-2（バルセロナ音楽博物館）
- https:historiadelamusica.net/fuentes-albeniz
- Aurelio Germes　*¿Qué podias comprarcon una peseta en 1880?*　es.quora.com
- https://en.wikipedia.org/wiki/Alfonso_Alb%C3%A9niz

人名索引

| 著者プロフィール |

上原由記音 (うえはら　ゆきね)

ピアニスト、日本スペインピアノ音楽学会会長、琉球大学名誉教授。J・フェヴリエ氏、A・デ・ラローチャ女史に師事。スペイン政府文科省助成『粋と情熱スペイン・ピアノ作品への招待』(濱田滋郎監修) を刊行、同助成CD『アルベニス作品集１～４』をリリース、全て『レコード芸術』誌特選。共和国政府招聘でのキューバ及びヨーロッパでリサイタル、レッスン、講座を行う。ハエン賞国際ピアノコンクール審査員。パリエコールノルマル音楽院審査員奨励賞を得て演奏家ライセンス修了。『イベリア』全曲リサイタル開催。日本スペインピアノ音楽学会は設立者でもある。

| 監修者プロフィール |

石田一志 (いしだ　かずし)

1946年東京生まれ。現在、一般社団法人ミュージック・ペンクラブ・ジャパン会長、一般財団法人東方学会学術委員。主要著訳書『シェーンベルクの旅路』(春秋社、芸術選奨文部大臣賞、ミュージック・ペンクラブ賞)、コープ『現代音楽』(共訳、春秋社)、『モダニズム変奏曲～東アジアの近現代音楽史』(朔北社、ミュージック・ペンクラブ賞)、『戦後日本音楽史（上下）』(共著、平凡社) など。元くらしき作陽大学音楽学部長、理事、教授。

アルベニス 生涯と作品

2025 年 3 月 31 日　第 1 刷発行

著　者　　上原由記音
監修者　　石田一志
発行者　　時枝 正
発行所　　株式会社 音楽之友社
　　　　　〒 162-8716　東京都新宿区神楽坂 6-30　電話 03-3235-2111 ㈹
　　　　　https://www.ongakunotomo.co.jp/
　　　　　振替 00170-4-196250

装　丁　　ヒサトグラフィックス
組　版　　朝日メディアインターナショナル株式会社
印　刷　　株式会社シナノパブリッシングプレス
製　本　　株式会社ブロケード

ISBN978-4-276-22572-5 C1073